U0959843

权威·前沿·原创

皮书系列为
“十二五”“十三五”国家重点图书出版规划项目

中国印尼人文交流蓝皮书
BLUE BOOK OF CHINA-INDONESIA
PEOPLE-TO-PEOPLE EXCHANGE

中国与印度尼西亚人文交流发展报告（2019）

ANNUAL REPORT ON CHINA-INDONESIA PEOPLE-TO-PEOPLE EXCHANGE DEVELOPMENT (2019)

以教育为主题

华中师范大学中印尼人文交流研究中心
主　编／韦　红　宋秀琚
副主编／刘明周

社会科学文献出版社
SOCIAL SCIENCES ACADEMIC PRESS (CHINA)

图书在版编目（CIP）数据

中国与印度尼西亚人文交流发展报告．2019：以教育为主题/韦红，宋秀琚主编．--北京：社会科学文献出版社，2019.11

（中国印尼人文交流蓝皮书）

ISBN 978-7-5201-5643-1

Ⅰ．①中…　Ⅱ．①韦…　②宋…　Ⅲ．①文化交流-研究报告-中国、印度尼西亚-2019　②教育-国际交流-中国、印度尼西亚-2019　Ⅳ．①G125　②G523.3

中国版本图书馆 CIP 数据核字（2019）第 219049 号

中国印尼人文交流蓝皮书

中国与印度尼西亚人文交流发展报告（2019）

——以教育为主题

主　　编／韦　红　宋秀琚

副 主 编／刘明周

出 版 人／谢寿光

责任编辑／张苏琴

出　　版／社会科学文献出版社·当代世界出版分社（010）59367004

地址：北京市北三环中路甲 29 号院华龙大厦　邮编：100029

网址：www.ssap.com.cn

发　　行／市场营销中心（010）59367081　59367083

印　　装／三河市东方印刷有限公司

规　　格／开 本：787mm × 1092mm　1/16

印 张：22　字 数：329 千字

版　　次／2019 年 11 月第 1 版　2019 年 11 月第 1 次印刷

书　　号／ISBN 978-7-5201-5643-1

定　　价／128.00 元

主要编撰者简介

韦　红　1964年生，华中师范大学政治与国际关系学院教授、博士生导师，中国国际关系学会常务理事，中国东南亚研究会理事。华中师范大学中印尼人文交流研究中心主任。主要研究方向为东亚地区国际关系、当代东南亚问题。曾主持研究“总体国家安全观下的中国东南周边地区安全机制构建”“中国参与国际体系变革进程”“亚太地区救灾合作机制建设对策”“东南亚城市化与乡村发展研究”等国家社科基金重大、重点课题多项。出版《印尼国情报告》《东南亚五国民族问题研究》《地区主义视野下的中国—东盟合作研究》《东南亚国家城市化与乡村发展研究》《新加坡精神》等著作多部；在《现代国际关系》《国际问题研究》《当代亚太》《东南亚研究》等刊物上发表论文60余篇。

宋秀琚　1971年出生于湖北秭归县，现为华中师范大学政治与国际关系学院副教授，法学博士，国际关系专业硕士生导师；华中师范大学中印尼人文交流研究中心常务副主任；湖北省国际关系学会秘书长。1993年进入华中师范大学历史文化学院学习；1997年师从黄正柏教授攻读硕士研究生学位，方向为现代国际关系史；2003年考入华中师范大学政治学研究院攻读博士研究生学位，师从程又中教授，主攻方向为国际合作理论；2009～2013年，主要从事“南太岛国及南太区域主义”研究；2012～2013年，美国杜克大学政治系访问学者；2013年至今，专注于印尼及中印尼关系（中印尼人文交流）研究。主持和参与各级课题多项，出版专著4部，发表学术论文30余篇。

刘明周　男，1980年生，河南安阳人，史学博士，华中师范大学中印尼人文交流研究中心副教授，硕士生导师，华中科技大学新闻与信息传播学院博士后，曾在美国乔治华盛顿大学埃利奥特国际事务学院、法国南布列塔尼大学西方历史研究中心担任访问学者，在《世界历史》《北京大学学报》《安徽史学》《华中师范大学学报》等刊物发表文章多篇，翻译世界历史文库系列的《大西洋史》，参与编写《英国通史》第四卷（第三作者）、《世界主要国家安全体制机制研究》（第三作者）。主持国家社会科学基金项目两项、教育部人文社科基金项目一项、中国博士后科学基金项目两项，参与国家社会科学基金重大项目、国家社会科学基金重点项目、教育部重大攻关项目等多项，主要研究方向为印度尼西亚、英帝国与英联邦、海洋强国建设等。

摘 要

当前中印尼全面战略伙伴关系正处于发展的关键时期，中国“21 世纪海上丝绸之路”倡议与印尼追求“全球海洋支点”构想高度契合也迎来了新的更好的发展机遇。中国和印尼两国正在为实现各自发展目标与双方共同理想展开有效对接，政治互信、经贸合作与人文交流全方位推进。中印尼人文交流的有序推进为两国政治、经济关系的发展营造了和谐的软环境，是培育命运共同体意识的重要基础。

《韩非子》有句话：国之交在于民相亲，民相亲在于心相通。民心相通是中印尼共建“一带一路”的人文基础。中国一直把印尼作为真诚相待的好邻居、好朋友、好伙伴，把印尼作为中国周边外交的重要方向，把加强人文交流作为发展两国全面战略伙伴关系的基础性工作。2015 年 5 月，中印尼副总理级人文交流机制首次会议在雅加达举行，为推动两国的人文交流提供了基本机制框架。中印尼人文交流机制以“顶层设计”模式把两国人文交流提升到新的高度，并针对每年双边人文交流发展的特点，聚焦若干主题，更有效地推动了双边人文交流。在 4 年多的时间里，两国人文交流机制茁壮成长，确立了教育、科技、文化、卫生、媒体、体育、青年和旅游等领域的务实合作，展现出了全方位、宽领域、多层次及高水平的特征。

在过去 4 年时间里，在习近平有关中外人文交流论述的指引下，中印尼人文交流在顶层设计和具体执行上，破解“面条碗”效应，在八大领域稳步前进。其中教育领域的交流合作尤为突出。两国教育合作契合两国现代化发展对高层次人才的需求，不仅有助于提升两国民众对对方国家的认知度，而且满足了双方教育国际化发展规划，是两国人文交流的重要“窗口”。在高等教育中，两国学生交流、优质教育资源共享和合作科研都有发展；尤其在华印尼留学生呈现人数年年攀升、专业分布面广、学历层次逐步提升的大好局面。孔子学院是中、印尼高等院校紧密合作的产物，它积极配合了"一带一路"建设，在汉语教学方面稳步前行、开拓创新；在文化传播方面坚持传统、与时俱进。孔子学院对传播中国语言文化大有裨益。在印尼，汉语教学具有较大的发展空间。随着印尼经济快速发展，汉语教学有助于扩大印尼人的职业前景，增强印尼青年的国际竞争力，培养他们的业务和工作技能；但在汉语教学中，我们也要立足于印尼的现实情况，自觉摒弃"中国中心"的立场，及时发现和解释新出现的现象。印尼也认识到，随着中印尼经贸合作的不断深化，两国人文交流在弥合文化、语言和职业习惯不同等方面有着不可取代的作用，是促进两国妥善解决投资合作中出现的种种问题的重要保障。两国的人文交流还有助于提高印尼员工的职业道德，促使他们更加遵守纪律、勤奋工作、团队协作，增强责任心，这对印尼企业的发展有积极影响。当然，由于中外人文交流发展时间较短，在推进与印尼的人文交流中，我们还需要发展创新。

关键词： 中国　印度尼西亚　人文交流　孔子学院　华文教育

目 录

Ⅰ 总报告

Ⅱ 教育合作篇

Ⅲ　华文教学篇

Ⅳ　专题篇

Ⅴ　经验借鉴篇

Ⅵ 附录

皮书数据库阅读使用指南

总　报　告

General Report

B.1
2015～2019年中国与印度尼西亚人文交流发展与未来展望

王勇辉　刘德军*

摘　要： 自2015年中印尼副总理级人文交流机制建立以来，机制在落实两国元首共识、推进共建“一带一路”方面发挥着积极作用，已经同政治安全对话、高层经济对话一道，成为统筹和推动中、印尼关系发展的重要支柱。机制以“顶层设计”模式把中印尼人文交流提升到新的高度，而且针对每年双边人文交流发展的特点，聚焦若干主题，有效地推动了双边人文交流。本文对中、印尼在教育、科技、文化、卫生、媒体、体育、青年、旅游等领域的交流合作成果及存在的问题进行

* 王勇辉，华中师范大学政治与国际关系学院副教授，硕士生导师，华中师范大学中印尼人文交流研究中心研究员；刘德军，华中师范大学政治与国际关系学院2017级硕士研究生，中印尼人文交流研究中心助理。

分析研究，并提出相关政策建议。

关键词： 中外高级别人文交流机制　中印尼人文交流　现状　应对建议

国之交在于民相亲，民相亲在于心相通。中国与印度尼西亚之间的人文交流源远流长，对于中国出访印尼等东南亚各国的使节和商人而言，马六甲海峡曾是必经之地，这些船只在经过马六甲海峡时，都会在苏门答腊岛进行补给。[①] 唐宋明清时期，中国与印尼间的贸易交流和人文交流始终频繁。二战后，基于共同的被殖民历史，中国和印尼两国的老一辈领导人如周恩来、苏加诺等在推翻殖民统治、实现民族独立和开展第三世界合作中产生了深厚的友谊。但 1965 年“9・30”事件后，中、印尼关系开始恶化，并于 1967 年 10 月 30 日中断了两国间的外交关系，直到 1990 年 8 月 8 日，两国才正式恢复外交关系。中、印尼双边关系的真正提升是在后苏哈托时期，两国人文交流也逐渐增多。2015 年 5 月 27 日，双方正式建立起中印尼副总理级人文交流机制，“顶层设计”正式在两国人文交流中发挥积极作用，并且呈现精英推动、民众参与的模式和特点。

一　中印尼人文交流机制的形成

自 2005 年中国与印尼建立战略伙伴关系以来，双方人文交流取得了丰硕的成果，人文交流呈现宽领域、多层次、高水平的特点。2013 年 10 月 2 日，习近平主席访问印尼并在印尼国会发表演讲，提出“携手建设中国—东盟命运共同体”的倡议，强调要坚持讲信修睦、合作共赢、守望相助、

① 朱杰勤：《汉代中国与东南亚和南亚海上交通路线试探》，《中外关系史论文集》，河南人民出版社，1984，第 76 ~ 77 页。

心心相印、开放包容，使双方成为兴衰相伴、安危与共、同舟共济的好邻居、好朋友、好伙伴。此次访问双方达成了《中国与印度尼西亚全面战略伙伴关系未来规划》，两国元首一致认为，人文交流对加强和扩展双边关系至关重要，同意进一步深化人文交流，扩大民间往来，增进两国人民之间的了解和友谊。[①] 2015 年 3 月，印尼总统佐科·维多多访问中国，中国和印尼决定建立中印尼副总理级人文交流机制，由中国负责人文交流事务的副总理和印尼人类发展与文化统筹部部长共同牵头，每年定期举行双边副总理级会议，为中印尼人文交流指明发展方向。

2015 年 5 月 27 日，中国刘延东副总理访问印尼，与印尼人类发展与文化统筹部部长布安·马哈拉妮（Puan Maharani）在雅加达共同主持中印尼副总理级人文交流机制首次会议，中印尼副总理级人文交流机制正式成立，双方签署合作协议 7 项。中印尼人文交流进入一个新的时期，顶层设计正式指导和推动中印尼人文交流向更深更广的方向发展。2016 年 7 月 26~28 日，中印尼副总理级人文交流机制第二次会议在中国贵阳举行，双方发表联合公报 1 份、签署合作协议 14 项。2017 年 11 月 27 日，中印尼副总理级人文交流机制第三次会议在印尼梭罗市举行，双方决定推进教育、科技、文化、卫生、媒体、体育、青年、旅游等领域务实合作。自 2015 年中印尼副总理级人文交流机制成立以来，中印尼人文交流机制会议旨在落实两国元首共识、推进共建“一带一路”，已经同政治安全对话、高层经济对话一道，成为统筹和推动中、印尼关系发展的重要支柱。机制以“顶层设计”模式把中印尼人文交流提升到新的高度，而且每年针对双边人文交流发展的特点，聚焦若干主题，更有效地推动了双边人文交流。

二　机制建立以来中印尼人文交流发展成果

自 2015 年中印尼副总理级人文交流机制建立以来，中、印尼双方围绕

① 《中国与印度尼西亚全面战略伙伴关系未来规划》（全文），新华网，2013 年 10 月 4 日，http://www.xinhuanet.com/world/2013-10/04/c_117592330.htm。

两国发展战略对接，加快推进教育、科技、文化、卫生、媒体、体育、青年和旅游等领域务实合作，具体成果如下。

（一）教育合作与交流发展

2012年7月，首届中国－印尼教育联合工作组会议在印尼日惹举行，两国围绕这一双边教育对接平台，积极创新合作思路，拓展新渠道，提高中、印尼两国教育合作水平，为机制建立后的中、印尼教育进一步合作打下了基础。在中印尼副总理级人文交流机制的平台下，两国的教育合作与交流日益密切。目前，中国在印尼开办了6所孔子学院、2个孔子课堂，有14000多名印尼留学生在中国学习、深造，中国有近500名学生在印尼留学，中国已经成为印尼大学生的第二留学目的地，印尼也是中国第六大留学生来源国，留学生和孔子学院成为中印尼人文交流的重要桥梁和纽带。2016年，中国－印尼高校智库联盟在北京外国语大学成立，成立会议上通过了《中国－印尼高校智库联盟北京宣言》，中、印尼共8所高校合作建立高校智库联盟，[①] 此后，以中国－印尼高校智库联盟为代表的精英群体，不断推进高校间的合作与交流，落实中、印尼两国政府顶层设计的规划，并逐步提升中印尼人文交流的民众参与程度。

中、印尼两国频繁开展各种教育合作与交流活动，如举办教育合作论坛和“留学中国”教育展。2016年9月28日，印尼阿拉扎大学孔子学院和中国知网在雅加达联合举办印尼－中国高等教育合作发展论坛暨“中国知识云服务”启动仪式。此次教育论坛增进了印尼高校管理层、华侨界领袖、相关华文教育、政府机构之间的交流和合作。“中国知识云服务”的启动，提高了印尼学者和学生的中文阅读和研究材料的质量。2017年11月26日，中国教育部留学服务中心率中国高校代表团访问印尼，中国国务院副总理刘延东在印尼研究技术与高等教育部官员陪同下主持第十四届“留学中国”

① 8所高校分别是中国的北京外国语大学、华中师范大学、广东外语外贸大学、河北师范大学和印尼的印度尼西亚大学、加查玛达大学、日惹国立大学、北苏门答腊大学。

教育展启动仪式，以配合中印尼人文交流机制，推动中国与印尼之间的学生交流与校际合作。2018 年 1 月，在泗水巴古温商场举行的由东爪哇华文教育统筹机构主办、东爪哇华文教师互助会承办的第三届东爪哇“魅力汉语”大奖赛，以及 2018 年 5 月中国汉办、中国驻印尼大使馆与阿拉扎孔子学院联合主办的 2018 年第 11 届“汉语桥”中学生中文比赛印尼赛区总决赛等活动，通过丰富多彩的汉语学习活动，吸引了印尼广大师生的参与。通过比赛的形式，吸引更多年轻人学习汉语，增强中印尼人文交流。同时，两国利用院校合作的方式，培养华文人才。如 2018 年 6 月 29 日至 7 月 13 日，东北师范大学承办了国家汉办 2018 年“国际汉语教师证书”印尼本土汉语教师来华研修班，共有来自印尼中小学的 18 位本土汉语教师参加了研修班，其中 12 位教师经申请三年内可获得一次孔子学院总部/国家汉办的免费机票资助。2018 年 11 月，由华中师范大学中印尼人文交流中心主办了“中印尼高校人文交流国际论坛”，中、印尼与会代表就院校合作进行了多次互动，交流了对印尼目前华文教育现状的看法，介绍了学校概况及特色专业，讨论了学生合作培养模式及细节，还就派遣研究生实习、开展夏冬令营、教育教学研究、华文教材研发等方面交换了意见。近年来，中、印尼两国部分院校之间还达成了合作协议，其中包括中国漯河职业技术学院与印尼巴厘努沙杜瓦旅游学院、安徽宿州学院与雅加达新雅学院、三亚南繁科学技术研究院与印尼梭罗大学、华侨大学文学院与印尼梭罗 311 大学文化学院、华侨大学与印尼建国大学间达成的协议。同时，我国相关单位还通过筹办进修班等方式帮助印尼本土华文教师提高汉语知识水平。2018 年 10 月 9 日，清华大学东南亚中心（Tsinghua Southeast Asia Center，Tsinghua SEA）奠基仪式在印尼巴厘酷乐岛（Kura Kura Island）举行，该中心旨在推动中国与东南亚地区人才交流与合作，联合中、印尼两国学术和商业以及政府等部门共同打造一个分享和创新的平台。

（二）科技合作与交流发展

中、印尼科技创新合作是双方全面战略伙伴关系的重要组成部分，近年来取得了积极进展。中、印尼双方开展了青年科学家交流、共建联合实验室、技术转移等多项实质性合作，并就科技园区合作达成共识，已全面覆盖“一带一路”科技创新行动计划四项内容。① 中、印尼科技创新合作作为两国人文交流机制的组成部分，近年来快速发展。双方实施了覆盖农业、生物、信息、电子、环境、能源、中医药、疾病防治等领域的一系列科技创新合作项目，既有力推动了双方的创新发展，也在中国—东盟乃至“一带一路”沿线国家科技创新合作中产生了积极影响和示范作用。印尼政府颁布了《国家科技总体规划 2015～2045》，致力于通过科技创新推动国家经济转型和发展。中、印尼双方积极发挥科技联委会的统筹协调作用，实施了一系列科技创新合作项目。在具体合作方面，一方面，中、印尼科技交流与合作与高等教育合作相结合，2016 年 12 月，万隆理工学院与中国重庆大学合作开设微循环学、血流变学，以及干细胞学等医学专业课程，为两校医学毕业生在临床治疗过程中准确地掌握及使用专业技术打下坚实的基础。另一方面，展开校企合作，2017 年 3 月，华为技术投资有限公司与印尼 7 所顶尖高校合作，正式启动华为在印尼推出的企业社会责任项目——Smart Gen（智慧一代），帮助印尼培养更多的本地 ICT（信息与通信）青年人才。通过企业与高校合作的方式，不仅为印尼培养市场需要的国际化本地人才，而且也促进了中国企业在印尼更好地发展。2017 年 11 月 27 日，“中国－印尼科技创新合作论坛”在印尼研究技术与高等教育部举行。中国国务院副总理刘延东出席论坛开幕式并发表了主旨演讲。印尼研究技术与高等教育部部长纳西尔，中国科技部党组书记、副部长王志刚先后致辞。自 2015 年中印尼副总理级人文交流机制建立到此次论坛为止，双方已签署了 7 项科技合作协议，共建了 2 家国家级联合实验室和 1 家技术转移中心，上百名印尼科研人员赴中国参加教育培训和短期科研项目，科技界、教育界、企业界往来呈现加速态势。与此同时，由印尼技术评估与应用署与中国浙江大学合作的生物技术联合实验室，印尼

① 《科技部部长王志刚会见印尼研究技术与高教部部长穆罕默德·纳西尔》，中华人民共和国驻印度尼西亚共和国大使馆网站，2018 年 5 月 15 日，http：//id. china－embassy. org/chn/whjy/kjjl/t1559457. htm。

科学院创新中心与中国—东盟技术转移中心合作的中、印尼技术转移中心，印尼国家原子能机构与中国清华大学合作的高温气冷堆联合实验室3个重点科技合作项目同时揭牌。[①] 2018年11月，中国科学院海洋研究所同印尼科学院海洋研究中心、印尼技术评价与应用局（BPPT）、中苏拉威西省相关大学和企业等建立了良好的科技合作关系。自2013年以来，双方互访多次，签署了战略合作协议，已经在联合实施航次、共同海洋观测、共享科学设施和数据资料、人才培养等方面开展了印尼海联合航次调查、海洋生物资源调查和高值化利用、联合申请中国－印尼海上合作基金等卓有成效的合作。[②]

（三）文化交流与合作发展

在文化方面，中、印尼两国在传统文化，以及影视、音乐、美术、书法等艺术领域展开丰富的交流与合作活动。2015年11月16日，由广东省广州市美术家协会和印尼教育文化部共同主办、印尼旅游部协办的“印尼宝鹰中国书画展”在雅加达开幕。2016年3月24～28日，中国驻印尼大使馆与中国国家新闻出版广电总局电影局、印尼创意经济局、印尼中国友好协会联合主办的“2016中国电影周”在雅加达成功举行。电影周期间，《捉妖记》《西游记之大圣归来》《滚蛋吧，肿瘤君》《狼图腾》《人在囧途之泰囧》《真爱》《战火中的芭蕾》等七部影片在雅加达LOTTE Shopping Avenue XXI、CinemaxX FX Sudirman、CinemaxX Maxxbox Karawaci等三家影院轮番上映，观众反响热烈。印尼前总统苏加诺之女、作家、艺术家苏佳瓦蒂在观看《捉妖记》和《西游记之大圣归来》后，高度评价中国影片的艺术水平，表示：“中国电影的发展令人瞩目，电影的视觉效果令人震撼。”[③] 2018年5月

① 《中国－印尼科技创新合作论坛在雅加达举行》，中国新闻网，2017年11月28日，http://www.chinanews.com/gn/2017/11－28/8386984.shtml。

② 《中国－印尼海上科技合作助力国家“一带一路”》，中国生物技术信息网，2018年4月17日，http://www.biotech.org.cn/information/154733。

③ 《“2016中国电影周”在雅加达成功举行》，中华人民共和国驻印度尼西亚共和国大使馆网站，2016年4月8日，http://id.china－embassy.org/chn/whjy/zgwh/t1354174.htm。

8 日，雅加达海南联谊会举行妈祖千秋圣诞祭拜仪式；6 月 7 日，中国中央广播电视总台与印尼国家电视台在印尼首都雅加达签署“中国剧场”播出合作协议，由中央广播电视总台译制的印尼语版中国电视剧《鸡毛飞上天》和动画片《中国熊猫》将在印尼国家电视台播出。同时，为推动中国文化在印尼的传播，两国有关单位也开展了各式各样的文化交流活动，如在 2018 年 10 月，由中国驻泗水总领事馆与千岛日报社等机构联合举办的第四届中国文化知识竞赛——“我与中国”汉语主题征文大赛圆满落幕，举办这种文化交流活动，有利于印尼人民对中国语言和中国文化的了解与喜爱。

此外，每逢中国传统节日，中、印尼两国在民间和官方都会开展丰富的文艺交流活动。民间层面，中国传统佳节春节前后，印尼首都雅加达各大商场里，中国文化元素随处可见，许多商厦和超市在显眼处堆满了年货，大厅内回荡着喜庆的中国歌曲，抢抓中国春节商机的氛围浓烈，中国元素的装饰不仅为商场带来了效益，更为其带来了喜庆的气氛，春节气氛越来越浓郁。每年我国驻印尼大使馆举办新春联欢会或使馆相关人员参加印尼相关部门举办的新春联欢会，拉近了中、印尼文化的距离，丰富多彩的文艺表演和文化交流，有利于中、印尼两国人民相互了解，进一步推动两国人民友好往来和两国关系不断发展。

缔结友好（姐妹）省或市是中、印尼文化交流的一大亮点。自 1992 年北京与雅加达特区结成友好城市至 2018 年 10 月，已经结成了 26 对友好（姐妹）省/市（见表 1），其中 2015 年以来，缔结友好（姐妹）城市的数量达到了 7 对，友好（姐妹）省/市为中、印尼城市和区域间文化交流提供了更为便捷的桥梁。

（四）卫生合作与交流发展

2004 年 12 月 26 日发生印度洋海啸后，中国卫生部派出救援团队赴印尼灾区进行救援工作，这是 21 世纪以来，中国官方比较正式的一次对印尼卫生救援活动，为后来的中、印尼卫生合作打下了基础。2015 年 5 月，中

表1 中、印尼友好（姐妹）省/城市情况一览

中国省/城市	印尼省/城市	结好时间	结好编号
北京市	雅加达特区	1992年8月4日	0421－920804－京－013
广东省	北苏门答腊省	2002年3月11日	1072－020227－粤－051
漳州市	巨港市	2002年9月16日	1106－020415－闽－036
成都市	棉兰市	2002年12月17日	1128－011220－川－045
云南省	巴厘省	2003年11月22日	1171－030925－云－018
福建省	中爪哇省	2003年12月6日	1175－011224－闽－040
柳州市	万隆市	2005年8月5日	1266－041015－桂－032
广州市	泗水市	2005年12月21日	1311－050726－粤－069
厦门市	泗水市	2006年6月23日	1355－060224－闽－046
上海市	东爪哇省	2006年8月30日	1366－021021－沪－056
北海市	三宝垄市	2008年10月14日	1551－080314－桂－050
汕尾市	日里昔利冷县	2009年11月12日	1670－090730－粤－090
河南省	马鲁古省	2011年9月27日	1862－110413－豫－082
海南省	巴厘省	2011年10月20日	1875－091022－琼－043
防城港市	槟港市	2011年12月20日	1871－110301－桂－066
济南市	徐图利祖市	2012年9月21日	2102－111110－鲁－167
天津市	东爪哇省	2012年9月24日	1956－121015－津－024
东营市	巴里巴班市	2013年3月13日	2008－120208－鲁－161
东兴市	东勿里洞县	2014年5月22日	2241－140521－桂－089
宿州市	巴东市	2015年4月23日	2233－140811－皖－081
福州市	三宝垄市	2016年6月2日	2362－150515－闽－082
广西壮族自治区	西爪哇省	2017年5月5日	2484－150909－桂－102
四川省	西爪哇省	2017年5月8日	2485－170428－川－090
重庆市	西爪哇省	2017年5月8日	2486－160226－渝－039
黑龙江省	西爪哇省	2017年5月10日	2487－170306－黑－089
南京市	三宝垄市	2018年10月25日	*

资料来源：中国国际友好城市联合会网站，http://www.cifca.org.cn/web/index.aspx；中国－印尼经贸合作网，http://www.cic.mofcom.gov.cn/index.shtml。

国和印尼发表了《中国－印尼副总理级人文交流机制首次会议联合公报》，联合公报确定，中、印尼两国将在公共卫生，尤其在传染病防控、全民健康覆盖、卫生人力发展以及健康教育等领域继续加强合作。时任中国副总理刘延东在会议上宣布，在2015年至2017年三年期间，中国将为印尼培训100

名卫生专业技术人员。① 在卫生领域，一方面，中国帮助印尼加强完善卫生基础设施建设。2017 年 6 月 2 日，由中国驻印尼使馆和印尼最大的穆斯林组织——伊斯兰教士联合会共同援助的“便民综合卫生设施”，在印尼万丹省西冷县塔纳拉乡塔纳拉村落成。该公益项目旨在支持印尼政府“社区主导全面卫生”计划，满足当地民众对清洁水资源和卫生设施的需求，推动解决民众用水难和如厕难问题。② 2018 年 5 月 23 日，中国驻印尼大使馆与印尼伊斯兰教士联合会共同援建的第二批“便民综合卫生设施”项目启动。在西爪哇省井里汶市的南安由县、加拉璜县等地再建设 5 处清洁饮水设施，将便利附近数千户村民的日常生活。另一方面，中、印尼两国也加强在卫生医疗领域的交流与合作。2016 年 10 月 14 日，在雅加达举办了“中华文化东南亚行——中医中药行”活动，以中国著名中医中药专家义诊、健康养生讲座等形式开展活动，以中医药文化行活动为窗口，以惠及民生的方式推动双边交流，带动以中医文化为代表的中华传统文化的海外传播，拓展中国与印尼的民间交流和联系渠道，为两国人民带来实实在在的利益。为了加强中、印尼医药合作，中国医保商会周惠会长于 2017 年 10 月 18 ~21 日率团访问印尼，先后与印尼医药行业商协会、制药企业、医药媒体以及政府卫生部等机构进行会谈，就进一步推动两国医药领域合作深入交流，取得了积极成果。

中、印尼医疗健康领域互惠合作充满商机。2018 年 11 月 28 日，首届中国医疗健康（印尼）品牌展在印尼首都雅加达开幕，本次展览旨在促进两国医药医疗行业和健康产业的合作交流，内容涵盖中国传统医药保健品、医疗产品和家庭护理与关爱三大类别。与此同时，展览期间还举办了医疗健康论坛、医疗器械企业对接会、中国东盟医疗器械产业合作及案例分享和家

---

① 《崔丽副主任参加中印尼副总理级人文交流机制首次会议》，中国政府网国际合作司，2015 年 5 月 28 日，http：//www. moh. gov. cn/gjhzs/s3582/201505/88271b03939440ec99620409b980ce8f. shtml。

② 《驻印尼使馆援建“便民综合卫生设施”正式落成》，中华人民共和国外交部网站，2017 年 6 月 3 日，https：//www. fmprc. gov. cn/ce/ceindo/chn/gdxw/t1467762. htm。

庭护理与传统医疗体验等活动。中国作为主要的医用耗材生产国和出口国，具有明显的产业优势和较强产品竞争力，与印尼有较强的互补性，医药医疗产品和传统健康产业合作可以惠及两国民众。

（五）媒体合作与交流发展

机制建立以来，围绕中印尼人文交流机制，两国媒体互动逐渐增多。2016年9月，由中国国务院新闻办公室和中国驻印尼大使馆联合举办的中、印尼媒体论坛在雅加达举行。中国国务院新闻办公室对外推广局、中国驻印尼大使馆、中国外文局、中国驻东盟使团政治处的相关负责人和来自印尼的媒体《罗盘报》《共和国报》《印华日报》《国际日报》《商报》《千岛日报》《讯报》及美都电视台（METROTV）的主要负责人和记者以及中国驻印尼媒体如新华社、《人民日报》、中央电视台、国际广播电台、《经济日报》、中新社负责人与会。论坛为中、印尼两国主要媒体负责人提供了直接交流与互动的平台，通过媒体界的合作，增进中、印尼两国人民的理解和互信。同时，两国媒体也相互实地考察交流。2016年12月，由印尼记协、安塔拉通讯社东爪哇省分社等组成的印尼新闻代表团，围绕"'一带一路'战略对接绿色发展理念"的主题，先后到北京、浙江、上海等地，重点就中国落实绿色发展理念的重要举措，以及中国新闻、文化领域改革情况开展采访。代表团先后访问了中国外交部、中国记协、浙江省记协、人民铁道报社、中国国际广播电台、浙江广播电视台、浙江日报报业集团、上海市伊斯兰教协会，实地走访了浙江安吉竹子博物馆、永裕竹产业研究院、目莲坞自然村，了解中国生态保护和生态产业发展情况。代表团还参观了G20杭州峰会会址并乘坐了杭州到上海的和谐号高铁，亲身体验中国速度。① 2018年5月，中国驻登巴萨总领馆邀请由巴厘电视台、安塔拉通讯社、《巴厘雷达报》和《巴厘邮报》等的10名记者组成的印尼媒体访华团到访中国福建和

---

① 《印尼新闻代表团结束访华回国》，新华网，2016年12月2日，http：//www.xinhuanet.com//zgjx/2016－12/02/c_ 135876713.htm。

浙江两省，让印尼媒体记者亲身感受和体验真实的中国。通过访问，印尼记者改变了他们对中国的印象，他们对中国的城市建设、交通便利、环境保护、宗教自由等方面表示钦佩，并在各自媒体连续大篇幅报道了在中国的所见所闻，向印尼民众传递了真实的中国资讯。总的来说，加强中、印尼两国媒体间的互动合作，可以使印尼人民了解真实的中国，同时借助媒体合作，也有利于推进中、印尼在文化、旅游和企业间的交流与合作。

（六）体育合作与交流发展

自中国和印尼实现国家独立和民族解放后，中、印尼之间的体育交流就取得很大突破。1954 年 6 月，印尼华侨王文教等人回到中国，为新中国培养了大批优秀羽毛球运动员，极大地推动了中国羽毛球事业的发展。在新时期，中、印尼两国的体育交流得到持续发展。在 2018 年 8 月雅加达亚运会举办前夕，中国驻印尼大使馆与苏加诺 - 哈达机场海关、移民部门举行了足球友谊赛。在此次雅加达亚运会的开幕式上，国务院副总理孙春兰作为习近平的特使出席开幕式。在亚运会正式举办期间，中、印尼两国的奥运健儿在诸多比赛中会面，如在男篮 1/4 决赛中国队与印尼队对决，他们秉承友谊第一、比赛第二的精神书写了两国的友谊佳话。在此次雅加达亚运会的闭幕式中，作为下届亚运会的举办城市，杭州在闭幕式上参加接旗仪式，并进行了“杭州 8 分钟”的文艺演出。马云、孙杨、易烊千玺等人在闭幕式上的“杭州时间”文艺演出中展示了中国能量。可以预计在未来一段时间，中、印尼之间的体育交流会再上一个台阶。

雅加达亚运会使印尼国民对中国建设体育强国有了进一步认识，比较正面地促进了印尼国民对中国体育和国家形象的认知。特别是中国的一些体育强项和体育明星在印尼国民中产生了积极反响。比如中国的乒乓球、游泳运动和中国游泳明星孙杨等，都是印尼媒体关注和热捧的对象，中国队在许多项目中强势夺冠并产生了诸多印尼粉丝。在未来，具体体育项目的合作和以区域性运动会为基础的具体体育项目交流，将会是中、印尼体育交流与合作的主要形式。

（七）青年合作与交流发展

青年是一个国家和民族的未来，中、印尼两国的青年交流有利于加深两国之间了解，进一步夯实中、印尼的友谊基础。2013 年习近平主席访问印尼，与苏西诺总统达成协议，未来 5 年，双方每年互派 100 名青年互访，中、印尼之间的青年交流在制度化的安排下逐渐走向常态化。[①] 自中印尼人文交流机制成立以来，中、印尼两国的青年依托两国双边合作及中国－东盟青年营、东盟青年干部培训班、中国－东盟青年企业家论坛等多边合作平台，通过游学、夏令营和互访交流团等形式交往频繁，在具体的交往过程中，两国青年互相访问对方的城市和名胜古迹，感受当地的风土人情、人文环境、城市建设和社会发展状况，同时深入高校、企业，切实体会对方国家的教育发展。

2017 年 4 月，中国和印尼组织了一次互访交流团，成员包括高校师生、政府官员、智库成员和媒体记者等。在为期 18 天的行程里，代表团成员结伴而行，通过参观、培训、座谈、联欢等形式多样的活动，深入八闽大地和印尼的重要城市，了解当地的城市建设、青年创新创业项目、推进“海丝”建设情况等，使代表团成员了解了一个真实的中国和一个客观的印尼。此外，印尼的青年华侨也经常来中国参加寻根之旅，由中国国务院侨务办公室主办、北京华文学院承办的 2018 年海外华裔青少年“中国寻根之旅”夏令营——印尼华裔青少年北京游学营，于 6 月 16～28 日在中国首都北京举行。营员们在北京华文学院学习书法、汉语、口语、绘画、写字、武术、手工、包饺子等；参观游览海内外闻名的居庸关长城、鸟巢和水立方、天安门广场、故宫、颐和园、天坛、首都博物馆等名胜古迹。特别是自中印尼副总理级人文交流机制建立以来，各种形式的中、印尼青年交流不断增多，在中国福建、广东、海南、湖北等诸多省和中国政府部门、社会团体及高校等机构组织了具有特色的中、印尼青年交流活动。

---

① 许利平：《新时期中国与印尼的人文交流及前景》，《东南亚研究》2015 年第 6 期，第 37 页。

高频率的青年交流活动有利于增进了解对方的文化和社会状况，尤其是增进印尼青年对中国社会和经济的了解。这些青年是印尼政治、经济建设的储备人才，只有他们形成对中国正确的理解，才能消除疑虑，实现未来中、印尼关系的良性发展。

（八）旅游合作与交流发展

旅游业是中国和印尼人文交流机制合作的重要领域。2015 年 6 月 9 日，佐科总统正式签署了对包括中国在内的相关国家和地区游客免签规则的条例，印尼推行免签新政策后，中国游客既免除了原来 35 美元的签证费用，又简化了入境的手续。中国游客赴印尼旅游正式进入免签时代（规定同时指出，免签旅游签证不得超过 30 天，而且不能延长或转换其他停留身份），极大地促进了中国与印尼的旅游合作。同时，中、印尼两国旅游业的官员和其他相关负责人也表示重视与对方的合作，2016 年，印尼旅游部与中国国家旅游局（现为文化和旅游部）一致同意整理、改善和提高印中双向旅游交流关系，对某些不文明、不专业化、损害游客利益的旅游业经营者或旅行社采取严厉处罚措施。

此外，围绕中印尼人文交流机制，两国有关部门和地方城市积极成立旅游合作推广中心和举行旅游推介会，如 2015 年 7 月成立了福建（印尼）海外旅游合作推广中心，并举办旅游推介会。2018 年 4 月，印尼旅游部等相关单位先后在中国成都、西安、深圳、南宁和广州等地举办推介会以提升旅游品牌知晓度。推介会期间，印尼旅游部还举办了印尼文艺表演、印尼美食品尝等活动，以吸引中国观众。同时中、印尼也积极寻找两国的共有因素，如 2017 年 1 月，由印尼旅游部主办的“郑和下西洋之路”旅游线启动仪式在亚齐省首府万达亚齐举行，类似的这种活动会吸引更多中国游客。如表 2 所示，2013 ~ 2017 年，中国赴印尼的游客数量不断攀升，尤其是自 2015 年中印尼人文交流机制成立以来，中国赴印尼旅游的人数不断增长，2016 年，中国赴印尼旅游人数达 155. 7 万人次，中国成为该年度印尼第一大国际游客来源地。2017 年，中国赴印尼旅游人数又攀新高，达 209 万人次，比 2016

年增长34.5%。为了进一步吸引中国游客，印尼一方面积极扩大宣传，树立旅游品牌；另一方面，加强同中国方面的合作，包括同中国科技公司的合作，试图利用大数据等技术来分析中国游客的喜好。

表2　2013～2017年中国赴印尼旅游人数

年份	2013	2014	2015	2016	2017
人次	858140	1052705	1249091	1556771	2093171

资料来源：印尼国家统计局，*Statistical Yearbook of Indonesia 2017*，https：//www.bps.go.id/。

同时，中国方面也向印尼推介旅游资源，以吸引印尼游客和其他国家游客。2018年10月18日，海南省旅游和文化广电体育厅主办的“爱上海南·不一样的海岛”暨海南国际旅游岛推介会在雅加达举办。推介会上，国际环球（印尼）集团有限公司与海南南国企业集团、海南联合航旅集团就在海南共建巴厘村项目签订了三方合作框架协议，两地旅游文化合作有了新的平台，两地将在国际营销合作、邮轮、航线等方面开展更加务实的合作，促进两地经济社会发展和旅游交往合作。在当前，中、印尼旅游合作更多地围绕印尼的旅游资源开展，中国前往印尼的游客远多于印尼来中国的游客。在未来，中、印尼旅游合作将围绕双方旅游资源的推介展开，以吸引包括印尼游客在内的各国游客来华旅游。

三　机制建立以来中印尼人文交流存在的问题

评价机制建立以来中印尼人文交流存在的问题，主要的着力点是分析机制本身存在的问题。关于中印尼人文交流机制的成效评估问题，首先应厘清该机制的属性，建立中印尼副总理级人文交流机制是落实两国元首共识的重要举措，是推动印尼人文交流的“顶层设计”。从机制的建立到机制会议中在教育、科技、文化等领域签署的合作交流协议都属于中、印尼人文交流的政策设计范畴，而这些政策的执行是评估中印尼人文交流机制的重要方面。

政策执行是在政策制定完成之后，将政策所规定的内容变为现实的过程，是为实现政策目标而重新调整行为模式的动态过程。[①] 中印尼人文交流机制及会议达成的协议在具体的落实和执行过程中会受到诸多因素的影响，如中、印尼两国的社会政治经济环境、具体的执行机构和人、政策本身以及国际因素等。本文在史密斯政策执行过程模型基础上对中印尼人文交流机制效果进行评估，与此同时，本文也分析了史密斯政策执行过程模型未涉及的其他方面。美国知名政策学家托马斯·史密斯在其《政策执行过程》一文中，将影响政策执行的诸多因素归纳为由理想化的政策、执行机构、目标群体、政策环境四个维度构成的政策执行过程模型。史密斯政策执行过程模型如图 1 所示，其中理想化的政策是指合理的政策，执行机构是指具体负责政策的落实和执行的单位，目标群体是指政策的对象，政策环境是指政策落实的政治、经济、文化等社会发展环境。[②]

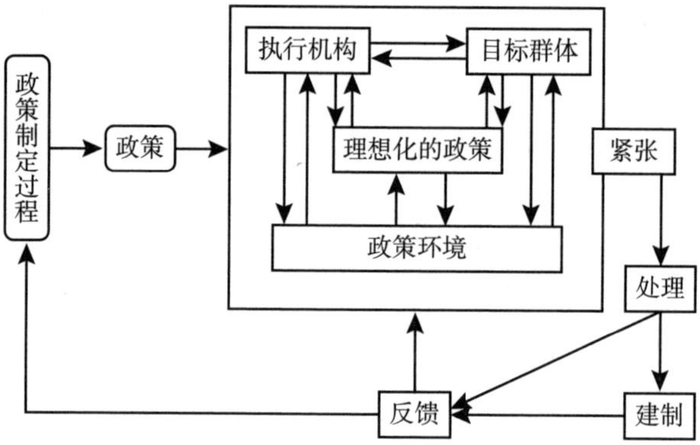

图 1　史密斯政策执行过程模型

第一，印尼社会对中国负面认知根深蒂固，民众对中国好感度不升反降。

自 2015 年 5 月中印尼副总理级人文交流机制建立至今已有三年多的时

① 陈振明：《公共政策分析》，中国人民大学出版社，2003，第 224 页。

② Thomas B. Smith, "The Policy Implementation Process," *Policy Science* 4 (1973): 197–209.

间，中、印尼围绕该机制在教育、文化、科技、旅游等领域加强交流与合作，取得良好成绩。但是，中印尼人文交流机制是否真正促进了两国民心相通？根据皮尤研究中心统计，如表 3 所示，在 2013～2017 年，印尼人对中国的好感度基本上逐年递减，2017 年低至 55%，为近 12 年中的最低值。2015 年中印尼人文交流机制正式建立，但在这之后并没有改变印尼对中国好感度下降的趋势。这表明，中印尼人文交流机制下的教育、文化和青年等领域的合作与交流还存在许多不足。

表 3　2013～2017 年印尼人对中国好感度

年份	2013	2014	2015	2016	2017
好感度	70%	66%	63%	—	55%

资料来源：皮尤研究中心，http://www.pewglobal.org/database/indicator/24/country/101/。

印尼国内对华负面认知思潮仍然广泛存在，成为中印尼人文交流最主要的绊脚石。无论是从政府到民间，还是从精英到普通民众，印尼国内对华的负面认知情绪仍然广泛存在，包括印尼国内对于中国“一带一路”倡议和“中国—东盟命运共同体”倡议等非常敏感。印尼在国家经济发展方面对中国存在客观需求，但在民族心理上对中国、中国人及华人则存有防备和猜疑之心，这种防华心理很容易同所谓的“中国威胁论”汇集发酵，从根本上影响中印尼人文交流的发展，并且增加已初步建立起的中印尼人文交流机制的脆弱性。这些负面认知心理从根本上说是历史的产物，印尼许多国民对中国的认知还停留在冷战期间，对中国的现状并不了解。

第二，在政策方面，中印尼人文交流机制侧重于政府顶层设计，忽视草根基础。

自 2015 年首届机制会议以来，机制会议已经先后举办了三次，高层会议的确使中印尼人文交流与合作领域不断扩展，规模不断扩大，并得到两国一定程度的积极反响。但是，其缺陷也明显存在：一方面，这种从上至下的制度性安排是对传统人文交流领域的路径依赖，未考虑中、印尼两国的国情和两国关系的具体情况；另一方面，高层互动、发挥极致的统筹引领作用为中、印尼两国的人文交流指明了发展方向，但是在缺少民间交流的基础上展开高级别战略对话，达成的协议往往会被束之高阁，难以推进。总的来说，顶层制度安排忽视两国具体国情并缺乏民间基础，使中印尼人文交流机制的相关协议和决策流于空想。

在目标群体方面，草根阶层是中印尼人文交流机制最主要的目标群体，但这一点在具体实施过程中往往被忽略。中印尼人文交流机制旨在统筹、规划、协调两国间的人文交流合作，使之成为深化中、印尼在教育、科技等相关领域交流与合作的重要平台，服务人文领域的务实合作，服务两国人民增进相互理解和好感，实现民心相通是该机制的主要目的，在实际运作中显然没有实现这些目标。首先，目标群体阶层化明显，人文交流的主体为两国高层和精英阶层，两国社会的中下层难以参与两国交流与合作，中国对印尼民众正面宣传中国的相关工作开展不足，导致印尼民众没有从根本上改变对华的负面认知。其次，目标群体主人翁意识淡薄，人文交流单靠政府努力是不够的，应该让民众成为主体，才能使交流富有活力、持续发展。[①] 在中印尼人文交流过程中，往往是由政府高层达成协议，两国人民只是根据政府制定的“剧本”进行“演出”，而很少有发自民间的交流与合作，这容易造成民众对“剧本”式“演出”的质疑。最后，参与人文交流群体的“功能主义效应”微弱，尽管中印尼人文交流机制已从无到有，交流与合作活动也更加频繁多样，但这似乎对两国的民心相通并没有产生实际的影响。不仅皮尤研究中心的调查显示印尼民众对中国的好感度近些年在下降，BBC 进行的 2016 ~ 2017 年度的民意调查也显示，与 2014 年相比，印尼对中国持负面印象的人数占比已由 28% 增加到 50%，持正面印象的占比下降 24 个百分点，仅为 28%，这是自 2005 年以来印尼对中国持负面印象的人数首次超过持正面印象的人数。[②]

① 《刘延东访哈佛、麻省理工，发表演讲促“人文交流”》，中国新闻网，2011 年 4 月 14 日，http：//www. chinanews. com/edu/2011/04 – 14/2971768. shtml。

② Global Poll of BBC World Service，*Sharp Drop in World Views of US*，*UK*：*Global Poll*，July 4，2017，p. 36.

这表明，当前中印尼人文交流只局限于精英阶层，还没有将中国的正面形象外溢到印尼民众中去。

当前，中、印尼官方交流，高校交流与企业投资等活动更多是在高层或精英间开展，印尼普通民众因较少感知而反应冷淡。甚至中国通过亚洲基础设施投资银行等机构向印尼提供贷款与援助类公共物品，而印尼普通民众因无法直接感受到收益，却认为中国提供的公共物品有可能影响印尼经济，进而对中国持更为负面的印象。这其中根本的问题在于精神文化层面，印尼普通民众无法感知中国与印尼交流带来的正能量，在物质利益层面，印尼普通民众难以客观认识中国对印尼投资所创造的众多就业机会和对印尼经济发展所起的积极作用，把共赢合作误以为零和博弈。

第三，顶层设计更多流于官方宣传方面，具体的落实举措不力，导致中印尼人文交流的效率不高、深度不够、被认知度不广。

从2015年至2017年的三次中印尼副总理级人文交流机制会议，涉及了教育、科技、卫生、文化、旅游、体育、青年、媒体等领域，从顶层设计上为推动中印尼人文交流指明了方向。但在具体开展层面，落实措施不够到位。比如，在教育方面，双方学位没有得到互认，联合培养制度也没有正式推出；中、印尼媒体间缺乏实际深层次合作，印尼主流媒体对中国的正面报道不够，甚至对于中印尼副总理级人文交流机制会议的报道也不够深入广泛，导致印尼民众缺乏对中国正面认知及对中印尼人文交流机制的反响不够积极。中国当前很多大学里成立了印度尼西亚研究中心，但目前印尼几乎没有一个大学有真正意义上的中国研究中心。比较而言，在印尼最高学府印度尼西亚大学有一栋日本捐资修建的日本研究中心大楼，印尼同日本的教育合作更为密切。中、印尼在其他几个方面的交流与合作也较为迟缓，这与中国－印尼双边经贸发展迅速不匹配，中国软实力在印尼的增长明显落后于硬实力的增长。在科技、卫生、文化、旅游、体育、青年等方面，更多的是人员的交流，实质性的深层次合作较少。

在执行机构方面，中印尼人文交流由两国的高校、企业、文艺团体等相关单位进行落实和执行。当前，两国人文交流的形式主要有中、印尼官方交流，高校交流，企业投资和各种文艺汇演等活动。一方面，在落实顶层设计安排时，由于执行机构和交流方式相对单一，中印尼人文交流仅停留在政府和精英接触的层面，无法使交流与合作深入发展；另一方面，在印尼，中央和地方分权治理，各级政府间的协调能力有限，且贪腐问题十分严重，即使两国中央政府达成了相关合作协议，但在具体落实过程中时常遇到尸位素餐、拖而不办的官僚主义，不仅浪费大量的时间成本，而且人文交流的结果和两国相互的印象都会大打折扣。同时，中国方面也存在行政审批程序繁杂、政出多门的情况。除两国各自的执行机构存在弊端外，两国的政策沟通低效和执行机构之间的协调低效也成为掣肘中印尼人文交流的重要因素。比如，关于雅万高铁项目，中国政府强调工程的进展，印尼政府却更强调技术转让，可是印尼从独立以来从未建设过一公里铁路，没有相关的交通大学，也没有与铁路工程、铁路管理相关的人力资源可以去接受技术转让。

在中、印尼高校合作方面，双方达成了许多协议，但绝大多数由于印尼方面的执行能力不足、办事效率低等因素而被束之高阁。近年来，双方高校间的国际论坛日益增多，在中国方面的资金支持下，印尼方面的校长或院系负责人来中国参会日益增多，但实际上这对中、印尼高校合作的作用不明显，并没有促进双方达成更多实质上的合作。

第四，语言障碍是“民心相通”的隔离墙。

1966～1998 年苏哈托政府时期禁止华文教育，禁止华文使用，华文报纸被停刊，华人的文化习俗也被禁止，当前在印尼的年轻华人多数已经不会说中文，而印尼其他民族的人中会说中文的人更是稀少。在后苏哈托时期，中文教育逐步复苏，中文学校也逐渐增多。当前印尼有 70 多所三语学校开展印尼文、中文和英文教育，有学生 5 万多人，但这在印尼全部学生中的占比仍然很低，而且中文老师的水平普遍较低，三语学校的学生中真正能用中文流利交流的很少。而且，印尼人的英文水平普遍不高，如果不会印尼语，中国人和印尼人很难交流。由于语言障碍，印尼人大多只能通过普遍对华有误解和偏见的印尼语媒体，或者从对中国充满偏见的西方媒体那里获取有关中国的信息，导致绝大多数印尼人对中国的印象还停留在苏哈托反华时期的负面认知阶段。双方官方组织的青年交流等中印尼人文交流活动，由于语言障碍，交流的效果也更多地集中在物化表象，印尼人难以在思想层面实现对中国的正面认同。

第五，印尼的政党体制决定了印尼“顶层设计”存在天生不足，印尼在“顶层设计”方面存在制度瓶颈。

与中国不同，印尼的多党制度决定了印尼高层签订的合约并非能一帆风顺地得到执行，执行部门通常会更忠诚于其所在党派。现在执政的民主斗争党在众议院不仅未能获得过半席位，而且也只比排名第二的专业集团党领先约3个百分点（见表4）。

表4　印尼2014年立法选举中政党参与的投票结果表

投票排序	政党	投票所得		众议院席位	
		票数(张)	占比(%)	席位数(个)	占比(%)
1	民主斗争党	23681471	18.95	109	19.46
2	专业集团党	18432312	14.75	91	16.25
3	大印尼运动党	14760371	11.81	73	13.04
4	民主党	12728913	10.19	61	10.89
5	国家觉醒党	11298957	9.04	47	8.39
6	国家使命党	9481621	7.59	49	8.75
7	繁荣正义党	8480204	6.79	40	7.14
8	国民民主党	8350812	6.68	35	6.25
9	建设团结党	8157488	6.53	39	6.96
10	人民良知党	6579498	5.26	16	2.86
11	新月星党	1825750	1.46	0	0.00
12	印尼正义与团结党	1143094	0.91	0	0.00
总数		124972491	100.00	560	100.00

资料来源：根据印尼中央统计局资料整理，https：//www.bps.go.id/statictable/2009/03/04/1573/hasil－penghitungan－suara－sah－partai－politik－peserta－pemilu－legislatif－tahun－2004－2014.html，2018－9－28。

因而，我国同印尼发展人文交流，顶层设计虽然很有必要，但要看到印尼政治体制的特点，不能奢望通过双方的“顶层设计”就能一揽子解决问题。想通过与印尼领导人或某部门领导签订的协议来达到解决一切问题的预期，显然是不现实的。而且，印尼社会贪腐严重，通过与一个部门的合作指令来开展工作，往往会被其他部门或民众认为这里有权钱交易，而不买账。因而，中国与印尼进行相关合作时，要避免把所有的“鸡蛋”放到一个篮子里。

第六，文化差异导致中、印尼交流与合作产生摩擦。

从文化角度来看，印尼是个多元文化的多民族国家，有300多个民族、200多种民族语言，印尼语为官方通用语。作为伊斯兰教主导的温和伊斯兰国家，印尼人的身份证上通常标明宗教信仰。作为多种族多宗教的国家，印尼对宗教的态度总体上是多元包容的，但对没有宗教的国家，印尼则非常警惕，通常印尼人认为共产党国家没有宗教信仰，并且误以为这些国家不允许宗教存在，这也是为何印尼人在后苏哈托时代仍没有从对中国负面认知的心态中走出来。

印尼人性格温和，生活节奏比较慢，对规则或制度的观念比较淡薄，在对制度的遵守上弹性比较大，崇尚比较舒缓的生活与工作方式，同中国人工作和生活的高强度、快节奏、高效率和准时等很不一样。因而，印尼人对中国人的生活方式难以理解和适应，同时，外国人不了解印尼文化和印尼人的性格特征，同印尼人相处或做生意也会面临诸多困难。通常情况下，对占印尼总人口约89%的穆斯林而言，每日祷告的自律性和自我利益的增进比规则制度和合约信用的价值更大。

第七，国际环境方面，以美国为代表的域外大国的负面作用明显。

在国际上，中国的崛起，引起美国、日本等国的不安。以美国为例，近些年打着南海航行自由的幌子，挑拨中国与东南亚国家的矛盾，将中国的“一带一路”倡议解读为“新殖民主义”等，在国际舆论上对中国与印尼的人文交流产生不利影响，许多印尼民众把中国视为威胁而非发展机遇。而且，特朗普政府实行“印太战略”来遏制中国，即在印度洋-太平洋区域，通过拉拢盟友和相关国家，采取经济合作、军演、军售等综合手段，遏制中国的崛起，削弱中国的影响力，印尼也是特朗普政府“印太战略”中的重要拉拢对象。

四　政策建议

（一）把握和引导印尼舆情，突出合作共赢

中印尼人文交流的和谐发展，首先要有针对印尼国内情况制定的人文交流发展策略。印尼的舆情是印尼外交政策的风向标，也是印尼对外人文交流的晴雨表。自建国以来，印尼外交主张独立自主，奉行不结盟政策，在处理大国关系时采取平衡战略，万隆会议精神在佐科政府的外交政策中仍有明显的体现。佐科政府在某种程度上修正了苏西洛时期“千友零敌”（A thousand friends，Zero enemy）政策，在具体的对外政策制定和执行中，更加重视印尼的利益。[①] 同时，印尼在意识形态方面更加亲近西方，在考虑国家安全等关键利益时非常容易受意识形态影响。因而，中国可以从两大方面入手，减缓印尼舆情的负面程度。

其一，针对印尼对中国崛起的疑虑，中国仍然要积极宣传亲、诚、惠、容的周边外交理念，始终坚持与邻为善、以邻为伴、睦邻、安邻、富邻的周边外交基本方针；同时，要积极参与旨在增加东南亚地区互信的行动，打造中国-东盟命运共同体，提升中国与印尼的政治互信。比如，在印尼与东盟国家构建东盟经济共同体存在利益纠葛难以推进的状况下，[②] 不断推进中国-东盟自由贸易区的发展是中国同印尼等周边国家加强互信合作的一个重要平台。通过积极的外交宣传和共赢的平台构建，让印尼舆情中出现更积极的中国形象。

其二，对印尼比较敏感的社会舆论，特别是印尼精英阶层的舆论倾向，

---

① Arron L. Connelly，“Sovereign and the Sea：President Joko Widodo's Foreign Policy and Challenges，” *Contemporary Southeast Asia* 37（2015）：3.

② Tengku Rika Valentina，Roni Ekha Putera，Suherlan，“ASEAN Economy Community（AEC）Indonesian Politics of Trade in Contending with the Simple Market Based Production，” *Researcher World* 7（2016）：82-87.

做好充分的前期调研。走进印尼社会进行调研，多渠道与印尼不同领域的精英阶层进行接触，逐步让印尼社会放弃传统的对中国崛起的偏见，改善印尼国内的民族关系和政治生态，从根本上纠正“中国威胁论”的舆论环境，培育积极的社会舆论以推进中国－印尼责任共同体和利益共同体的建设。

中国与印尼发展人文交流，应该细致入微地同不同的具体利益集团合作，并让不同的利益集团和民众得到积极的收益，即中印尼人文交流应该是由“顶层设计”这一大动脉引导，同时有众多细小毛血管参与的网状发展模式。

（二）解决语言障碍，搭建民心相通的桥梁

虽然印尼有越来越多的三语学校，但能流畅用中文交流的印尼人很少。同时，虽然中国开设印尼语的大学数量日益增多，但总体上，中国人会说印尼语的不多。这不仅使民众个人间交流存在障碍，也影响了相互对对方文化的充分理解。比如，印尼人大多只能阅读或观看印尼语媒体，对中文媒体的信息难以获取，导致对中国的了解不够全面，对中国的很多认知还停留在苏哈托“新秩序时期”。而中国人不会印尼语，也无法很好地理解印尼的文化。由于语言障碍，交流的效果更多地集中在物化表象上，双方在思想层面难以实现真正的交流。因而，政府应该积极提供政策支持并真正贯彻互派师资的政策，让更多的印尼老师来中国教印尼语，同时也让更多的中国老师去印尼教中文，培养更多高水平的精通汉语或印尼语的学生。

（三）推动中、印尼媒体合作，让媒体发挥正能量

经过近些年的市场整合，现在印尼主要的华文报纸有 8 家，其中《国际日报》影响力最大。另外有 3 家华文电台，其中雅加达加科哇拉第一华语广播电台影响力最大。目前还没有华语电视台。华文报纸和华文电台比起印尼本土媒体，无论是受众人数还是影响力都要小很多。在华文媒体方面，特别是华文报纸，对中国的报道日益正面积极，并且刊登了一些中国学者的文章，传播中国的声音。但作为影响印尼社会舆论主流的印尼本土媒体，其

对中国的报道多是追随西方的声音或者依据传统的偏见来评判中国，这也是导致印尼社会中根深蒂固的对华偏见难以根除的一大因素。印尼人获取信息的主要方式为印尼语的网络、电视和报纸，目前印尼有12家传媒集团控制着印尼全国的新闻传播，其中排名前三位的分别是群岛印象传媒（MNC Group）、罗盘报业集团（Kompass Gramedia Group）和科技鹰王集团（Elang Mahkota Teknologi）。这些传媒集团在用印尼语传播相关中国新闻时，习惯迎合印尼政党防华或反华的舆论宣传需要，有时还会有意传播中国负面报道以扩大自身影响。中、印尼媒体间缺乏实际的深层次合作，印尼主流媒体对中国的正面报道不够，对中印尼副总理级人文交流机制的报道也不够深入广泛，导致印尼民众缺乏对中国正面认知及对中印尼人文交流机制的反响不够积极。因此，非常有必要推进中国和印尼主要媒体的业务合作，特别要切实推进中国和印尼本土媒体之间的合作，并且使媒体合作机制化。这样才有可能让民众了解更多的第一手信息，保证信息的真实性和权威性，从新闻源头上采用真实信息和正面舆论来引导双方民众，为中、印尼两国民心相通打下良好的舆论基础。

（四）“顶层设计”应该更接地气，让普通民众受惠并有感知

“顶层设计”应该由各界精英引领、民众广泛参与。我国各领域的精英在引领中印尼人文交流的过程中，应该广泛深入印尼不同社区，特别应深入印尼本土居民社区开展交流。有针对性地同本土居民社区领导建立起友好关系，并在物质和精神上让印尼土著民众感知与中国交流能够受益，从而构建起“顶层设计”可持续发展的良好路径：精英引导，民众参与；亲近华人，拉近土著。

（五）制定应对外部环境影响的战略

平衡以美国为代表的域外大国带来的负面影响。国际环境对于中印尼人文交流的影响是很不容易觉察却又客观存在的。特别是在佐科平衡战略背景下，印尼政府会对来自美国等域外大国的负面影响做权衡，以在同中国和其

他大国的博弈中寻求利益最大化。为减少以美国为代表的区域大国对中印尼人文交流产生的负面影响，我国在战略上可以与这些大国合作，以减缓域外大国的战略竞争；同时，在战术上有针对性地积极应对这些国家在印尼的影响力和竞争力。战略上予以合作、战术上予以阻击，是改善中印尼人文交流外部环境的重要途径。

五　结语

2015 年召开了首届中印尼副总理人文交流机制会议，目前，机制会议已经举行了三次，两国围绕该机制在教育、文化、科技、旅游等领域加强交流与合作，取得良好成绩，机制会议合作领域不断拓展，合作规模日益扩大，社会参与更加广泛，已经同政治安全对话、高层经济对话一道，成为统筹和推动中、印尼关系发展的重要支柱。但是，中、印尼人文交流与合作仍存在诸多不足和问题，如合作内容的政策制定偏重顶层设计而忽视民间基础，执行机构的弊政和协调问题难以解决，目标人群相对单一且在人文交流与合作的过程中相对被动，中、印尼两国的社会差异以及印尼社会对中国的负面认知严重等，这些因素的存在都掣肘着中印尼人文交流的顺利进行，中、印尼两国要真正实现民心相通的目标还有很长的路要走。

中印尼人文交流在服务两国人民、增进相互理解和好感的基础上，还要辐射东南亚国家，发挥龙头带动效应。因此，在中、印尼两国人文交流的领域、规模与社会参与度不断扩大的基础上，应重视合作的质量和深度，在两国存在意识形态和文化差异的前提下，中国更需要采取具体措施提升自身软实力和国家形象。只有正确引导印尼民众，使其对中国有理性和乐观的认知，即在夯实民间基础的前提下，两国的人文交流才会达到预期效果。

教育合作篇

Education Exchange

B.2
印度尼西亚来华留学生教育现状及展望

郑 刚 李玉文*

摘 要： 印度尼西亚来华留学生教育是促进两国之间教育交流的重要途径，有利于“一带一路”倡议的推进。近10年来，印尼来华留学生教育取得较好成绩：规模不断扩大，具有稳定靠前的国家排名；学历生的占比稳步提高，高层次人才越来越多；奖学金留学生的比例不断扩大，奖学金不断向学历生倾斜。但是，就总体而言，还存在整体规模偏低、年增长率波动较大、高层次留学生比例偏低、奖学金覆盖面较小等结构性失调问题。促进印尼来华留学教育可持续发展，应当从体制机制、奖学金资助体系、国际化办学水平以及宣传力度等方面制定相关策略。

* 郑刚，教育学博士，华中师范大学教育学院副教授，主要研究方向为中外教育交流；李玉文，华中师范大学硕士生，主要从事中国教育史研究。

关键词： 印度尼西亚　来华留学生　教育　“一带一路”

印尼作为中国周边具有重要影响的地区大国，是中国周边稳定与和平环境的重要依托之一，也是中国落实“与邻为善、与邻为伴”周边外交政策重要基地之一。中国、印尼的双边合作，超越了两国本身，对地区合作具有示范意义。两国政治互信，安全合作，在经贸合作的规模和质量上也迈上新的台阶，在社会人文方面的交流更加广阔；在多边协调方面，开展了务实合作。随着“一带一路”倡议的实施，中、印尼两国关系又面临新的历史契机。两国在继续巩固经贸合作、产业对接等领域的同时人文教育交流也日趋活跃，特别是印尼来华留学生教育呈现蓬勃发展的态势。沿线国家来华留学是促进国与国之间教育与人文交流的重要途径，同时将为“一带一路”的建设和发展提供更为广阔的合作空间。开展印尼来华留学生教育，有利于促进两国之间的教育交流与合作，为双方的政策构想增添活力，更为“一带一路”建设向纵深推进提供人力支撑和合作范本。

一　印尼来华留学生教育的地位和价值

“一带一路”倡议是我国促进同沿线各国共同发展、共同繁荣的重大举措。2013 年中国国家主席习近平对印尼进行国事访问时首次提出“21 世纪海上丝绸之路”倡议。习近平主席和佐科总统从各自民族振兴的战略高度出发，就对接“一带一路”倡议和“全球海洋支点”战略达成重要共识，引领中印尼关系驶入互利共赢、携手发展的快车道。印尼作为“21 世纪海上丝绸之路”的首倡之地，其来华留学生教育对服务“一带一路”建设具有重要意义。

（一）提供人才支撑

“一带一路”建设的关键因素之一是人才，它需要各行各业的精英人才。目前，我国已有大量企业选择“走出去”，在印尼经商。由于两国国情不尽相同，企业迫切需要既了解两国国情又熟悉“一带一路”政策的精英人才辅助。大力发展印尼来华留学生教育，结合国家发展需要，可以为“一带一路”建设造就在经贸合作、语言文化、技术应用等领域的高级专门人才，使他们在“一带一路”建设中充分发挥“智囊团”“生力军”“人才库”的作用。印尼留学生在华学习期间可以掌握“一带一路”倡议的相关信息，努力学习中国语言文化，毕业后可在相关工作领域发挥作用，从而更好地推动“一带一路”与“全球海洋支点”战略的对接。

（二）夯实民意基础

2017 年 5 月，习近平总书记在“一带一路”国际合作高峰论坛开幕演讲中提出“国之交在于民相亲”。人民之间友谊的深厚程度是影响国家之间友好交往程度的重要因素。虽然印尼与中国都是发展中国家，各自在提高教育质量、发展经济水平等方面面临着相似的任务，是天然的合作伙伴。但两国国情不尽相同，只有主动建构起人民交往的纽带，才能让人民相识、相知、信任以及合作。印尼来华留学生在两国的友好交往中担当着纽带作用，是“友华”“亲华”力量。通过他们在华期间的学习和生活，我们可以与之加深相互认识、建立深厚的感情基础，进而使其成为“一带一路”倡议的积极维护者。

（三）发挥带头效应

印尼是东盟的创始国之一，东盟的秘书处便设在印尼的首都雅加达。“在东盟 10 国中，印尼的 GDP 总量超一万亿美元，占东盟经济总量的近 40%；人口超 2.6 亿，占东盟总人口的 40% 多，是东盟内部最大的经济体和市场。”[①] 换句话说，印尼在东盟国家中的地位举足轻重。大力发展印尼

---

① 《中国印尼共谱合作新篇章》，中国政府网，2018 年 5 月 8 日，http://www.gov.cn/xinwen/2018－05/08/content_5289199.htm。

来华留学生教育，不仅可以为两国的教育合作奠定基础，深化中印尼战略伙伴关系，还能够通过印尼来华留学产生的积极效应，不断辐射东盟国家，丰富中国—东盟命运共同体的内涵。

二　印尼来华留学生教育的发展特点

作为“一带一路”沿线国之一，印尼来华留学生教育在全球来华教育事业中发挥着重要作用。通过梳理其来华留学生教育中规模数量、学生层次、奖学金资助等方面的情况，找到其发展特点。

（一）规模：规模不断扩大，具有稳定靠前的国家排名

从2004年到2016年，来华留学生人数从11.1万人增长到44.3万人，增长了近3倍，同期“一带一路”沿线国家来华留学生增长了7.3倍多。东南亚国家是中国最主要的留学生来源地之一，2015年东南亚国家出国留学生共22.7万人，其中7.12万人（1/3）到中国留学。近年来，印尼来华留学生规模持续扩大，中国成为其第二大留学目的地。通过对印尼来华留学生人数、增长率等数据分析（见表1），发现其规模数量呈现以下发展特点。

其一，规模不断扩大。自1990年我国与印尼恢复邦交关系，两国的教育与文化交流呈现良好的态势。2001年，双方签订《中国政府和印度尼西亚政府文化合作协定》，此后，又相继签订了《文化合作协定》《教育合作谅解备忘录》等协议。随着印尼与我国合作的进一步深入，前者来华留学人数逐步增加。2004年，印尼来华留学的总人数为4616人。此后规模不断扩张。2010年，我国《留学中国计划》启动后，印尼来华留学数由2009年的7926人增加到2010年的9539人，年增长率达到20.35%，比同期全球来华留学生的平均增长率11.30%高出9个百分点。2011年，印尼来华留学生数量持续增长，突破了1万人次大关。至2015年，印尼来华留学人数达到12694人。这种吸引力的增强，离不开我国国际地位的提升。更重要的是，我国对教育领域的高度重视促使来华留学生教育质量不断提升。

其二，具有稳定靠前的国家排名。按国别排名，印尼一直位于全球来华留学国家的前5~9名。靠前的排名不仅说明印尼始终是来华留学生的主力军之一，更从侧面说明我国的教育实力对印尼来华留学生具有吸引力。2018年来华留学生中按国别排序前15名为：韩国50600人，泰国28608人，巴基斯坦28023人，印度23198人，美国20996人，俄罗斯19239人，印尼15050人，老挝14645人，日本14230人，哈萨克斯坦11784人，越南11299人，孟加拉国10735人，法国10695人，蒙古国10158人，马来西亚9479人。此外，印尼在“一带一路”沿线东盟国家的留学人数排名中，一直位于第2名或第3名，仅次于泰国和越南的来华留学人数。以2018年为例，东盟10国中来华留学人数较多的国家依次是：泰国、印尼、老挝、越南、马来西亚、新加坡、菲律宾、缅甸、柬埔寨。这表明印尼来华留学生教育在“一带一路”沿线东盟国家中占据着举足轻重的位置。

表1　2004~2018年印尼来华留学生数量统计

年份	印尼来华留学生		全球来华留学生		印尼在全球来华留学生中占比(%)	印尼在全球来华留学生国家中的人数排名	印尼在东盟来华留学生国家中的人数排名
	人数(人)	增长率(%)	人数(人)	增长率(%)			
2004	3750	—	110844	—	3.38	5	2
2005	4616	23.09	141087	27.28	3.27	5	2
2006	5652	22.44	162695	15.32	3.47	5	2
2007	6590	16.60	195503	20.17	3.37	8	3
2008	7084	7.50	223499	14.32	3.17	8	3
2009	7926	11.89	238184	6.57	3.33	8	3
2010	9539	20.35	265090	11.30	3.60	7	3
2011	10957	14.87	292611	10.38	3.74	7	3
2012	13144	19.96	328330	12.21	4.00	6	2
2013	13492	2.65	356499	8.58	3.78	6	2
2014	13689	1.46	377054	5.77	3.63	6	2
2015	12694	-7.27	397635	5.46	3.19	9	2
2016	14714	15.9	451315	11.35	3.32	7	2
2017	14986	1.84	489238	10.85	3.06	8	2
2018	15050	0.5	492185	0.62	3.05	7	2

注：表2、表3、图1以及图2数据来源同。此外，若无特殊说明，文中数据也源于此。

资料来源：根据教育部国际合作与交流司编《来华留学生简明统计》（2004~2015，内部资料，2005~2016年印行）以及相关网页数据统计。

（二）层次：学历生的占比稳步提高，高层次人才愈来愈多

印尼来华留学生包括了非学历生与学历生两个层次。其中非学历生包括普通进修生、高级进修生以及短期留学生；学历生包括专科生、本科生以及研究生（含硕士生和博士生）。印尼来华留学生的层次不仅体现了我国教育对其吸引力的水平，更是反映了我国留学生教育质量的关键指标。印尼来华留学生学历层次发展的特点主要体现为以下几点。

其一，学历生的占比稳步提高。如表 2 所示，2004 年，学历生在印尼来华留学生中仅占 22.91%，而非学历生占比高达 77.09%。但此后，二者的差距逐渐缩小。换句话说，学历生所占比例逐渐扩大，非学历生所占比例逐渐缩小。2004～2006 年，学历生所占比例维持在 30% 以下。2007～2013 年，学历生比例有所增长，比例维持在 30%～40%。2014 年，这一比例突破了 40%，达到 41.76%。更值得一提的是，2015 年，学历生人数甚至反超非学历生人数，占据印尼来华留学生总数的 51.71%。10 余年来，印尼来华留学学历生人数从 2004 年的 859 人增至 2015 年的 6564 人。这一良好态势表明我国的学历教育逐渐在更大范围内得到认可。与之相反，非学历生增长态势弱于学历生。从 2004 年至 2015 年，印尼来华留学的非学历生人数虽然也在增长，但增长的比例与学历生的增长比相差甚远。

其二，高层次人才越来越多。由表 2 可知，硕士与博士留学研究生均维持着良好的增长态势。除 2013 年外，2004～2015 年，他们的数量都在不断增长。他们分别从 2006 年的 111 人和 7 人，增加到 2015 年的 1068 人和 113 人，而且增长率远远高于同期本科生的增长率。这反映出印尼来华留学生的层次结构正不断优化。同时，由数据可以看出，相较于硕士留学研究生，博士留学研究生的增长率更高。这都反映出越来越多的高层次人次愿意来我国留学。此外，硕博留学研究生在印尼来华留学学历生中占比也不断增大。硕士留学研究生在学历留学生中的占比由 2006 年的 7.21% 上升到 2015 年的 16.27%；博士留学研究生在学历留学生中的占比由 2006 年的 0.45% 上升到 2015 年的 1.72%。而本科生、专科生的占比则从 2006 年的 77.52%、

14.81%分别下降到2015年的71.69%和10.31%。总而言之，印尼来华留学的学生中，高层次人才越来越多。而且较之低学历层次的留学生，其增速较高，且在学历生中占比也在不断扩大。

表2　2004～2015年印尼来华学历与非学历留学生数量统计

年份	学历与非学历生合计（人）	学历生					非学历生			
		专科生（人数及在学历生中占比%）	本科生（人数及在学历生中占比%）	硕士生（人数及在学历生中占比%）	博士生（人数及在学历生中占比%）	学历生人数（比重%）	普通进修生（人）	高级进修生（人）	短期留学生（人）	非学历生人数（比重%）
2004	3750	859				859（22.91）	1680	10	1201	2891（77.09）
2005	4616	1051				1051（22.77）	2601	6	958	3565（77.23）
2006	5652	228（14.81）	1193（77.52）	111（7.21）	7（0.45）	1539（27.23）	2926	4	1183	4113（72.77）
2007	6590	224（11.05）	1644（81.07）	152（7.50）	8（0.39）	2028（30.77）	3294	3	1265	4562（69.23）
2008	7084	212（8.58）	2025（81.92）	226（9.14）	9（0.36）	2472（34.90）	3452	2	1158	4612（65.10）
2009	7926	221（7.56）	2362（80.84）	323（11.05）	16（0.55）	2922（36.87）	3890	1	1113	5004（63.13）
2010	9539	252（7.27）	2678（77.22）	512（14.76）	26（0.75）	3468（36.36）	4133	37	1901	6071（63.64）
2011	10957	274（6.53）	3159（75.32）	721（17.19）	40（0.95）	4194（38.28）	4291	5	2467	6763（61.72）
2012	13144	417（8.02）	3819（73.41）	911（17.51）	55（1.06）	5202（39.58）	5040	38	2864	7942（60.42）
2013	13492	382（7.09）	4024（74.67）	911（16.90）	72（1.34）	5389（39.94）	5373	6	2724	8103（60.06）
2014	13689	478（8.36）	4179（73.11）	973（17.02）	86（1.50）	5716（41.76）	4341	21	3611	7973（58.24）
2015	12694	677（10.31）	4706（71.69）	1068（16.27）	113（1.72）	6564（51.71）	3705	20	2405	6130（48.29）

资料来源：根据教育部国际合作与交流司编《来华留学生简明统计》（2004～2015，内部资料，2005～2016年印行）以及相关网页数据统计。

随着“一带一路”建设的深入推进，越来越多的印尼学生选择来华留学。据《中国留学发展报告（2017）》显示，在中国国际留学生前15名来源国家中，大多数为“一带一路”相关国家。来华留学生人数增长最快的国家包括泰国、印度、巴基斯坦、印尼和老挝，其增幅平均超过20%。

（三）奖学金资助：奖学金留学生的比例不断扩大，奖学金不断向学历生倾斜

奖学金政策是我国吸引印尼学子来华留学的重要措施，而中国政府奖学金是我国引智的重要手段。下面就印尼来华留学生获取中国政府奖学金的情况进行分析。

其一，奖学金留学生的比例不断扩大。我国不断扩大对印尼来华留学生的奖学金名额。如表3所示，从绝对规模来看，2004年，获奖学金的留学生仅19人。至2015年，奖学金名额增加到521人。从相对比例来说，2004年，印尼来华留学生中获得奖学金的学生仅占0.51%。随后，这一比例逐年递增。2015年，印尼来华留学生中获得奖学金的学生占比提升了近3.6个百分点，达至4.1%。在中国政府奖学金支出相对有限的情况下，还能保持不断扩大印尼来华奖学金留学生的比例，足以说明中国对印尼来华留学教育的重视。可以预测，未来中国会持续加大对印尼来华留学生的资助力度。

其二，奖学金不断向学历生倾斜。如表3所示，2004年，奖学金学历生和奖学金非学历生分别为2人和17人，后者比前者多15人。但从2005年起，二者的差距开始不断缩小。2006年，印尼奖学金学历生人数和奖学金非学历生人数分别为12人和7人，前者比后者多5人。自2006年起，奖学金学历生超过奖学金非学历生的人数后，其差额逐渐增大。换句话说，奖学金正不断向学历生倾斜。至2015年，印尼来华留学的奖学金学历生占比已经高达98.46%，而奖学金非学历生占比仅有1.54%。就奖学金学历生而言，其基本保持着持续增长的态势，从2004年的2人增至2015年的513人。就奖学金非学历生而言，其从2004年的17人降至2015年的8人，实

现了负增长。可以预测，随着印尼来华留学生数量的增多，我国的中国政府奖学金将主要面向印尼的学历留学生。

表 3　2004 ~ 2015 印尼获中国政府奖学金来华留学生数量统计

年份	获奖学金人数(人)	学历生				非学历生	奖学金生在印尼来华留学生中占比(%)
		本科(人)	硕研(人)	博研(人)	合计(在获奖人数中占比%)	合计(在获奖人数中占比%)	
2004	19	—	1	1	2(10.53)	17(89.47)	0.51
2005	22	—	5	1	6(27.27)	16(72.73)	0.48
2006	19	—	10	2	12(63.16)	7(36.84)	0.34
2007	33	5	14	3	22(66.67)	11(33.33)	0.50
2008	70	17	36	7	60(85.71)	10(14.29)	0.99
2009	131	63	54	7	124(94.66)	7(5.34)	1.65
2010	222	102	98	13	213(95.95)	9(4.05)	2.33
2011	268	98	137	19	254(94.78)	14(5.22)	2.45
2012	330	120	174	27	321(97.27)	9(2.73)	2.51
2013	425	146	236	38	420(98.82)	5(1.18)	3.15
2014	489	122	317	43	482(98.57)	7(1.43)	3.57
2015	521	86	366	61	513(98.46)	8(1.54)	4.10

资料来源：根据教育部国际合作与交流司编《来华留学生简明统计》（2004 ~ 2015，内部资料，2005 ~ 2016 年印行）以及相关网页数据统计。

三　印尼来华留学生教育的问题分析

中国蓬勃广阔的教育市场，以及快速发展的社会经济，让越来越多的印尼学子选择来华留学。但是，在良好的发展态势下，依然存在一些亟待解决的问题。

（一）整体规模偏低

虽然近年来印尼来华留学生的总数在逐年递增，但就其在全球来华留学生中的占比来看，印尼来华留学生的整体规模偏低。2004 ~ 2011 年，印尼来华留学生在全球来华留学生规模中的比例基本维持在 3.8% 以下。2012 年，这一比例创下历史新高，达到 4%。这一年中国与印尼签订了学位学历互认制度，印尼留学生规模增大。但与来华留学人数排名第一的韩国依然存在差距。2012 年，韩国占全球来华留学生规模的 19.34%。印尼与其相差近 15 个百分点。2012 年后，印尼在全球来华留学生总数中的占比又持续下降：2013 年、2014 年、2015 年的占比分别为 3.78%、3.63% 以及 3.19%。换句话说，在印尼来华留学生绝对规模扩大的同时，其在全球来华留学生中的相对规模却在缩小。这也反映出我国对印尼来华留学生的吸引力有待提升，服务留学生的资源需要更加合理配置。

（二）年增长率波动较大

从图 1 可以看出，印尼来华留学生的年增长率一直处于波动状态，且具有不稳定性。2005 年的增长率是最近 10 余年来最高的，而 2015 年却出现了负增长。二者的极差高至 30.36 个百分点。而且，从 2012 年开始，印尼来华留学的年增长率持续走低。2013 年、2014 年、2015 年的年增长率是近 10 年来最低值，分别是 2.65%、1.46% 以及 -7.27%。这说明印尼来华留学热潮正趋于平缓。此外，就印尼来华留学生与全球来华留学生的年增长率关系来看，前者时而高于后者，时而低于后者。但就年平均增长率来看，10 余年来，

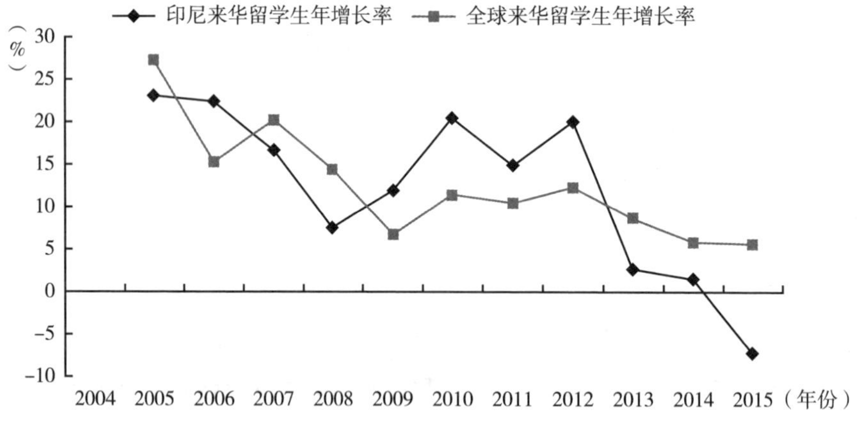

图 1　2004 ~ 2015 年印尼及全球来华留学生年增长率统计

数据来源：资料来源：根据教育部国际合作与交流司编《来华留学生简明统计》（2004 ~ 2015，内部资料，2005 ~ 2016 年印行）以及相关网页数据统计。

印尼来华留学生的年平均增长率为11.13%，而全球来华留学生的年平均增长率为11.45%。虽然两者相差不多，但其差值表明印尼来华留学生的年平均增长速度略低。即从整体来看，印尼来华留学生的增速拉低了全球来华留学生的增速。因此，我国应该制定相应的策略，不断吸引印尼学子来华留学。

（三）高层次留学生比例偏低

前文提及，在印尼来华留学生中，高层次人才越来越多。而且硕博留学研究生的增长率远高于同期本科生的增长率。但是，就绝对数量而言，本科生或者普通进修生的数量一直占据印尼来华留学生类别的前位。换句话说，本科生和普通进修生是印尼来华留学生的主力军，而硕博留学研究生的总量偏低。以2014年为例，按照学生层次对印尼来华留学生规模排序，前三名依次是：本科生（4179人）、普通进修生（4341人）以及短期留学生（3611人）。研究生留学生数量仅为1059人。此外，由表2中数据可知，2012年，印尼来华硕博留学研究生在学历生中的占比达到10余年来最高，即18.57%。但即便最高，也与当年专、本科留学生的占比81.43%有着很大的差距。这些足以证明印尼来华的高层次留学生教育发展不够充分，留学教育层次有待优化。

（四）奖学金覆盖面较小

目前，获中国政府奖学金的印尼留学生数量持续增长，而且印尼来华留学生中获得奖学金的学生占比也不断攀升。但是这一占比依旧很低，如图2所示，2004~2015年中的最高占比为仅4.1%。换句话说，虽然中国不断提高印尼来华留学生中奖学金获得者的比例，但印尼绝大部分来华留学生依然没有得到中国政府奖学金的扶助，奖学金仅仅覆盖了一小部分学生。而且，印尼来华留学生获取中国政府奖学金的占比与总体情况相比相去甚远。这说明，中国对印尼来华留学生的支持力度一般，低于整体水平。此外，中国对印尼来华留学生资助渠道有待拓展。印尼留学生获得资助的主要途径是中国政府奖学金。但上述数据也表明中国政府奖学金对印尼来华留学生的覆盖面非常有限，受益人数不多。因此，扩大对印尼来华留学生的资助渠道，建立多元化的资助体系刻不容缓。

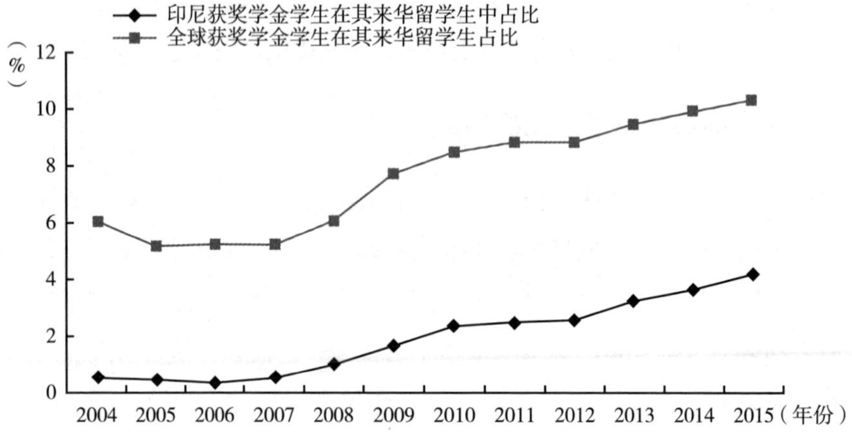

图 2　印尼及全球获中国政府奖学金生占比统计

资料来源：同表 1。

四　印尼来华留学生教育的发展策略

教育合作是中印尼全面战略伙伴关系的重要组成部分。在习近平主席和佐科总统的引领下，中、印尼全面对接“21 世纪海上丝绸之路”倡议和“全球海洋支点”战略，全面拓展深化各领域务实合作。中国高速稳定的经济发展、日益丰富的教育资源、光明广阔的中国与印尼合作前景就是留学中国最好的推介书。随着中国高等教育水平的不断提高和两国教育合作的进一步深入，越来越多的印尼学生选择前往中国进行深造，这将进一步加深其对中国的了解、密切两国人民的友谊。可以说，选择到中国留学是印尼同学在正确的时间做出的正确选择。印尼来华留学生应率先成为美丽印尼的建设者和促进中印尼友好的先行者。为了促进印尼来华留学生教育的发展，我们应该在体制机制、奖学金资助体系、国际化办学水平以及宣传力度等方面制定相关策略。通过这些措施，为印尼来华留学生教育创造良好的环境，从而不断提高中国对印尼学子来华留学的吸引力，进一步夯实中国作为印尼第二大留学目的国的地位。

（一）加快体制机制创新

为了形成制度化、科学化的印尼来华留学生教育体制，避免出现由于印尼来华留学生教育关涉众多相关部门而造成缺乏规范、难以协调等问题，应该加快印尼来华留学事业的机制体制创新。首先，政府应该制定相关的留学生教育中长期发展规划，以统筹、协调印尼来华留学教育事业。通过政策引导、经费支持等手段，在巩固并扩大规模的同时，也使印尼来华留学生的学历层次结构趋于优化。同时为了制定更符合印尼来华留学生教育实际的政策，可以仿照国家教育咨询委员会模式，通过组建高层次、跨部门的印尼来华留学专家咨询委员会，为印尼来华留学生教育的可持续发展提供智力支撑。其次，政府应强化中印尼副总理级人文交流机制。这一机制是中国与“一带一路”沿线发展中国家，乃至全球发展中国家建立的首个人文交流机制，是关涉中印尼人文交流的一大里程碑。国务院原副总理刘延东曾在中印尼副总理级人文交流机制首次会议中明确指出，应该“为两国青年互学互鉴创造更多机会”[①]。通过强化这一机制，为当下印尼来华留学教育提供保障。最后，在推进共建“一带一路”教育行动中，应重视印尼来华留学教育事业；中印尼两国高校成立“一带一路”高校联盟，尤其中国贵州、广西等地区高校积极与印尼高校对接，扩展办学空间；中印尼两国政府签订双边协议与学位互认、颁发“一带一路”专项奖学金等，助益更多印尼学生开启留学中国之旅。

（二）健全印尼来华留学生奖学金资助体系

首先，加大中国政府奖学金的支持力度。2010 年，为了推进来华留学

① 《中印尼副总理级人文交流机制首次会议在雅加达举行》，中国政府网，2015 年 5 月 28 日，http：//www. gov. cn/guowuyuan/2015 －05/28/content_ 2870206. htm。

生教育的进一步发展，教育部制订了《留学中国计划》。该计划明确指出：当前任务之一是“逐步增加中国政府奖学金名额”①。目前，中国提供给印尼留学生政府奖学金项目主要有以下几类：（1）中国政府单方奖学金，全额奖学金30名，接受学生类别包括本科生、硕士研究生、博士研究生、进修生；（2）中－印尼交流专项奖学金，全额奖学金100名，接受学生类别包括本科生、硕士研究生、博士研究生、进修生；（3）中印尼高教奖学金，全额奖学金20名，接受学生类别包括本科生、硕士研究生、博士研究生。就提供给全球来华留学生的中国政府奖学金数量来说，印尼来华留学生的占比较低。为吸引更多优秀印尼学子来华留学读书，加大中国政府奖学金的资助力度刻不容缓。同时，要充分发挥中国政府奖学金的引智作用，加大向硕士生以及博士生等高层次留学人才倾斜，这将有助于印尼来华留学生教育的健康持续发展。其次，建立多元化的资助体系。受经济水平的制约，在加大政府奖学金的投入量时，应该拓宽奖学金渠道，形成以中国政府奖学金为主、以地方政府以及高校等专项奖学金为辅的资助体系。就地方政府而言，应该不断加大“丝绸之路专项奖学金”在印尼来华留学生教育方面的投入。就高校而言，在其独立设置校级奖学金的基础上，应从医疗保险、勤工俭学、特困补助等多方渠道给予印尼来华留学生资助。同时，应鼓励企业、集团以及其他社会团体设立印尼来华留学生的专项奖学金，引导其主动参与奖学金资助体系。通过这种多元化的资助体系，吸引更多优秀的印尼学子来华学习交流。例如，华为公司邀请了100多名印尼学生前往中国学习通信领域专业知识，为他们提升能力、拓宽视野提供了宝贵机会。作为世界人口第四大国，印尼的劳动力资源非常丰富。为了提高劳动者的职业素质，充分利用人口红利，印尼正在全国范围推广企业与职业高中合作的“衔接和匹配职业教育计划”。中国高校可以主动对接印尼这项教育计划，利用中国职业教育、高等教育的比较优势，打通人才培养的通道，从而吸引更多的印尼学子来华留学。

① 《教育部关于印发〈留学中国计划〉的通知》（教外来〔2010〕68号），中国政府网，2010年9月28日，http://www.gov.cn/zwgk/2010-09/28/content_1711971.htm。

（三）提高我国国际化办学水平

通过与国际教育接轨的努力，可以为印尼留学生进入中国学习提供一个更好的学习平台。首先，加快建设一支国际化师资队伍。通过国际化师资队伍的构建为印尼来华留学生提供更高水平的良师益友。一方面，重视教师的培养，高校应该主动开拓多种渠道，不断派遣优秀教师去国际知名高校访学，丰富其教育经验，如“青年骨干教师出国研修项目”以及校际学术交流等。另一方面，注重教师的引进，通过严控试用关、创造优良的环境等形式不断引进国内和国外优秀教师，使他们充分起到学科带头人的作用。通过教师的培养以及引进，充分发挥他们在印尼来华留学生教育中的综合效益。其次，建设一流学科品牌。一方面，应该继续发挥我国的传统学科优势，如汉语、中医等特色学科，留住印尼来华留学生。另一方面，应该围绕印尼发展急需的学科专业，不断挖掘我国相关学科的优势，寻找印尼来华留学生教育新的增长点。紧密围绕中印尼两国共建“一带一路”产能合作、经济走廊合作规划、重点港口和产业园区合作等议题，强化学科专业建设。在此前提下，各大高校应该依据自身学科优势，打造学校特色一流学科，从而不断吸引印尼优质生源。最后，加强中外合作办学。通过合作办学的形式，可以引进国外优质的高等教育资源。中国大多数高等院校与世界高校相比，还有很多进步的空间。我们可以尝试多与国际一流高校开展合作办学，“探索开展硕士生和博士生‘1+1’双学位项目以及 MBA、MPA 等专业学位研究生的联合培养模式”①。通过这种新途径，不断吸引高层次印尼学子来华留学。

（四）加大宣传力度

来华留学生教育质量是吸引印尼来华留学生的必备条件。但有了良好的教育质量，还需要依靠宣传这一途径。首先，可以通过政府交流、国际教育

---

① 郑刚：《新世纪来华留学研究生教育发展现状及其改善》，《学位与研究生教育》2013 年第 1 期，第 62 页。

展、校际互换等多方渠道向印尼宣传我国高水平的教育质量。如 2019 年 3 月 5 ~ 12 日，在印尼东爪哇省驻天津交流中心的邀请下，天津体育学院赴印尼参加留华高等教育展。通过这种与外国学生面对面交流的宣传形式，部分学生当场达成入学意向。其次，精心完善与留学中国相关的网站。在建设网站时，各大生源高校应根据本校实际，对有意来华留学的印尼学生提供翔实的资料信息，如招生方法、奖学金政策、管理制度、就业前景以及课程设置等。通过展示他们最为关注的相关信息，为他们提供较好的用户体验。同时，还可以宣传我国的教育成果，实现品牌效应。此外，可以尝试通过中国驻印尼使馆以及印尼孔子学院等机构，以及利用中、印尼已缔结友好省份的平台，加强教育宣传，让更多的印尼学子了解和认识中国教育，特别是 21 世纪以来中国教育改革取得的巨大成就，从而吸引更多印尼学子来华留学。

B.3
印度尼西亚在华留学生调查报告及政策建议

宋秀琚*

摘 要： 中国、印度尼西亚在人才培养方面存在较强烈的“供求关系”，但目前中、印尼双向留学生的规模远未达到“应有”的水平。其中，在印尼来华留学方面，还有很大的空间亟待发掘，可以通过政策引导，逐步扩大印尼留学生规模。一是在招生中保持生源地、学历层次和专业上的相对均衡；二是提高印尼留学生的培养层次，推动中国成为印尼留学的“终端市场”；三是将中文水平作为招收印尼留学生的必要条件，提升印尼留学生的培养质量和效果；四是加大在印尼的招生宣传力度，扩大中国高等教育的国际影响力。

关键词： 印度尼西亚　在华留学生　高等教育　汉语教学　21世纪海上丝绸之路

中印尼在人才培养方面存在强烈的“供求关系”，但目前中印尼双向留学生的规模远未达到“应有”的水平。其中，在印尼来华留学方面，还有很大的空间亟待发掘。可以通过政策引导，逐步扩大印尼留学生规模。一是在招生中保持生源地、学历层次和专业上的相对均衡；二

* 宋秀琚，博士，华中师范大学政治与国际关系学院副教授，硕士生导师，华中师范大学中印尼人文交流研究中心常务副主任。

是提高印尼留学生的培养层次，推动中国成为印尼留学的“终端市场”；三是将中文水平作为招收印尼留学生的必要条件，提升印尼留学生的培养质量和效果；四是加大在印尼的招生宣传力度，扩大中国高等教育的国际影响力。

一　中印尼在人才培养方面存在强烈的“供求关系”

一国的对外留学规模与该国发展水平呈正相关关系，一国吸引境外留学生的质量和规模也与该国发展水平呈正相关关系。2018 年，印尼的 GDP 达到 1 万亿美元；而中国的 GDP 在 1998 年就突破了 1 万亿美元。从经济实力而言，印尼落后中国 20 年；但从综合国力及社会、人力资源发展等方面来衡量，印尼落后中国至少 30 年以上。1998 年亚洲金融危机之后，印尼在困境中寻求发展机遇，目前进入了经济持续上升阶段的初期，国内各行各业的发展需要大批量的人才；但其国内的教育水平远远不能满足市场对大量高层次人才的需求。境外留学逐渐成为印尼学生的选择。

中国持续高效发展助推中国高等教育向“世界一流水平”看齐，高校师资水平、学科建设和硬件设施整体高于印尼等其他发展中国家，部分领域还强于某些发达国家。中国对境外留学生的吸引力越来越强。据中国教育部统计，2017 年共有 48.92 万名外国留学生在中国各所高校学习，增速连续两年在 10% 以上。这些留学生来自 204 个国家和地区，其中，印尼学生的数量排在生源国第三位。中国与印尼在人才培养上存在“供求关系”。如果考虑到中、印尼建立了“全面战略伙伴关系”、印尼是中国共建“21 世纪海上丝绸之路”南太支线上的重要支点国家，以及中国“21 世纪海上丝绸之路”倡议与印尼“全球海洋支点”战略实现对接的历史契机等因素，这种“供求关系”应该是强烈的，但中、印尼双向留学生的规模和层次，都远未达到应有的水平。在印尼来华留学方面，还有很大的空间亟待发掘。

二 在华印尼留学生概况

除了港澳台地区情况有待进一步核实之外，中国政府为印尼来华留学生提供的奖学金项目主要包括：丝路奖学金、自主招生项目中国政府奖学金、中国政府国别奖学金、联合国教科文组织－中国政府长城奖学金项目（仅招收普通进修生和高级进修生）、中国政府单方奖学金、中国－AUN 奖学金和孔子学院奖学金等。近年来，在印尼还出现了民间资助孔子学院学生留学中国的新情况。目前中国有 279 所大学承担了中国政府奖学金留学生的培养工作。来华的印尼留学生选择的专业涵盖了理学、工学、农学、医学、经济学、法学、管理学、教育学、历史学、文学、哲学和艺术学 12 个学科门类。但实际上，印尼留学生的专业选择因地而异，在中国内地，教育学、文学和经济学列前三位，总数达到 58.8%；在香港地区，印尼留学生更倾向于选择实用性强的专业，如工程技术（包括计算机、工程技术、食品科技、生物科学、设计等）和经济金融类专业的印尼学生占比达 84%。

在双向留学生数量上，目前，在中国的印尼留学生大约有 2 万人，其分布如下：中国大陆 15000 人左右；中国台湾地区 4900 人左右；中国香港特区 600 人左右；中国澳门特区印尼留学生很少。在印尼的中国留学生规模在 500 人左右，主要分布在印尼语言、印尼文学等学科领域。

三 在华印尼留学生存在的问题及政策建议

“在华印尼留学生调查问卷”历时四个月，共回收 221 份有效试卷。其中，在中国内地留学的印尼留学生 85 份：湖北省 40 份，福建省 12 份，重庆市 7 份，北京市 6 份，广东省 4 份，江苏省 3 份，上海市 3 份，河北省 2 份，浙江、天津、内蒙古等 8 个省市区各 1 份，其余 80 份来自印尼国内（问卷调查时间正是暑假，很多在华留学的印尼学生回国休假）。此外，在合作单位“香港印尼学社”的协助下，在香港特区的印尼留学生提交了 56 份有效试卷。分析这些试卷，可以得到在华印尼留学生的一些基本情况。

（一）印尼留学生存在三大失衡，中印尼副总理级人文交流机制的成果有待落到实处

来华的印尼留学生存在三大失衡。

第一，留学生的来源地分布不平衡。

在中国内地的印尼留学生中，爪哇岛115人，占比69.7%；苏门答腊岛34人，占比20.6%。来自这两大岛屿的留学生就占了90%以上。此外，加里曼丹岛4人，苏拉威西岛7人，巴布亚岛1人，巴厘岛3人，其他岛1人。在中国香港的印尼留学生中，来自爪哇岛的占85.7%，来自苏门答腊岛的占14.3%。

印尼是世界上最大的群岛国家，有17504座大大小小的岛屿；爪哇岛是印尼人口最集中的岛屿。爪哇岛上居住着1.45亿人（主要是爪哇族），占印尼全国人口（2018年达2.66亿）的54.5%；这里也是印尼经济和文化最发达、高校最集中的地区。来华留学生主要来自爪哇岛，虽然是人力资源“市场”作用结果，但是中国作为接收留学生的一方，还是应通盘考虑，加强政策引导，扩大印尼来华留学生的生源地。比如，中印尼两国战略对接的重点区域“三北走廊”（北苏门答腊、北加里曼丹和北苏拉威西），是印尼能源集中地和新的经济增长点，当地对懂中文的人才需求量极大，但是很少有机会派人来中国学习（印尼北苏拉威西省文教部门曾向中心调研团反映过这一情况）。对于此类问题，中国高校主管部门在分配给印尼留学生名额时，可以对印尼某些欠发达地区实行政策倾斜，如在奖学金名额固定的情况下，适当增加诸如“三北走廊”地区的中国政府奖学金名额；或者以专项项目的方式执行之。

第二，印尼留学生的民族构成不平衡，爪哇族和华族占绝大部分（见表1）。

爪哇族本来就是印尼最大的民族，占印尼全国人口总数的近一半，且绝大部分生活在经济、文化较为发展的爪哇岛。所以，在华印尼留学生中，爪哇族占大多数，情有可原；但是占印尼总人口4%的华族，分别占到调研对象的32.7%和85.7%，却是不寻常的。来华留学，只要程序合法，不问出身，来者不拒，合规合法。但是，华族在印尼是一个敏感话题，对华族对印尼国

表 1　来华印尼留学生的民族构成

民族	中国内地(165 人)		香港地区(56 人)	
	人数	占比(%)	人数	占比(%)
爪哇族	68	41.2	5	8.9
巽他族	9	5.5	—	—
马都拉族	5	3.0	—	—
马来族	8	4.9	2	3.6
华　族	54	32.7	48	85.7
其　他	21	12.7	1	1.8

资料来源：根据“在华印尼留学生调查问卷”统计。

家忠诚度的怀疑始终困扰着印尼社会。在这样的背景下，招收华族学生时，应“合理”地确定数量和比例，做到比例上的大致均衡。国家招收印尼留学生不完全是“市场”行为，国家在政策上要有政治指导性。

第三，印尼留学生的专业选择也极不平衡，学习人文社科类的学生占绝大多数。图 1 是在中国内地的印尼留学生所学专业分布情况。

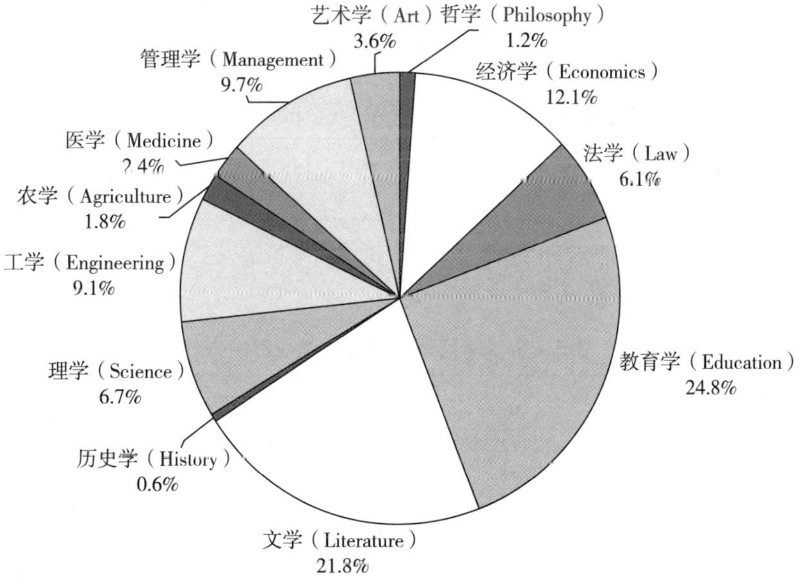

图 1　来华印尼留学生专业分布情况

资料来源：根据“在华印尼留学生调查问卷”统计。

“21 世纪海上丝绸之路”倡议与“全球海洋支点”战略对接的重点领域应对中国的印尼留学政策有指向作用。如基础设施建设、发展蓝色经济（海洋经济）等，中国高校主管部门可以以政策激励相关高校为印尼留学生提供更多的相关专业课程，或者扩大印尼留学生的择校范围，将更多的技术培训类院校纳入中国政府奖学金的适用范围。

（二）提高印尼留学生的培养层次，推动中国成为印尼留学生的“终端市场”

近几年来，到华留学的印尼学生虽然逐年增加，但是总体而言，印尼留学生的层次较低（见表2）。

表2　来华印尼留学生学历层次分布情况

选项	中国内地(165 人)		香港地区(56 人)	
	人数	占比(%)	人数	占比(%)
本　科　生	60	36.4	51	91.1
硕士研究生	56	33.9	1	1.8
博士研究生	40	24.2	2	3.6
职 业 培 训	4	2.4	2	3.6
其　　他	5	3.0	0	0

资料来源：根据“在华印尼留学生调查问卷”统计。

这些留学生毕业后的去向，有如下选择（见表3）。

表3　来华印尼留学生完成学业后的去向

选项	中国内地(165 人)		香港地区(56 人)	
	人数	占比(%)	人数	占比(%)
回国工作	81	49.1	6	10.7
继续在中国/香港学习	28	17.0	2	3.6
到其他国家继续学习	22	13.3	10	17.9
争取在中国/香港找一份工作	28	17.0	31	55.4
其他	6	3.6	7	12.5

资料来源：根据“在华印尼留学生调查问卷”统计。

综合分析以上表格，留学生层次不高及其影响较明显。香港地区的情况较为突出，90%以上的是本科生，其中超过一半的人在本科毕业后想在香港当地就业。在中国内地，超过70%的印尼留学生是本科生和硕士研究生，其中有22人选择毕业后到其他国继续学习，28人希望在中国就业；但40位博士生中有35人选择毕业后回国工作，即学位越高，回国的比率越大。

以上数据反映了两个问题：一是印尼留学生中的低端（本科）和中端（硕士研究生）人才更希望在中国就业，虽然对中国的人才市场冲击有限，却并不适合中国经济“提质增速”转型的发展需求，我们需要更高层次的人才；二是占有一定比例的印尼学生只是将中国作为海外学习的“低、中端市场”。从经济学角度而言，类似于中国输出“半成品”，其他（发达）国家制造“成品”，中国投入，他国收获，这是不公正、不合理的国际经济政治秩序在国际人力资本市场上的反映。如何扭转这种状况，将中国留学市场由“低、中端市场”变成“高端市场”，使印尼留学生大部分选择中国“就地成为高端人才”？

从经费资助、学科门槛、生活学习设施等方面入手，吸引培养更高端印尼人才，是重要举措。其中，就中国内地而言，印尼博士生的奖学金额度已经较高，达到每月3500元人民币，仅略低于2017年印尼人均GDP（3846.86元人民币），如果考虑到印尼留学生的住宿费、学杂费减免政策，在华印尼博士留学生实际可支配收入要高于其国内平均水平。问卷数据也说明了这种情况。在中国内地的40名印尼博士留学生中，仅有5位表示还需要家里补贴；而在香港留学生中，由于78.6%的人是自费留学，加之香港物价高，所以多数人抱怨开销过大。在生活学习设施便利性方面，中国内地和香港的印尼留学生普遍感到满意。排除了这两项，学科门槛就成为吸引更多印尼留学生的关注点。

要在“学科门槛”上做足文章，有两点需要政策引导。一是在承担中国政府奖学金学生培养工作的279所大学中，应加大某些学科的建设力度，提供更多的国际化课程供留学生选择，甚至可以在某些符合条件的高校建立独立的“中国－印尼学院”，主要招收印尼留学生。此举措有经验可循，如广西大学的“中国－东盟协同创新中心”和广西民族大学的“东盟学院”等。二是选择有资质的高等教育机构在印尼合作开办“分校”，使那些没有机会来华留学的印尼人也能在家门口接受中国的优质教育。在调研中，香港的印尼留学生建议，再多的留学名额也满足不了印尼庞大的留学需求，香港的物价又高等，因此可以在印尼建立分校。在国外建立分校，是教育国际化发展的一种模式。2018 年 10 月，清华大学东南亚中心落户印尼巴厘酷乐岛，立足印尼本土，培养人才，促进人文与学术交流。在印尼建立分校，除了清华大学与印尼四海一家公益基金合作这一模式之外，还可以选择与印尼教育机构（知名国立大学、私立大学和伊斯兰大学联盟等）合作进行。

（三）将中文水平作为招收印尼留学生的必要条件，提升印尼留学生的培养质量和效果

在问卷调查中，印尼留学生的中文水平参差不齐（见表4）。

表4　来华印尼留学生的中文水平

中文熟练程度	中国内地(165 人)		香港地区(56 人)	
	人数	占比(%)	人数	占比(%)
简单的对话和书写	41	24.9	15	26.8
较熟练的听、读、写	58	35.2	13	23.2
非常熟练,能阅读中文专业书籍	26	15.8	0	0
仅听懂简单的单词	19	11.5	22	39.3
完全不懂	21	12.7	6	10.7

资料来源：根据“在华印尼留学生调查问卷”统计。

调查显示，达到“较熟练”和“非常熟练”运用中文的印尼留学生，中国内地的超过 50%，而在香港，这一比例仅为 23.2%；10% 以上的学生完全不懂中文。在被问及“在中国最不适应的事情”时，中国内地 59 人（35.8%）、香港 42 人（75%）选择了“与中国人交流困难”。

语言障碍影响了印尼留学生在华的生活质量，更是他们接受高质量教育的“拦路虎”。在中国内地，即使在学习文学的 36 名印尼留学生中，也有

28%的人只能简单地使用中文或完全不懂；学习教育学的41名印尼留学生中，这一比例更高，达到34%；学习哲学的2名印尼留学生和学习历史学的1名印尼留学生，均只能简单地使用中文进行读写。

针对以上情况，建议在招收印尼留学生时，将中文水平作为必要条件。目前，印尼学习中文的学生越来越多，生源充足。据实地调研，目前在印尼存在各种中文教学机构，包括孔子学院（7所孔子学院、1所孔子课堂和10多个中文教学点），印尼高校中的中文系（目前大约有21所印尼高校设立了中文系），印尼三语学校（全印尼大约有50所），以雅加达华文教育协调机构为总部的19个全国华文教育协调机构，印尼的国民学校（其中约80%的学校开设有汉语课），中文培训班（如印尼华文教师工会、印尼华文教师协会主办的中文培训班），以及一些宗教机构如“慈济”“弥勒大道”等开设的中文培训班。

将中文水平作为留学中国的必要条件，会产生积极的影响：一是将本国语言列入招收留学生的必要条件是教育强国的惯例；二是将语言作为招生条件之一，推动留学生从“数量扩张型”向“质量提升型”转变，是中国教育自信的一个表现；三是可以提高印尼国内汉语水平考试证书的含金量，吸引更多的印尼人学习中文；四是可以部分解决上文的第二个问题，即增加对印尼留学生开放的学科门类，有助于扩大印尼留学生规模、提升留学生层次。

（四）加大在印尼的留学生招生宣传力度，扩大中国高等教育的国际影响力

印尼被称为万岛之国，其中爪哇岛虽然是印尼的政治、经济和文化中心，人口密度大，但在其他较大岛屿上，也存在各类高等教育机构，所以在对印尼的招生宣传上，应以爪哇岛为重点区域，适当关注其他岛屿的高教机构。在中国内地，50.9%的被调查者认为，应该加大在印尼的宣传力度；在香港地区，这一比例是66.1%。2018年11月24日，华中师范大学中印尼人文交流研究中心举办“中印尼高校人文交流国际论坛”，印尼参会的十几所大学虽然都来自在爪哇岛，但印尼参会人员仍抱怨对中国高校的基本情况

知之甚少；爪哇岛尚且如此，更不要讲其他位于各岛上的高校了。因此，加大对印尼的招生宣传力度，十分必要。

加大在印尼的招生宣传力度，不一定都要派专人到现场宣讲，完善各高校和教育机构的网页是最基础的做法。除此之外，我们还可以选择：其一，通过印尼全国和地方教育部门，将招生信息传达到教育机构；其二，在印尼各媒体上做招生广告；其三，通过在印尼信誉良好的社会中介机构招生，因为它们对印尼学生有更深入的了解；四是直接以纸质邮件或电子途径将招生信息“点对点”发给相关教育机构。

近几年来，来华印尼留学生的人数越来越多，规模呈逐渐扩大趋势。在此背景下，教育主管部门应宏观把握主动，做好政策规划，吸引、引导更多的印尼学生进入中国教育机构学习；中国高校作为“留学市场”的供应方，更要用好手中的“选择权”，将那些高层次的优质生源选进来。

B.4
中国与印度尼西亚教育合作的作用

〔印尼〕安米德（Armid）*

摘　要： 提高印度尼西亚人力资源的素质是印尼在当今社会的必要竞争条件，这需要优质的教育来实现。然而，印尼的教育在质量、平等性、资源分配、教师素质等方面存在诸多问题。中国是教育先进的国家，也是印尼学生最喜欢的留学目的地之一。中国政府通过制定长期的教育发展规划、建立教育研发中心、完善教师培训体系、进行教育制度改革等方式，在教育领域取得了重大的成就。印尼和中国在教育体制方面有相似的体系，中国的成功经验值得印尼学习借鉴。中、印尼两国应保持既有的良好合作关系，深化两国间人文交流，加强教育领域的合作，实现中国和印尼的共同利益。

关键词： 印度尼西亚　人力资源素质　中国　教育合作

印尼地处东南亚地区，在地理位置、自然资源、人力资源以及文化多样性等方面具有巨大潜力。为了发挥这些潜力，需要拥有高素质人才。想要拥有高素质人才，就需要有优质的教育。从一个国家创新与技术的发展中可以看出这个国家的教育质量。①

---

* 安米德，印度尼西亚哈鲁·里奥大学负责规划与协调事务的副校长。

① Dirk Schneckenberg, "Understanding the Real Barriers to Technology-enhanced Innovation in Higher education," *Journal Educational Research* 51 (2009): 411 – 424.

印尼政府一直在努力提高教育质量以匹配其发展，特别是在创新和技术方面。佐科总统提出，“工业革命4.0”问题是发展过程中的一个重大问题，教育部门必须能够适应“工业革命4.0”的要求。因此，提高印尼人力资源的素质是工业革命时代一项必要的竞争条件。

1945 年的《印度尼西亚共和国宪法》规定，提高国民的教育水平是印尼共和国的目标之一。宪法中与之相关的条款包括宪法主体第 20 条、第 21 条、第 28c 条第 1 段、第 31 条和第 32 条，同样要求政府承担和组织国家教育体系，推广民族文化，提高对神以及高尚品格的信仰与虔诚度，以此教育受法律规范的国民，提高人力资源的素质是国家的义务，从而实现建立更现代化的印度尼西亚共和国的目标①。

接受教育是每一个印尼公民的基本权利，无论其社会地位、经济地位、民族、宗教、性别如何，每一个公民都有权利根据自己的兴趣和才能得到优质的教育。印尼的全民教育通过向偏远地区提供全覆盖的优质教育服务，确保了对有身体或精神障碍、经济和社会障碍或受地理限制的学生的照顾。

一　印尼的教育体系及其问题

教育是知识分子和职业人员发展的重要载体之一，在支持印尼建立更强大和更具全球竞争力方面发挥着越来越重要的作用。印尼各阶层都重视发展从小学、中学到高等教育的正规教育。如 2003 年通过的印尼《国民教育法》第 20 条规定，所有阶层都期望履行职责，实现国家教育目标。本法秉持民族精神，服务于发展民族尊严、品德和文明的需要，挖掘学生潜能，使他们成为对神充满信心和敬畏的人，成为高尚、健康、博学、有技能、有创造力和独立自主的人，成为拥护民主和负责任的公民。

然而，印尼的教育在教学质量、接受教育的机会，以及优质师资资源的

① Butt, S. and Lindsey, T., *The Constitution of Indonesia: A Contextual Analysis* (London: Hart Publishing, 2012).

配置方面仍然存在一些不足。由于农村地区受教育的机会有限，一些家庭为了获得更好的教育而迁移到城市，这加快了城市化进程。[①] 印尼的教育体系存在差异，各学校之间并不平等。印尼的学校在基本设施、教师素质、实践工具和教学方法的质量方面严重失衡。在城市中有条件奢华的学校，在农村却存在条件最差的学校；在大城市，有现代化的教学实践工具，但在偏远地区根本没有实践工具。这是印尼教育的大问题。

除此之外，印尼政府还有 Sekolah Bertaraf International asional（SBI/国际学校）项目。与正规学校一样，国际学校也努力建设高质量和社会化的学校，但与前者相比，其教育成本与花销相当昂贵。因此，国际学校只针对富裕家庭招生，并不接受贫困家庭学子入学，因为他们无法承担昂贵的学费。这意味着只有少数富人才能享受到高质量的教育。

另一个问题是关于 Ujian Nasional（UN/国家期末考试）系统。政府制定国家考试标准，各个教学机构遵照之，每个学生，不管他们来自什么学校，只有通过相关层次的考试才能完成学业。这实际上意味着，政府忽视了印尼各学校教学条件和教育质量参差不齐的事实，而强制不同学校背景、不同素质的学生都要通过同样的国家考试，这对全国学生而言，是完全不公平的。

从大学排名来看，QS2018 年世界大学排名数据显示，在全球 959 所大学中，来自印尼的大学只有 3 所进入了前 500 名，即印度尼西亚大学（排名第 277 位）、万隆理工学院（排名第 331 位）、加札马达大学（排名第 401 位）。因此，与全球各国相比，印尼政府还需要做出更大努力来提升本国高等教育的全球竞争力。

二　印尼的人类发展指数与别国的比较

人类发展指数（HDI）是衡量世界各国平均寿命、识字率、教育水平和生活水平的一项指标。人类发展指数用于区分一个国家是发达国家、发展中

① Ali, M., *Education for National Development: Towards an Independent and Highly Competitive Indonesian Nation* (New York: Imtima Press, 2009).

国家还是不发达国家，也用于衡量经济政策对生活质量的影响（UNDP，2018）。图1显示了印尼1990～2017年的人类发展指数。2017年，印尼人类发展指数为0.694，高于发展中国家0.645的平均水平，处于中等人文发展水平，在189个国家中排名第116位；但低于东亚和太平洋国家0.733的平均水平。在东亚和太平洋地区，2017年，人口规模远大于印尼的中国的人类发展指数是0.752，世界排名第86位；人口远不及印尼的菲律宾的人类发展指数为0.699，世界排名第113位。

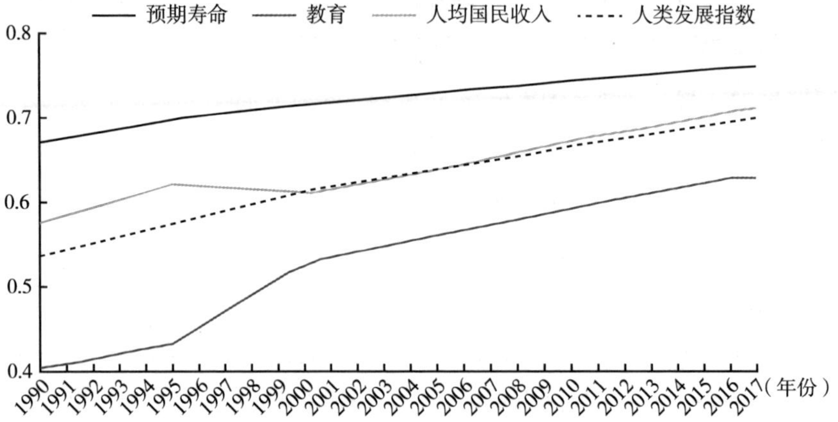

图1　印尼1990～2017年HDI组成指数趋势

资料来源：联合国开发计划署，2018。

可喜的是，印尼的人力资源素质正在得到改善。2018年9月13日，世界经济论坛（WEF）发布了《2017年全球人力资本报告》（Global Human Capital Report 2017）。该报告通过人力资本的四个指标量化了各个国家各年龄段人力资源的达标程度，包括能力（基于识字和接受教育的工作能力）、部署（员工参与和失业率水平）、发展（受教育程度及参与程度）和专业技能（工人的知识水平和能力以及资源的可利用性）。报告对全球130个经济体的人力资源利用水平进行排名，其中，印尼排名第65位，比2017年提升了7位。然而，印尼的人力资源素质平均水平仍低于其他东盟国家，如新加坡（第11位）、马来西亚（第33位）、泰国（第40位）和菲律宾（第50位）。

根据各年人力资源发展指数的变化，我们可以比较各国人力资源发展的进度。例如，1990～2017年，印尼、中国和泰国在提高人力资源发展指数方面取得了不同程度的进展（见图2），中国的人力资源发展指数远高于印尼。由此可见，印尼的教育功能显然还没有得到最佳显现，还无法支撑印尼的发展。印尼政府面临着需要推进印尼教育变革的重大挑战。

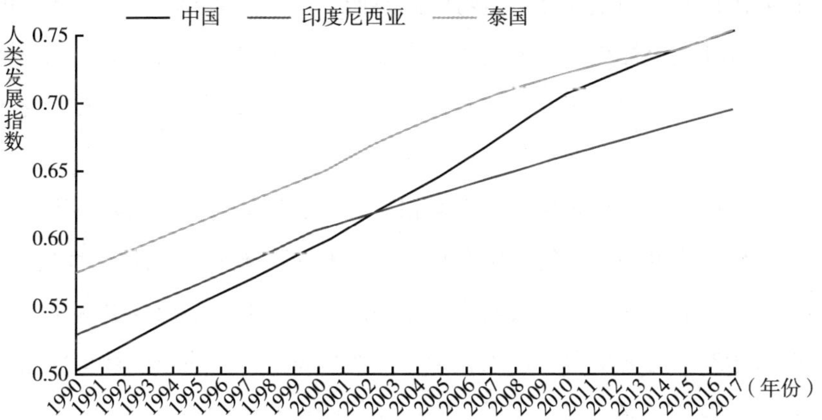

图2 印尼、中国和泰国1990～2017年人力资源发展指数趋势

资料来源：联合国开发计划署，2018。

作为中国、印度和美国之后人口第四多的国家，印尼具备成为一个更好的创新国家的战略潜力。要使潜力变成现实，印尼就需要提高人力资源素质。在这里，人口数量不应是国家的负担，而应是有利的力量。必须改变人口的现状，激发人口的人力资源优势，使之成为社会发展的基本动力，成为提高生产力发展的基本要素。

三 印尼为什么选择与中国开展教育合作

中国是一个既有光辉历史又有伟大建设成就的国家。从封建时代到现代，甚至到后现代时代，中国一直闻名于世。这是中国的伟大之处，值得国际社会深思。在伊斯兰教中有一个圣训："求学，哪怕远在中国。"这表明，中国是一个教育先进的国家。① 中国实施从中央、省/市/自治区到县一级集中管理的教育制度。②

总体而言，中国越来越重视工程技术和职业教育，这类教育为实现现代化培养大量技术型人才。成人教育是中国教育体系的重要组成部分。它旨在提高人民的整体素质，直接促进了国民社会经济发展。中国非常清楚职业教育对提高国民素质的重要性。但与中国不同，印尼更强调培养学生记忆的方法。在实现现代化征程上，人员素质和技能尤为重要，这对印尼的职业教育发展提出了更高要求。因此，印尼必须开辟新途径，大力发展职业技术教育，提高印尼人力资源的素质，增强印尼的全球竞争力。

印尼和中国虽然在教育体制方面相似，但它们的根本性差异在于：中国政府认识到，离开高素质的教师队伍，就不可能取得教育领域的任何进步，教师在国家发展中有不可取代的重要作用。为了拥有高素质的教师队伍，中国政府鼓励有天分的毕业生进入教师培训机构学习。高质量的教育促进了社会经济高速度的发展，这是印尼从中国获得的宝贵经验。

四　中国是最受印尼学生欢迎的学习目的地之一

在亚洲，中国是最受国际学生青睐的目的地之一。据统计，近年来，到华留学的国际学生人数呈逐年上升趋势。可以预见，随着中国经济的发展和高等教育教学水平的提高，未来去中国留学的国际学生的数量将不断增长。与此同时，一些国际知名学校也在中国设立了分校，比如苏州的利物浦大学、上海锦江的理诺士国际酒店管理学院、苏州的蓝山国际酒店管理学院等。这些学校依附中国这个大市场，吸引更多国际学生来中国接受

① Nairozle, M. I., Ibrahim, M. N. A. and Jasmi, K. A., *Sains-Teknologi dan Ilmu Agama Menurut Bahasa al-Quran dan Hadis* (paper presented at the Seminar Tamadun Islam, Malaysia, UTM, August 2018), pp. 13 - 238.

② Huang, Z., Wang, T. and Li, X., "The Political Dynamics of Educational Changes in China," *Policy Futures in Education* 14 (2016): 24 - 41.

继续教育。

在过去10年，中国作为旅游目的地的受欢迎程度一路飙升，甚至超过了美国和英国；在华国际学生数量也呈现出相似趋势，即此期间国际留学生人数平均每年增长10%①。越来越多的印尼学生选择到中国留学的原因很多，主要有以下几点。

第一，中国教育的质量与欧洲和美国等发达国家相当。

第二，中国采取双语（中文、英文）教学，可以一次掌握两门语言。

第三，中国的教育成本比欧洲和美国低。

第四，就业机会多，商业环境更加开放，因为越来越多的中国企业在印尼投资。

第五，专业选择更加多样化。

第六，专业学习时间相对较短。例如，在中国，只需要5年左右的时间就可以完成医学专业学习；而在美国、英国和加拿大，获得医学学士学位（MBBS）大约需要8年的时间。

五　印尼从中国学到了什么

中国教育正在将中国从人口大国向人才强国转变。中国鼓励勤奋学习，严格执行教育制度。中国学生认为，标准化考试（中国人称其为“高考”）应该是一种为了继续学习而必须完成的任务，而不是学习本身的重要部分。中国对标准化考试的重视，带来了实用型教学风格。例如，对于一个数学问题，教师在讲述时会将其与现实世界的使用联系起来，而不仅仅是给学生们提供一个应用公式；老师们还会采用不同的方法解决问题，并深入讲解为什么这个问题可以用此方法解决。应用型人才培养模式拉近了高等教育与劳动力市场需求之间的距离。而一个只掌握了特定公式和定义的人很快就会发

① Wan, M., “China Goes Global: The Partial Power.,” *International Relations of the Asia-Pacific* 14 (2014): 328－330.

现，教科书上的逻辑并不能转化为解决现实问题的技能。

中国政府还采取各种措施，确保全国教育均衡发展，尤其加强对偏远农村地区的教育投入倾斜。例如为了解决城乡教育资源分配不均的问题，中国建立了教师轮岗制度，以促进优质学校与薄弱学校之间同科教师的相互交流。

目前，中国的教育体系专注于培养创新型人才，以满足其蓬勃发展的市场经济的需要。

六　印尼和中国政府在教育领域的政策

教育是一种活动，一种过程，也是结果。社会普遍认为，教育作为一门科学，本质上是人类为了满足自身需要而进行的无意识的努力付出。根据2003年印度尼西亚共和国关于国家教育制度的第20号法律，印尼教育政策旨在实现以下目标。

第一，努力扩大接受教育的机会，实现机会均等。通过大幅度增加教育预算，努力为所有印尼人提供更多接受高质量教育的平等机会，培育高素质的印尼国民。

第二，提高教育工作者的学术和专业能力，改善教育工作者的福利，使教育工作者能够人尽其才、才尽其用；特别需要提升国民的品德教育水平，恢复学术机构和教育工作者的权威。

第三，改革教育体系，以适应多样化需求。因材施教，以课堂多样化契合学生的多样性；发行全国通用教材与编写地方特色教材相结合；实施多元化教育，改革课堂教学内容和形式。

第四，赋予学校和社会教育机构更多的自主权，使它们成为教化价值、态度和能力的中心，并通过合理的安排和基础设施建设提高家庭和社区的参与度。

第五，按照分权、科学自治和管理的原则改革国家教育体制。

第六，提高私立教育机构和国立教育机构的质量，提高教育体系在科学、技术和艺术发展中的有效性。

第七，国家各部门积极行动，努力应对，尽快以有针对性、协调性和综合性的方式提高人才质量；为年轻一代创造激发其潜能的人才市场环境和机会。

第八，掌握、开发和利用现代科技，促进中小企业和合资企业的发展。

教育部门拥有更多的自主权有利于教育质量的提高，因为其制定的政策往往能对症下药。但同时也要看到，教学单位拥有一定的自治权，导致全国还没有形成一套统一的教育评价体系，有关教育质量提升的方案也是五花八门，尚未形成统一标准。在全国性政策姗姗来迟的情况下，各地方政府提升教育质量的临时措施成效显著。为了提高辖区内学校及各社区培训中心的教育质量，有些地方政府颁布、实施了一些教育政策条例，如：

（1）期中考试和期末考试的有效性；

（2）成立学校委员会；

（3）在初中阶段开设技能课程；

（4）取消新录取学生的分班制；

（5）为公办教师提供奖励；

（6）为学校的日常运作和学习实践提供资金、设备援助；

（7）资助教师队伍建设，如为攻读研究生课程的教师提供奖学金；

（8）落实教师专业教育，提高教师和讲师的专业水平，实施“专业教育证书”制度；

（9）在各级教育中开展文化教育与国民素质教育。

实际上，每一项追求公平和均衡发展的政策都有一个目标，那就是鼓励共同进步。一方面，国家教育政策的目的，就是确保国家预算的20%用于国民教育，以此强化国家的教育导向作用；另一方面，通过学校委员会动员和加强社会公众的参与同样重要。印尼政府有必要鼓励私立学校的发展，确保它们遵守教育政策和教育质量标准，且有明确、稳定的教育目标。在教育监管方面，各级政府在履行国民教育职能的同时，也要适当下放权限，为社区提供建立和组织非公立学校的空间。政府或事业单位认识以上观点虽然很重要，但更重要的是教育政策的制定、执行和评价。

中国向来崇尚教育，认为在社会发展中，教育价值观具有战略性作用。教育是根据社会需要培养高素质人才的途径。30 多年以来，中国教育始终遵循邓小平提出的教育必须“面向现代化、面向世界、面向未来”的基本方针。[①] 教育的目的是通过开发包括道德、智力和身体在内的所有潜能，使学习者能够积极、自主学习，培养出有抱负、有美德、守纪律的下一代。在中国，教育作为实现人类发展目标的一种途径，是一个非常个性化的过程，同时也是一个人与社会互构的过程。其基本原则是教育必须有助于思想、智慧、敏感度、品味、美学、个人责任和精神价值的发展。现今，中国教育的价值和目的适应国际化发展需要：一是强调“培养全面发展的学生”；二是从强调“基本知识和基础技能的发展”转向强调促进全面的人性化发展，从而实现人类发展。

近年来，中国推动国民社会经济全面发展，成就惊人。中国从之前只能满足人民基本需求的较落后国家，发展成一个繁荣昌盛的国家，在受到许多国家赞赏和尊重之余，“教育强国”的教育理念更值得我们关注。

根据中国共产党第十七次全国代表大会确立的“优先发展教育，建设人力资源强国”的战略部署，为全面提高国民素质、促进教育事业科学发展、加快社会主义现代化进程，中国政府发布了《国家中长期教育改革和发展规划纲要（2010～2020）》，强调将中国教育工作的重点放在对中等和高等教育的监督和评估上。针对应试教育的弊端，提出“树立科学人才观，建立以业绩为重点，由品德、知识、能力等要素构成的各类人才评价指标体系。强化人才选拔使用中对实践能力的考查，克服社会用人单纯追求学历的倾向”。确立中国教育发展的战略目标是，到 2020 年，基本实现教育现代化，基本形成学习型社会，进入人力资源强国行列。在教育领域，中国还建设了一大批世界一流大学，培养了大批医学、农业、经济管理、信息通信技术、工业技术和商业金融等领域的专家。据统计，2005 年，中国培养了 70

① Ezra F. Vogel, *Deng Xiaoping and the Transformation of China*（England：The Belknap Press of Harvard University Press，2011）.

万名理工科学者，而同期美国只培养了6万名，中国是美国的11倍。毫不夸张地说，如果中国在21世纪末之前拥有至少100所世界上最好的大学，那么它将成为美国和欧洲以外的一个新的“教育圣地”。为此，中国政府大力支持重点大学的发展，为10所最好的大学拨款12.5亿美元，每年还专门为进入世界大学排名前25名的北京大学和清华大学拨款2.25亿美元。[①]

此外，中国政府还建立了大量的研发中心，为科学家和研究人员开展学术和应用研究提供便利，支持工业发展。为了吸引在国外大学担任讲师/研究员的拥有博士学位的海归学者，政府为他们提供了高薪和各种福利。

邓小平是中国特色社会主义理论体系的主要创建者之一，是中国改革开放的总设计师，也是推动中国教育现代化发展的战略家。邓小平教育改革政策的灵感来自对原有教育制度弊端的认识。过去应试教育强调死记硬背、反复操练，教学方法僵化。邓小平也受到霍华德·加德纳多元智能思想的启发，并将之应用于中国的教育体系中。为了推动中国教育发展，邓小平采取了一些措施，如建立师范院校，培养大批优质教师。在全社会尊师重教的氛围中，中国的教师发展前景广阔，成熟的现代化教育体系对教师需求旺盛。6岁以前的学前教育、6年基础教育、中等教育和高等教育[②]都需要全面发展的高素质教师。

七　加强印尼－中国教育合作

印尼和中国之间建立良好关系对两国有利，印尼与中国也开展了包括教育领域在内的各种双边合作。早在2010年，在中国贵阳召开的“中国－东盟教育部长圆桌会议暨第三届中国－东盟教育交流周”期间，印尼与中国就签署了《印度尼西亚共和国国民教育部与中华人民共和国教育部关于教育领域合作的谅解备忘录》。2015年，在雅加达召开的中印尼副总理级人文

---

① Susilo, Taufik Adi, *China Connection* (Jogjakarta: Garasi, 2008), p. 94.

② Buku Kompas, *Cermin dari China*, *Geliat Sang Naga di Era Globalisasi* (Jakarta: Penerbit Kompas, 2006), p. 424.

交流机制第一次会议上，双方又签署了关于高等教育的谅解备忘录。2016年是中国－东盟教育交流年，同时也是中、印尼建立人文交流机制的第二年。中、印尼两国政府在教育领域的合作明显加强，亮点纷呈。两国政府签署两个重要的合作文件《中印尼高等教育合作协议》和《中印尼高等教育学历互认协议》；两国校际合作活跃，中、印尼已合作建立6所孔子学院和2所孔子课堂。2017年11月26日，中国国务院副总理刘延东在印尼研究技术与高等教育部官员陪同下，主持了第十四届“留学中国”教育展启动仪式。此次活动旨在进一步向印尼人民介绍中国的高等教育和大学，并加强与印尼大学间的合作。此次教育展盛况空前，印尼多达35所公立和私立大学参加了这次教育展，包括万隆理工学院、印度尼西亚大学、茂物农业大学、艾尔朗加大学、加札马达大学、蒂波尼格罗大学、泗水理工学院、万隆印尼文化艺术学院、日惹印尼艺术学院、玛琅穆罕默迪亚大学和泗水佩特拉基督教大学等。而中国参展团队强大，包括北京理工大学、浙江大学、清华大学和华南理工大学等在内的29所中国高校参展。[①]

实现印尼和中国的共同利益，必须具有战略眼光。首先，印尼和中国必须保持既定的合作关系。这是因为印尼和中国的人口相对较多，因此两国的任何发展都将对亚洲乃至全世界产生重大影响。其次，深化社区之间的交流，鼓励两国人民相互了解。最后，教育领域的合作必不可少。在教育领域，中、印尼两国除了通过推动教育设施和信息共享、开展合作研究、推动学者互访等实现合作之外，还可以开辟新的合作途径，如翻译彼此的文学名著、加强在语言和文化教学领域的合作等。

八　结语

我们相信，教育是使所有国家成为一个伟大国家的最好途径。有了教

① “Indonesia dan China Jalint Kerjasama Bidang Pendidikan Tinggi,” *KOMPAS. com*, November 11, 2016, https: //edukasi. kompas. com/read/2016/11/11/15485871/indonesia. dan. china. jalin. kerjasama. tingkatkan. sdm.

育，我们可以把生活变得更美好、充实和富有。教育培养优秀人才，管理经营我们的自然资源并使其发挥更大的价值作用。没有教育，一个国家不可能富裕，也不可能有繁荣和智慧的社会。大国之所以成为大国，就是因为它有良好的教育体系基础。我们必须变革教育目标，从教授人们寻找工作机会，转变到引导他们自主创造就业领域；通过知识管理和有效利用自然资源，赚取财富。

印尼和中国必须深化人文交流，鼓励两国公民相互了解，尤其要加强教育领域合作。

（译者：高笑天，华中师范大学政治与国际关系学院博士生，
中印尼人文交流研究中心助理）

B.5
提升中国软实力：推动印度尼西亚－中国教育文化合作

〔印尼〕努尔·希达雅特（Nur Hidayat）*

摘　要： 中国在建设和提升自身实力时，应该更加重视软实力外交。中国必须让世界相信，它正在成为一个更好的超级大国，将确保世界更加繁荣与和平。中国可以通过投资全球公共产品来提高其软实力，如向世界各地的人民和政府提供他们所需但无法靠自己获得的公共产品。通过推动经济发展达到共同发展，保障和改善公共教育和卫生，应对气候变化，保持开放、稳定的国际经济体系，在21世纪，中国作为超级大国的存在，将会被视为地区和世界的福祉。软实力是通过吸引力而获得想要结果的能力。通过教育和文化进行外交是提升中国软实力的战略途径。针对中、印尼关系而言，迫切需要加强中印尼教育文化合作。

关键词： 软实力　软实力外交　教育文化合作

一　序言

新加坡籍印度学者马凯硕在他的《新亚洲半球：全球力量正不可抗拒

* 努尔·希达雅特，印度尼西亚三宝垄大学国际处主任。

地向东方转移》一书中说道，世界文明的钟摆正从西方摆向东方。[①] 毫无疑问，21 世纪将是亚洲世纪。这是不可避免的，因为这就是历史常态。从公元 1 年到 1820 年，中国和印度一直是世界上最大的两个经济体。高盛公司曾预测，到 2050 年，将回归这一常态，届时最大的四个经济体将会是中国、印度、美国和日本（按照此顺序排列）。美国财政部前部长、时任美国国家经济委员会主任的劳伦斯·萨默斯（Lawrence Henry Summers）援引马凯硕的话说："随着冷战和伊斯兰崛起成为往事，亚洲的崛起以及随之而来的一切变化，必将成为 300 年后历史书中的主导故事。" 1 世纪初，以中国为代表的亚洲对全球国内生产总值的贡献率为 76.3%，而同时期西欧仅为 10.8%。[②] 直到最近，全球经济大部分增长来自七国集团（G7）经济体，而不是 E7 经济体。但在过去 20 年中，这种情况急剧逆转。例如，2015 年，G7 对全球经济增长的贡献率为 31.5%，E7 为 36.3%。[③]

其他学者如亨廷顿也赞同马凯硕的观点。1993 年，新加坡驻联合国和美国大使许通美预言，一场文化复兴正在亚洲"发生"。这种复兴通过对每个亚洲国家的文化特征的肯定，以及对区别于西方文化的亚洲文化共同性的肯定得以体现。[④] 这导致一种自信式增长，它意味着亚洲共同体"不再认为来自西方或美国的东西是最好的"。

20 世纪末，中国及西方政界、学界和商界均认为，儒家思想是中国进步的源泉。20 世纪 80 年代，中国政府开始重视儒学，确定儒学是中国文化的"主流"。新加坡前总理（开国元首）李光耀就是一位真正的儒家学者，他将儒家思想视为新加坡成功的源泉，并致力于将儒家价值观传播到全世

① Mahbubani, Kishore, *Asia Hemisfer Baru Dunia*, *Pergeseran Kekuatan Global ke Timur yang Tak Terelakan* (tr. *The New Asian Hemisphere*, *The Irresistible Shift of Global Power to the East*) (Jakarta: Penerbit Buku Kompas, 2011).

② Mahbubani, Kishore, *Asia Hemisfer Baru Dunia*, *Pergeseran Kekuatan Global ke Timur yang Tak Terelakan*, p. 61.

③ Mahbubani, Kishore, *Has the West lost it? A Provocation* (London: Penguin Random House, 2018), p. 3.

④ Hutington, P. Samuel, *Benturan Peradaban dan Masa Depan Politik Dunia* (tr. *The Clash of Civilization and The Remaking of World Order*) (Jogjakarta: Penerbit Kalam, 1996), p. 175.

界。20世纪90年代，中国台湾地区宣布自己是“儒家正统的继承人”，李登辉将台湾地区的民主化建立在中国“文化遗产”的基础上，并将其与皋陶（公元前21世纪）、孔子（公元前5世纪）和孟子（公元前3世纪）联系起来。无论中国是威权主义还是民主主义，很明显，其领导人都试图在中国文化中寻求合法性，而不是通过西方的概念。[①]

究竟是什么因素促成中国成为21世纪世界经济的主要参与者？在众多争论中，亨廷顿认为，中国社会实现了共同繁荣，完全是由于“竹网”（译者注：“竹网”是指东南亚大型企业集团中华人企业家间的紧密关系网）、家族制度、人际关系和文化相似性的存在。[②] 在中国，信任和忠诚是基于个人关系，而不是通过法律条款或法律规定而建立的。与在中国开展业务的西方人或日本人相比，在世界各地的中国人拥有更多的商业专业知识。

印度学者钦塔玛尼·马哈帕查评论说，伴随着奇迹般的经济增长和财富创造，迅速崛起的中国重新挑战单极国际体系，美国在全球各地的影响力随之丧失。[③] 中国在世界各地的影响力迅速扩大，其发展速度确实令人震惊。中国已经取代美国成为世界上最大的商品生产国、进口国和出口国；中国持有的美国国债价值居所有国家之首，中国已成为美国的头号债权国；中国还拥有世界上最大的外汇储备。中国有能力取代美国，成为许多亚洲国家的最大贸易伙伴，而这些国家几十年来一直与华盛顿保持着最密切的联盟关系。钦塔玛尼·马哈帕查进一步解释说，当中国宣布与金砖国家银行、亚洲基础设施投资银行（AIIB）、新丝绸之路投资基金里的伙伴国家建立新的国际银行时，美国却没有能力提出宏大的经济或金融计划，其似乎只是沉溺于捍卫

① Hutington, P. Samuel, *Benturan Peradaban dan Masa Depan Politik Dunia* (*tr. The Clash of Civilization and The Remaking of World Order*) (Jogjakarta: Penerbit Kalam, 1996), p. 178.

② Hutington, P. Samuel, *Benturan Peradaban dan Masa Depan Politik Dunia* (*tr. The Clash of Civilization and The Remaking of World Order*) (Jogjakarta: Penerbit Kalam, 1996), p. 130.

③ Mahapatra, Chintamani, "*One Belt, One Road*": *China, US and the Emerging Hegemonic Struggle in Asia in China's Global Rebalancing and the New Silk Road* (Singapore: Springer, 2018), p. 182.

它在二战后建立的国际体系。[①] 21世纪伊始，美国一直专注于对外战争，而中国却在全球范围内成功地扩大了影响力。中国国民生产总值及其经济年增长速度似乎预示着它正在成长为一个新的超级大国。1978年至2014年的36年内，中国的GDP以每年9.4%的速度从3678.70亿元（人民币）增加到10.5345万亿美元；对外贸易年均增长16%，贸易额从206.4亿美元增加到4.3万亿美元；中国的外汇储备从1.67亿美元增加到3.84万亿美元。[②] 随着中国经济总量的增长，中国军费支出也略有上升。

在教育方面，中国是拥有最多博士的国家。2004年中国培养了30000名医生或博士，高于2001年的12000名，是世界上培养博士最多的国家；1983~2003年，中国学生从美国大学获得了超过35300个科学、生物和物理学博士学位。根据Q.S.最近几年的排名，中国大学连续几年进入世界大学50强。

然而，中国跨越式发展也引起了亚洲国家和世界各国的不同反应。中国的发展进步要么被视为希望，要么被视为威胁。如果被视为希望，中国的进步可以为邻国和世界带来巨大的利益；而如果被视为威胁，那就意味着，中国在经济和军事上的进步可能会对其他地区造成经济和军事上的威胁。

一 印尼与中国的关系发展历程

印尼与中国友好关系历史悠久，可追溯至千年之前。近代以来，印尼与中国的关系跌宕起伏。众所周知，苏加诺时期，印尼与中国关系良好，特别是20世纪60年代中期，两国政府还探索在雅加达召开新兴国家会议。[③] 但苏哈托政权时期（1966~1998年），印尼与中国相互敌视和猜疑，友好关系

---

① Mahapatra, Chintamani, "*One Belt, One Road*": *China, US and the Emerging Hegemonic Struggle in Asia in China's Global Rebalancing and the New Silk Road* (Singapore: Springer, 2018), p. 183.

② 译者根据中国官方数据，对此处数据有所更正。

③ Suryadinata, L., "Indonesia-China Relations: A recent breakthrough," *Asian Survey* 30 (1990): 682.

倒退。在苏哈托执政后不久，1967 年，中国宣布与印尼断交。直到 1990 年 7 月，印尼外长阿拉塔斯访华，两国发表复交联合公报，决定自 8 月 8 日起正式恢复外交关系。1998 年苏哈托倒台后，印尼与中国的关系开始出现显著改善。后苏哈托时期，印尼历届政府均执行“千友零敌”的务实外交政策，寻求重新与中国接触。[①]

尽管印尼与中国的友好关系发展经历了曲折，但中国文化对印尼的影响一直没有中断。印尼烹饪、音乐、舞蹈和时尚等方面的中国元素显而易见。例如在烹饪方面，印尼肉丸、拌炒青菜、肉面、河粉、蔬菜油煎饼、肉包、年糕、酱油、米粉、豆腐、豆酱和印尼绿豆等，无不体现了中华料理的精髓。在武术方面，随着中国与印尼文化的相互交融，印尼人创造了名为“昆塔”的武术形式。在时尚方面，可以从雅加达的传统服饰和中国蜡染之间的相似性中察觉出中国的影响。中国蜡染图案往往展示了中国神话动物如龙、凤、龟，以及孔夫子的神像，而这些技艺仍然存在于印尼的井里汶、北加浪岸、拉森（爪哇岛）、淡目和库都斯等地区。在音乐方面，从甘邦格罗蒙（Gambang kromong）管弦乐团和三宝垄木琴（Gambang Semarang）中可以看到中国音乐和印尼传统音乐的融合。此外，在印尼也流行中国元宵节时的舞狮表演和木偶戏。

尽管中国文化与印尼文化相互和谐融合，但仍不可忽视印尼国内华族与印尼原住民之间的问题。华裔印尼人与印尼原住民之间的经济差距，以及华裔印尼商人在国民经济中处于支配地位，不仅是一个经济问题，还是一个敏感的政治议题。某些印尼政客为了捞取政治资本，经常炒作、夸大这两个问题，以制造族际间的矛盾和社会动荡。

在印尼，中国的巨大进步也引起了印尼许多政党的焦虑，很多印尼人认为，崛起的中国将会是一个新的帝国主义国家。“中国威胁论”在印尼仍有一定的市场。

---

① Fukuoka, Y. & Verico, K., *Indonesia – China Economic Relations in the Twenty First Century: Opportunities and Challenges in Chinese Global Production Networks in ASEAN* (Cham: Springer, 2016), p. 53.

三　中国应该加强软实力建设

为化解以上猜疑，中国应在建设和维护自身实力时，更加重视软实力外交。美国学者约瑟夫·奈指出，权力是一个人为了得到自己想要的东西而影响他人行为的能力。有三种行使权力的基本途径：强制、报酬和吸引力。硬实力通常采用强制和报酬的形式；而软实力是一种通过吸引力来获得自己想要的结果的能力。在全球化信息时代，文化、政治价值观和外交等软实力是强国必须具备的基本要素。成功不仅取决于谁的军队赢了，还取决于谁的故事赢了。①

国家的软实力包括文化（取悦他人时）、价值观（有吸引力且持续实践时）和政策（被视为具有包容性和合法时）。在过去十年里，民意调查显示，美国在欧洲、拉丁美洲的受欢迎程度严重下降，在伊斯兰世界国家中其形象严重受损。

作为正在成长中的大国，中国可以通过投资全球公共产品来提高其软实力，比如提供世界各地的人民和政府急需却无法靠自己获得的东西，例如实现经济共同发展、保障和改善公共教育和卫生、应对气候变化、保持开放和稳定的国际经济体系等。只有既发展军事及经济实力，又加大对软实力的投入，中国才能真正成为超级大国。其中，文化外交作为软实力的重要组成部分，比经济主导和硬实力外交更能获得其他国家的赞同。文化外交促进“民心相通”，届时，中国将被视为一个“友好的巨人”，一个可以保护其他弱小国家的大国。

在这种背景下，中国可以从美国霸权的盛衰中吸取教训。人们普遍认为，美国的流行文化深受世界很多人的喜爱，可口可乐、肯德基、麦当劳、李维斯、耐克和好莱坞电影是世界流行文化的主要特征。然而，世界上很多

---

① Nye Jr, S., “Get Smart: Combining Hard and Soft power,” *Foreign Affairs* 88 (2009): 160 - 163.

国家并不接受美国的外交政策，美国利益至上的单边主义外交越来越受到国际社会的挑战，如美国入侵伊拉克、阿富汗以及卷入叙利亚战争，对伊朗的敌意，在巴以冲突中一贯支持以色列的行径。更令人厌恶的是，美国容不得他国的批评，在很多国际事务上采取“双重标准”，大搞“美国例外论”。

而中国必须让世界相信，它的繁荣强大是世界和平稳定的重要保障，是世界各国之福祉，而不是威胁。

四　提升印尼－中国教育及文化合作水平的方案

正如前文所述，软实力是通过吸引力而获得想要结果的能力，而对外教育和文化交流是提升中国软实力的战略途径。在印尼与中国的关系中，加强两国的教育文化合作，也正当其时。如何提升印尼和中国教育及文化合作的水平？是见仁见智的问题，本文提出的方案仅供参考。

（一）优化印尼孔子中心

应建立更多的孔子中心。孔子中心可落户于印尼各城市和大学，类似于荷兰的伊拉斯谟纪念馆、德国的歌德学院、法国的印法学院或美国的美国角。孔子中心遍布印尼各地，将使印尼人民有更多机会更便捷地接触、了解中国文化。

（二）在中国建立印尼中心

作为中国人了解印尼的窗口，也应该相应地在中国各城市和大学中设立印尼中心，使中国人民有机会更全面地了解印尼文化。这将有助于增进两国人民之间的相互了解和尊重。

（三）加强印尼语和汉语教学

语言是交流的重要工具，是相互了解的桥梁。在亚洲，有 2/3 的人说汉语和印尼语。对于中国人和印尼人来说，更多的人能学习、使用彼此的语言是教育文化交流合作的坚实基础。为此，更多的中国和印尼的大学应开设印尼语系和中文系；在有条件的地方，初中和高中教育阶段也可以引入印尼语和汉语教学。

（四）完善中国与印尼文化相互间的交流展示

中国和印尼都是文化资源非常丰富的国家。可以通过音乐、舞蹈、电影、文学、美术等形式举办更多的文化交流展览，以此来促进印尼－中国文化合作。定期的文化展览将促进印尼和中国人民相互之间更好地欣赏和理解。

（五）成立中国留学基金中心

中国正成为越来越受欢迎的留学首选国家。在印尼公立和私立大学设立中国留学基金中心，有望为更多的印尼优秀学子提供到中国学习的机会。印尼人口众多，数十万印尼学生可以成为中国大学的优质生源，提高中国教育的国际化发展水平。

（六）为印尼学生提供汉语课程项目的奖励

为印尼学生提供汉语课程项目的奖励，可以激励更多印尼学生到中国学习汉语，提高印尼学生留学中国的质量和学习效果。因为根据调查，汉语语言困难是印尼学生到中国学习的一大障碍。

（七）加强印尼和中国高校间的合作

高校之间合作的形式可以多种多样，如师生交流、联合科研、学术研讨、联合出版、联合培养、双学位，以及学生与教职员工实习交流等。

五　总结

进入 21 世纪，中国是世界事务的主要参与者。然而，世界各国对崛起的中国的反应不一。为了破除中国崛起将给世界带来不利的论调，中国应该更多采取软实力外交，通过加强与他国的教育和文化合作，展示本国的亲和力。中国和印尼之间教育和文化合作的成功改善，将增进两国人民的相互了解和尊重。这也将使印尼人民对中国的崛起持更为积极的态度——中国的崛起是世界之福，也是印尼之幸。

（译者：陈菲，华中师范大学政治与国际关系学院教师，
中印尼人文交流研究中心研究员）

B.6

中国与印度尼西亚高校合作与人文交流：从精英主义到民众参与

王勇辉　邹 浩*

摘　要： 自2015年中印尼副总理级人文交流机制建立以来，中印尼人文交流不断发展提升，相关高校的努力推进了中印尼人文交流从顶层设计向民众参与的路径转化。本文试图梳理以孔子学院和中国－印尼高校智库联盟等为代表的精英模式推动人文交流的基本状况，以及通过总结精英群体推动中印尼人文交流的历史与现实经验，分析中印尼人文交流从精英到民众路径的基本逻辑。

关键词： 高校合作　中印尼人文交流　精英主义　民众参与

2015年，中国与印尼副总理级人文交流机制建立，中印尼人文交流进入了新的阶段，"顶层设计"模式成为中印尼人文交流的一大特点。为落实中印尼副总理级人文交流机制联合公报的精神，中、印尼高校间合作不断拓展，双方高校也开始尝试深层次和多领域合作。自2010年以来，在印尼已经设立了6所孔子学院。2016年，中国－印尼高校智库联盟在北京外国语大学成立，并通过了《中国－印尼高校智库联盟北京

* 王勇辉，华中师范大学政治与国际关系学院副教授，硕士生导师，华中师范大学中印尼人文交流研究中心研究员；邹浩，华中师范大学政治与国际关系学院2017级硕士研究生。

宣言》。[①] 当前，中、印尼高校合作的形式多样、内容广泛，不断落实中印尼两国政府顶层设计的规划，发挥着高校精英群体在中印尼人文交流中的推动作用，提升了中印尼人文交流的民众参与程度。

一　中印尼高校合作的发展：民众交流困境背景下的精英主义

（一）精英主义的概念厘定

精英主义（Elitism），又称精英理论（Elite Theory），是一种理解和阐释政治和社会及其历史发展的特定方法。[②] 其基本观点是精英占据着社会结构中的顶层位置。[③] 强调政治精英的作用，认为是他们在引导国家的政治生活，决定着人类历史的进程。[④] 核心理论是"精英主义三杰"——莫斯卡的"统治阶级原理"、帕累托的"精英循环思想"以及米歇尔斯的"寡头统治铁律"。

第二次世界大战以后，精英主义理论引起政治学、社会学和历史学界的广泛关注。兴起的许多理论都是基于精英主义的社会变革观念影响形成和发展的，[⑤] 尤其是在政治科学领域。例如，对理性选择理论和新制度主义产生了重大影响。在经历了20世纪70年代理论发展的高潮之后，莫斯卡和米歇尔斯等人的相关经典精英主义理论也逐渐显示出严重的缺陷性。[⑥] 精英主义

① 目前，中国－印尼高校智库联盟的高校包括：北京外国语大学、华中师范大学、广东外语外贸大学、河北师范大学，印度尼西亚大学、加查玛达大学、日惹国立大学、北苏门答腊大学等8个成员单位。

② 俞可平：《对民主政治的幻灭——政治精英主义述评》，《天津社会科学》1990年第1期，第91页。

③ 李建设：《精英主义评析》，《国外理论动态》2008年第7期，第100页。

④ 俞可平：《当代西方政治哲学流派评析》，《安徽大学学报》（哲学社会科学版）1992年第3期，第16页。

⑤ Selwyn Benjamin，Elite Development Theory：a Labour-Centred Critique，*Third World Quarterly* 37（2016）：781.

⑥ Medding and Peter Y.，Ruling Elite Models：A Critique And An Alternative，*Political Studies* 30（1982）：393.

三大核心理论遭到许多学者的批评。近年来，精英主义理论开始强调公众参与的效果。①

关于精英主义传统的分类划分以及概念厘定。帕累托把社会人群分为非精英的下层阶级和精英的上层阶级。精英的上层阶级可分为统治精英和非统治精英。而莫斯卡在其著作《统治阶级》一书中则指出：社会存在两个阶级：人数较少的统治阶级和人数众多的被统治阶级。统治阶级并不是经济上占统治地位的资本家阶级，而是社会的精英，即社会各个领域中最杰出的优秀分子。社会精英可以分为掌握国家重大决策权的政治精英和一般的社会精英。在统治阶级或者精英之下，也存在另一个阶级，即所谓的次精英，由知识分子、国家公务员、管理层和技术专家构成。②

中国国内部分学者根据中国自身的国情，也对精英主义做出了自己的阐释。王克良和柏良泽认为，社会精英基本有三种：政治精英、实业精英和知识精英。③ 弓计来和郑继臣指出，所谓"精英分子"，是指权力阶层、企业家阶层和知识分子阶层。④ 而在国际关系的微观层面，则把国家行为作为整个国际体系中的个体现象来研究。对国家行为的代表者，即政治精英、外交政策的制定者予以充分关注。⑤ 杨景明从国际关系角度出发，认为政治领袖和决策精英是指在国际关系中决定国家对外政策的具有重要影响的人物，是政治分层中的少数特殊群体。⑥

---

① TA Steelman, Elite and Participatory Policymaking: Finding Balance in a Case of National Forest Planning, *Policy Studies Journal* 29（2001）: 71.

② 曾琼：《精英主义与多元主义——政治社会学两种基本理论模式述评》，《新疆教育学院学报》2004 年第 2 期，第 1 ~ 2 页。

③ 王克良、柏良泽：《试论知识精英与政治精英的结合》，《政治学研究》1989 年第 2 期，第 22 ~ 25 页。

④ 弓计来、郑继臣：《"精英政治"梦幻的彻底破产——驳"让一部分人先民主起来"的谬论》，《南京政治学院学报》1992 年第 2 期，第 2 ~ 5 页。

⑤ 匡凯平：《中国精英政治研究：一个基于 CNKI 文献的综述》，《中南大学学报》（社会科学版）2011 年第 5 期，第 87 ~ 88 页。

⑥ 杨景明：《个体主义，政治精英与国际关系》，《上海行政学院学报》2009 年第 5 期，第 87 ~ 93 页。

（二）中印尼人文交流的精英主义逻辑

2013年，中、印尼两国建立全面战略伙伴关系，尤其是在2015年中印尼副总理级人文交流机制建立后。虽然，中印尼两国政府高层对于两国关系的发展持正面积极态度。但是，在中印尼两国政府的顶层设计之下，中印尼人文交流的推进仍面临着诸多挑战。中印尼人文交流的路径在从顶层设计到民众参与的推进路径上，遇到了阻碍和困难，路径的推进环节出现缺失，缺少承上启下的具有过渡性的推进力量。这导致中印尼人文交流的顶层设计无法有效落实到民众参与上来。另外，由于精英的推动和民众的参与对顶层设计具有一定的反作用，[①] 对于中、印尼的人文交流顶层设计落实以及民众参与的提升，精英群体的推动都是不可缺少的关键环节和不可忽视的力量，可以有效填补中印尼人文交流推进路径缺失的关键一环。

依照精英主义的传统概念界定可以看出，高校群体属于帕累托定义的非统治精英，或莫斯卡所定义的一般社会精英或者次精英。高校作为知识分子聚集的社会精英机构，一方面，是政治精英所制定的中印尼人文交流顶层设计的智力提供者；另一方面，高校也是配合政府有关部门落实人文交流和推动民众参与的重要力量。相关高校通过在具体实践层面活动的开展，可以有效发挥精英群体在人文交流过程中的推进作用，实现中印尼人文交流自上而下的转换，把中印尼人文交流的顶层设计最终落实到民众参与的路径上来。

二　精英主义推动中印尼人文交流的历史与现实

（一）精英主义推动中印尼人文交流的历史经验

2010年，恰逢中国与印尼两国建交60周年之际，中、印尼两国政府共

---

① Cunningham Jennifer and Moore Michael K.，“Elite and Mass Foreign Policy Opinions：Who is Leading this Parade?”，*Social Science Quarterly* 78（1997）：641.

同宣布在印尼建立6所孔子学院。[①] 在印尼已建立的6所孔子学院中，其中4所孔子学院位于经济比较发达的爪哇岛地区（见表1）。孔子学院所在地经济的相对发达，对于中印尼人文交流的精英推动，也提供了诸多便利的基础条件，有利于中印尼人文交流活动的开展。因此，孔子学院在印尼建立后，在中、印尼两国高校的共同努力下，相继举办了一系列汉语桥比赛、中国文化周、孔子学院日、汉语日以及中国传统节日庆祝等活动。[②] 这些活动是中印尼人文交流顶层设计在实践层面的初步探索，为未来中印尼人文交流各领域活动的全面开展创造了良好的氛围，也提供了丰富的参考经验。

表1　印尼成立的6所孔子学院的具体情况

印尼合作院校	中国合作院校	启动/运行时间	印尼学院性质	所在城市
阿拉扎大学	福建师范大学	2010年11月9日	私立大学	雅加达
玛拉拿达基督教大学	河北师范大学	2011年1月18日		西爪哇省万隆
哈山努丁大学	南昌大学	2011年2月22日	国立大学	南苏拉威西省望加锡
玛琅国立大学	广西师范大学	2011年3月14日		东爪哇省玛琅
泗水国立大学	华中师范大学	2011年5月19日		东爪哇省泗水
丹戎布拉大学	广西民族大学	2011年11月26日		西加里曼丹省坤甸

资料来源：孔子学院总部/国家汉办，http://www.hanban.edu.cn/confuciousinstitutes/node_10961.htm。

为落实中印尼两国政府在2015年达成的全面战略伙伴关系的决议，以及中印尼副总理级人文交流机制联合公报精神，2016年，中国－印尼高校智库联盟在北京外国语大学成立。北京外国语大学中印尼人文交流研究中心和华中师范大学中印尼人文交流研究中心是中国教育部国别与区域研究中心（备案），与国内其他高校的印尼研究中心一起共同促进了中、印尼两国在学术和教育交流等领域的合作（见表2）。近年来，中国高校不仅积极配合了

① Nan Li, "Coding and Decoding: Naming the Confucius Institutes in Indonesia," *China Media Rep Overseas* 9 (2013): 56－59.

② 李启辉、姜兴山：《印尼孔子学院现状与发展探析》，《福建师范大学学报》（哲学社会科学版）2015年第3期，第163页。

中印尼副总理级人文交流机制顶层设计的筹备落实工作，也培养了大量研究印尼政治、经济、文化、语言的各层次人才，编撰出版了一批关于印尼问题的专业书籍以及介绍中国文化的印尼语书籍。[①] 通过高校学者对中国和印尼政治、经济和文化等做的相关研究及成果陆续发表，为中、印尼两国的民心相通做出了一定贡献，为未来中印尼人文交流更好发展打下了坚实的基础。

表 2　中国高校相关印尼研究中心的情况

<table>
<tr><th></th><th>高校名称</th><th>研究中心</th><th>揭牌时间</th></tr>
<tr><td rowspan="6">中国－印尼高校
智库联盟中方成员单位</td><td>北京外国语大学</td><td rowspan="2">中印尼
人文交流研究中心</td><td>2017 年 3 月 22 日</td></tr>
<tr><td>华中师范大学</td><td>2018 年 4 月 22 日</td></tr>
<tr><td>广东外语外贸大学</td><td rowspan="4">印尼研究中心</td><td>—</td></tr>
<tr><td>河北师范大学</td><td>2012 年 11 月 28 日</td></tr>
<tr><td>福建师范大学</td><td>2016 年 11 月 12 日</td></tr>
<tr><td>华侨大学</td><td>2017 年 12 月 22 日</td></tr>
</table>

资料来源：北外新闻网，http：//news. bfsu. edu. cn/；华中师范大学中印尼人文交流研究中心，http：//www. cistudy. cn/；河北师范大学印尼研究中心，http：//io. hebtu. edu. cn/ynyjzx/；福建师范大学印尼研究中心，http：//isc. fjnu. edu. cn/；华侨大学，http：//www. hqu. edu. cn/index. htm；广东外语外贸大学印尼研究中心的揭牌成立时间未有相关报道。

（二）精英主义推动中印尼人文交流的现实基础

顶层设计为高校在人文交流过程中精英发挥推动作用提供了平台。目前，中、印尼两国已建立的三大副总理高层对话机制，涵盖了政治安全、经济贸易以及社会人文等领域，使得中印尼双边合作逐步向机制化、规范化方向发展。中印尼副总理级人文交流机制启动以来，至 2018 年已召开三次会议。在中印尼副总理级高层对话机制框架下，中、印尼未来双边的人文交流

---

① 例如，华中师范大学中印尼人文交流研究中心编撰出版了《印度尼西亚国情报告（2016）》（2017 年版）、《印度尼西亚国情报告（2017）》（2018 年版），广东外语外贸大学印尼研究中心编撰出版了印尼文书籍《汉字里的故事》（2011 年版）、中印尼文对照书籍《孙子兵法》（2016 年版）、《印度尼西亚经济发展报告（2017）》（2017 年版）。

具有广阔的发展前景，并将对地区的人文交流起到示范作用。[①] 随着中印尼副总理级人文交流机制的规范化和机制化，不仅为以高校为代表的精英群体提供了更多的机遇，也为其精英推动作用的发挥提出了更高的要求。

近年来，高校之间的合作顺应了中国与印尼人文交流的现实需要，合作的范围和深度得到不断发展。例如，“一带一路”人才培养校企联盟的成立就显著提升了以高校为代表的精英推动的力量。2017 年，由“留学中国预科教育联盟”和“中国—东盟教育培训联盟”发起的“一带一路”人才培养校企联盟。由复旦大学、上海交通大学、浙江大学和南开大学等国内 50 余所高校和海内外上百家知名企业共同组成。“校企联盟”通过对人才培养模式的改进，为“一带一路”沿线国家的企业培养和输送国际化、本地化专业人才。基于印尼在“一带一路”建设中的重要地位和作用，“校企联盟”的建立将为中、印尼人文交流提供更大的平台，有利于精英在中印尼人文交流过程中发挥更积极的作用。

三　精英主义推动中印尼人文交流的路径

（一）顶层设计

2013 年，中、印尼两国提升为全面战略伙伴关系，中、印尼两国领导人间的互动沟通不断加强，保持着良好的高层交往势头。印尼总统佐科 5 次到访中国，与习近平主席举行过 6 次会晤，两国领导人就中、印尼发展战略对接、推进务实合作达成了重要共识。[②] 中、印尼两国政府在人文交流领域也达成多项共识（见表 3）。2013 年 10 月，中、印尼两国政府在共同发表的《中华人民共和国与印度尼西亚共和国全面战略伙伴关系未来规划》中，重点

① 许利平：《新时期中国与印尼的人文交流及前景》，《东南亚研究》2015 年第 6 期，第 36 页。

② 王立平：《推动中印尼经贸合作更上层楼》，中华人民共和国中央人民政府网，2018 年 5 月 8 日，http：//www. gov. cn/xinwen/2018 –05/08/content_ 5289200. htm。

关注了中、印尼两国高校、学术机构的合作和青年的交流。2015 年 3 月，两国政府共同发表《中华人民共和国和印度尼西亚共和国关于加强两国全面战略伙伴关系的联合声明》，除要求继续深化高校、学术机构和青年领域的人文交流合作外，也涉及发展艺术、媒体和文化遗产等领域人文交流合作。

表 3 近年来中、印尼两国顶层设计中有关人文交流的内容

时间	事件	达成的共识或发布的声明	内容
2013 年 10 月	习近平主席对印尼进行国事访问	《中华人民共和国和印度尼西亚共和国全面战略伙伴关系未来规划》	推动两国高校和学术机构的合作，发挥两国语言培训和文化交流的更大作用
			继续开展青年交流项目
2015 年 3 月	佐科总统对中国进行国事访问	《中华人民共和国和印度尼西亚共和国关于加强两国全面战略伙伴关系的联合声明》	继续开展青年访问交流项目，邀请印尼优秀青年代表来华参加东盟青年干部培训班
			加强在学生交流、语言教学、高等教育和职业培训领域务实合作，加快互认高等教育学位学历协议
			邀请中方派员赴印尼来参加印尼艺术和文化奖学金项目和高级别外交官培训
			中方将继续通过多种的渠道向印尼学生提供奖学金
			同意推进文化遗产旅游合作。
			扩大两国的媒体、智库、高校、研究所等机构交流合作，办好“感知中国”“中印尼关系研讨会”交流活动，邀请印尼宗教人士访华
2018 年 5 月	李克强总理对印尼进行正式访问	《中华人民共和国政府和印度尼西亚共和国政府联合声明》	加强教育、文化、旅游、媒体、体育、宗教、青年、地方、文化遗产地等领域交流合作，充分发挥各界和地方积极性，打造人文合作新亮点

资料来源：《中华人民共和国和印度尼西亚共和国全面战略伙伴关系未来规划》，新华网，http://www.xinhuanet.com/world/2013－10/04/c_ 117592330.htm；《中华人民共和国和印度尼西亚共和国关于加强两国全面战略伙伴关系的联合声明》，中华人民共和国中央人民政府网，http://www.gov.cn/xinwen/2015－03/27/content_ 2838995.htm；《中华人民共和国政府和印度尼西亚共和国政府联合声明》，中华人民共和国中央人民政府网，http://www.gov.cn/xinwen/2018－05/08/content_ 5288955.htm。

2015 年 5 月，中国国务院副总理刘延东访问印尼，与印尼人类发展和文化统筹部部长布安共同主持中印尼副总理级人文交流机制首次会议。中国外交部、教育部、科技部、文化部、卫生计生委、新闻出版广电总局、全国青联负责人与印尼研究技术与高等教育部等9部委负责人出席此次会议。中印尼副总理级人文交流机制的正式建立，为中、印尼全面战略伙伴关系向纵深发展，制定了科学的设计和总体的规划。2018年5月，李克强总理访问印尼，两国政府共同发表《中华人民共和国政府和印度尼西亚共和国政府联合声明》，对中印尼副总理级人文交流机制的八大领域人文交流进行了扩展，两国政府同意未来将强化在宗教、地方以及文化遗产等新领域的交流合作。中、印尼人文交流的顶层设计领域的扩展和深化，为以高校为代表的精英群体发挥推动作用，提供了科学的规划和总体指导。

（二）精英推动

近年来，随着东南亚国家经济的快速发展，东南亚国家的国际影响力逐步增强。① 而印尼作为东南亚的大国、世界最大的伊斯兰国家以及世界第四大人口国家，中、印尼的人文交流对于中国“一带一路”倡议在东南亚的推进具有重要示范作用。当前，中、印尼人文交流的精英推动模式逐渐形成了以高校和科研机构为代表的载体，例如，中国教育部批准的北京外国语大学和华中师范大学的中印尼人文交流研究中心，以及广东外语外贸大学、河北师范大学、福建师范大学和华侨大学等高校建立的印尼研究中心。近年来，以中国－印尼高校智库联盟为代表的中国高校的知识分子，开展了多种学术论坛、研讨会和青年人文交流活动（见表4）。另外，中、印尼两国高校通过相关合作，在印尼也举办了诸多的研讨会和论坛等活动，尤其是在印尼的孔子学院在其中发挥了重要的推动作用（见表5）。中、印尼高校间的互动和合作，共同铺设了两国人文交流从精英到民众的参与路径。

① John Lee, *China's Economic Engagement With Southeast Asia*: *Indonesia*, *Trends in Southeast Asia* (Singapore: Institute of Southeast Asian Studies, 2013), p. 3.

表4　近年来中国高校举办/参加的主要活动情况

高校名称	活动时间	活动内容
北京外国语大学	2017年3月	举办"'一带一路'建设背景下的中、印尼人文交流与智库建设学术研讨会"
	2017年6月	举办"21世纪海上丝绸之路与中国—印尼智库合作国际学术研讨会"
	2017年11月	举办"2017年中印尼人文交流机制智库论坛"
华中师范大学	2016年4月	举办"21世纪海上丝绸之路与中国—印尼战略合作"国际研讨会
	2017年11月	与印尼泗水国立大学孔子学院共同主办首届"21世纪海上丝绸之路"重大倡议与中国—印尼人文交流机制研讨会
	2018年6月	举办国家级教育对外交流项目"东盟国家大学生领袖·感知中国夏令营"活动
	2018年11月	举办"中、印尼高校人文交流国际论坛"
广东外语外贸大学	2016年12月	与印度尼西亚大学就共同培养中国和印尼国际人才学者、推进两国人才文化交流以及加强与中国宝鹰集团、印尼宝鹰集团的校企合作等方面达成共识
	2017年11月	举办"国际海丝论坛首次会议——海上丝绸之路沿线国家交流史国际研讨会"
福建师范大学	2017年11月	举办"海上丝绸之路·中国—东南亚互通共享国际论坛"
	2018年4月	参与第二届"中印尼青年交流互访交流游学(福建段)活动"
华侨大学	2017年8月	协办"2017年中国文化海外行:'一带一路'经纬印尼营"活动
	2018年4月	举办"2018年(厦门)印尼文化节"
河北师范大学	2018年6月	举办"中国印尼文化交流和教育合作"学术研讨会

资料来源：北外新闻网，http：//news. bfsu. edu. cn/；华中师范大学中印尼人文交流研究中心，http：//www. cistudy. cn/；广东外语外贸大学印尼研究中心，http：//cis. gdufs. edu. cn/；福建师范大学印尼研究中心，http：//isc. fjnu. edu. cn/；华侨大学，http：//www. hqu. edu. cn/index. ht - m；河北师范大学印尼研究中心，http：//io. heb - tu. edu. cn/ynyjzx/。

中国高校举办的人文交流活动，增进了印尼青少年对中国文化的了解，促进了中、印尼人文交流水平的提高。[①] 通过中、印尼高校的合作，不断落实中、印尼两国在青年合作领域达成的谅解备忘录，推动了中、印尼两国人

① 《2017年中国文化海外行年中国文化海外行》，〔印尼〕《国际日报》2017年8月23日，http：//www. guojiribao. com/sht - ml/gjrb/20170823/330851. shtml。

表5　近年来印尼孔子学院与中国相关高校和机构合作情况

孔子学院名称	合作高校/机构	活动时间	活动内容
阿拉扎大学孔子学院	印尼建国大学	2012 年 5 月	应邀参加国际文化周活动
	印度尼西亚大学	2015 年 11 月	举办“中国梦·孔子与现代中国”学术交流研讨会
	中国知网	2016 年 9 月	举办印尼－中国高等教育合作发展论坛暨“中国知识云服务”启动仪式
	印尼其他五所孔子学院	2018 年 7 月	举办首届印尼孔子学院高校“校长论坛”
	孔子学院总部/国家汉办主办		承办首届东南亚“汉语＋”国际研讨会
玛拉拿达基督教大学孔子学院	河北师范大学	2013 年 11 月	举办首届“万隆经济论坛——印尼的汉语教育和中印尼文化交流”
		2015 年 11 月	举办第二届“万隆经济论坛——中国经济快速增长给印尼企业带来的机遇和挑战”
	河北师范大学等	2017 年 5 月	举办第三届“万隆精神论坛——在国际合作中实践‘一带一路’”
泗水国立大学孔子学院	华中师范大学中印尼人文交流研究中心	2017 年 11 月	举办首届“21 世纪海上丝绸之路”倡议与中国－印尼人文交流机制研讨会
丹戎布拉大学孔子学院	韩山师范学院	2017 年 4 月	承办第十二届潮学国际研讨会
玛琅国立大学孔子学院	南京师范大学	2012 年 5 月	签署了两校交流合作协议以及合办“2＋2”国际经济学士学位项目协议
	扬州大学	2017 年 3 月	双方签署校际谅解备忘录
	南京农业大学		

资料来源：阿拉扎大学孔子学院，http：//www. uai. ac. id/；玛拉拿达基督教大学孔子学院，http：//www. maranatha. edu/；泗水国立大学孔子学院，http：//www. unesa. ac. id/；丹戎布拉大学孔子学院，http：//www. untan. ac. id/；玛琅国立大学，http：//www. um. ac. id//。

文交流由顶层设计逐步向民众参与推进的路径。当前，在以高校为代表的精英群体推动下，中、印尼人文交流呈现宽领域、多层次、高水平的特点。①

① 许利平：《新时期中国与印尼的人文交流及前景》，《东南亚研究》2015 年第 6 期，第 37 页。

（三）民众参与

以高级别人文交流机制为代表的顶层设计是增强国家软实力的重要路径，也是加强中国与印尼民心相通的重要举措。在高校精英群体的努力下，中印尼人文交流得到不断推进，中、印尼民众参与程度全面提高。中国和印尼两国人文交流在教育、科技、卫生、文化、旅游、体育、青年、媒体等八大领域的合作不断取得进展。

中、印尼人文交流的民众参与是普通民众以非公务目的开展的行为活动，可以表现为多个方面，比如民众旅游、个体经济活动和学生留学。2017年，中国成为印尼最大海外游客来源国和第二大留学目的地国，越来越多的印尼青年人到中国学习、工作和创业。① 印尼民众对中国文化的兴趣增加，参加汉语学习和考试的印尼学生人数也逐年上升，② 在华留学规模屡创新高。2017 年，印尼在华留学生人数超过 1.4 万，居于来华留学人数国家的第 7 位。2015 年，中印尼副总理级人文流机制建立后，中国赴印尼旅游的人数也持续增加（见表 6）。2017 年，中国赴印尼旅游人数增长率达 34.4%，游客人数突破 200 万，占印尼国际游客总数的 14.95%，为其旅游业带来超过 20 亿美元的外汇收入。③

表 6　2013～2017 年中国赴印尼游客数量统计

年份	2013	2014	2015	2016	2017
人数/万人	85.8	105.3	124.9	155.7	209.3
增长率(%)	—	22.7	18.6	24.7	34.4

数据来源：Statistical Yearbook of Indonesia 2017，印尼中央统计局，https://www.bps.go.id/。

① "Embarking on New Voyage of China-Indonesia Friendly Cooperation," *The Jakarta Post*, May 5, 2018, http://id.china-embassy.org/eng/gdxw/t1556924.htm.

② 《专访：印尼和中国人文交流方兴未艾——访印尼新任驻华大使乔哈里》，中华人民共和国中央人民政府网，2018 年 5 月 6 日，http://www.gov.cn/xinwen/2018-05/06/content_5288421.htm。

③ 《中国连续两年成为印尼最大国际游客来源地》，中国-印尼经贸合作网，2018 年 2 月 5 日，http://www.cic.mofcom.gov.cn/article/doublestate/201802/397941.html。

四 结语

自中印尼副总理级人交流机制建立以来，中、印尼人文交流的各领域活动不断拓展，并逐步实现机制化和规范化。在中、印尼人文交流的推进过程中，自上而下的推进是当前的发展路径，即顶层设计—精英推进—民众参与，这一发展路径是中国与印尼双边关系特定历史发展时期的现实需要，并在实践中发挥着积极作用。在这一过程中，中、印尼高校的精英群体起到了重要的纽带和推动作用。中、印尼人文交流虽然不断取得发展，但由于历史的因素和现实文化差异，顶层设计带来的效果还有待进一步提高，广泛的民众正面认知则可能需要较长时期才能形成。通过强化中、印尼高校间的合作，提升高校这一精英群体在顶层设计到民众参与的路径转化过程中的推动作用，特别是推动双方更广泛的民众形成相互的正面认同，成为中、印尼高校未来需要努力的方向。

B.7

印度尼西亚教育状况与未来中国 – 印度尼西亚教育合作

赵长峰　杜志远*

摘　要： 印度尼西亚教育体系庞大且多样，自21世纪以来，在各部门的协同努力下，印尼各层级教育（包括学前教育、基础教育、中等教育和高等教育）取得可喜成绩，但是依然存在许多不容忽视的、亟待处理的问题。佐科政府上台后，中、印尼教育开展了富有成效的合作，表现在中印尼副总理级人文交流机制建立并定期举行，中国将中、印尼高等教育合作纳入国家战略目标计划，中国和印尼两国高等教育合作成果颇丰，以及中、印尼在职业教育方面不断探索新路径等方面。中、印尼教育合作中还存在许多问题，比如教育合作领域有限、教育合作非官方轨道缺位、侨民身份被同化、华族语言式微与语言沟通障碍、教育合作热情不高、孔子学院自身存在的问题。为解决这些问题，可以从如下方面入手：宏观上做好顶层设计，完善多层次教育交流机制，坚持“走出去”和“引进来”结合，改变教育合作方式，实行多轨道人文机制，以及增加对非官方轨道的重视以及优化孔子学院的功能。

关键词： 印度尼西亚　中国　教育　教育合作

* 赵长峰，华中师范大学政治与国际关系学院教授、博士生导师，华中师范大学中印尼人文交流研究中心研究员；杜志远，华中师范大学政治与国际关系学院2016级硕士研究生。

一　印尼教育状况报告

印度尼西亚共和国教育体系庞大且多样。作为拥有亚洲第三大、世界第四大教育体系（仅次于中国、印度和美国）的印尼，其国内存在大约34万所教育机构、近400万名教师和6000万名学生。印尼教育体系主要由两个部门主管，84%的学校由印尼教育和文化部（以下简称文教部）管理，其余的16%则由印尼宗教事务部管理。[①] 2014年10月，新当选的总统佐科将高等教育总局从文教部撤除，与研究和技术部合并成立为研究技术与高等教育部。文教部负责管理中小学教育，宗教事务部负责管理宗教学校以及与宗教教育相关的事务。[②]

根据目前的印尼国家教育体系，印尼学校系统的教育包括基础教育、中等教育和高等教育。基础教育包括六年小学教育和三年初中教育。自印尼1994年宣布实行“九年义务教育”以来，普通高中或职业高中三年教育被纳入中等教育范围。[③]

印尼当前的教育体系（见表1）既需要满足地理上分散、社会经济地位和机会差异较大的多样化人口的需求，同时又需要改善区域间入学率悬殊的状况。[④] 表2显示出目前各年龄段人口、学生、教育机构和教师的分布情况。[⑤]

① OECD/Asian Development Bank, *Education in Indonesia*: *Rising to the Challenge* (Paris: OECD Publishing, 2015), p. 7, http://dx.doi.org/10.1787/9789264230750－en.

② Andrew Rosser, “*Beyond access*: *Making Indonesia's education system work*,” THINK-ASIA, February 2018, https://think－asia.org/handle/11540/8034.

③ Harry Firman, Burhanuddin Tola, “The Future of Schooling in Indonesia,” *Journal of International Cooperation in Education* 11 (2008): 71－72.

④ MOEC (Ministry of Education and Culture), *Indonesia Recent Education Development*, MOEC (Jakarta), 2014.

⑤ OECD/Asian Development Bank, *Education in Indonesia*: *Rising to the Challenge* (Paris: OECD Publishing, 2015), p. 72, http://dx.doi.org/10.1787/9789264230750－en.

表 1　印尼教育体系

年龄（岁）	学龄（年）	教育水平	教育分布	
			分散	集中
22 以上	23 22 21			博士（包括普通和伊斯兰教育，以及职业、学术和专业）
  22	20 19 18			硕士（包括普通和伊斯兰教育，以及职业，学术和专业）
21 20 19	17 16 15	高等教育		本科（包括普通和伊斯兰教育，以及职业和学术）
18 17 16	14 13 12	↑ 中等教育	普通高中（SMA）和职业高中（SMK）	伊斯兰教育及普通高中和职业高中（MA，MAK）
15 14 13	11 10 9		初中（SMP）	伊斯兰初中（MT）
12 11 10 9 8 7	8 7 6 5 4 3	↑ 基础教育	小学（SD）	伊斯兰小学（MI）
6 5	2 1	↑ 学前教育	幼儿园（TK）	伊斯兰幼儿园（RA）

资料来源：印尼教育和文化部。

表 2　2013 年印尼按年龄和教育程度划分的人口、学生、教育机构和教师数量分布

年龄段（岁）	人口（百万人）	教育程度	学生（百万人）	教育机构数量（个）	教师/教授数量（个）
3～6	18.52	幼儿园*	10.06	162753	517858
7～12	26.04	小学	26.77	148272	1682263
13～15	12.78	初中	9.65	35527	587610
16～18	12.57	高中	8.46	22780	452041
19～23	21.19	大学	5.82	3189	209830
总计	91.10		60.76	372521	3449602

注：* 包括儿童发展和护理中心，以及类似的早期儿童教育和护理项目（2012/2013 印尼文教部教育统计）

资料来源：印尼教育和文化部“教育统计”（2012～2013 年）。

经过多年努力，印尼教育已取得显著成效，但同时也面临着若干挑战。下面从不同教育阶段梳理印尼的教育状况并分析其面临的挑战。

（一）幼儿教育[①]

研究表明，对幼儿教育的投资会产生高回报率[②]，并且幼儿早期教育将影响其后期的学习意愿。因此重视幼儿教育对个人的教育发展和实现印尼社会和经济发展目标具有双重效果。

1. 幼儿教育的现状

2003 年，印尼国家教育体系第 20 号法律为 4 ~ 6 岁的儿童规定了三种学前教育方案。

第一种方案，幼儿园（Taman kanak-kanak，TK）和伊斯兰幼儿教育（Raudhatul athafal，RA），后者由宗教事务部管理。

第二种方案，游戏小组（kelompok bermain，KB）和托儿中心（temat penitipananak，TPA），针对 2 ~ 4 岁的儿童。

第三种方案，综合照料中心（pos pelayanan Terpadu），针对 6 岁以下儿童并以综合方式提供教育服务。

除上述三种方案外，其他非伊斯兰的宗教机构也在不同程度上为幼儿早期教育提供服务。

2010 年后，印尼政府制订幼儿教育发展蓝图（Grand Design），该蓝图确定了从 2011 年到 2025 年扩大早期教育的成果、目标和原则，为幼儿早期教育的更好发展奠定基础，其目标旨在提供干预措施，帮助儿童获得身体和精神上的成长与发展以及更好地接受小学教育。由于这一蓝图覆盖范围有限，2013 年又出台了关于幼儿全面综合发展的第 20 号总统条例作为完善措施，旨在为改进实施和协调工作提供更加坚实的基础。

---

① OECD/Asian Development Bank, *Education in Indonesia: Rising to the Challenge* (Paris: OECD Publishing, 2015), pp. 83-95, http://dx. doi. org/10. 1787/9789264230750-en.

② Heckman, J. J., "The Case for Investing in Disadvantaged Young Children, in Big Ideas for Children: Investing in our Nation's Future," First Focus, 2009.

印尼政府在该总统条例指导下成立了一个包括国家规划局、内政部、文教部和宗教事务部等八部门组成的多机构工作队，由人民福利部的凯门科克斯拉（Kemenkokesra）担任主席，所有儿童，特别是贫困儿童将从中获益。

上述系列政策的实施使得印尼在早期教育方面取得一定成果。2000～2011年，幼儿园机构的数量增加1倍多①，教师人数增加4倍，其中大部分的增长来自营利性的私营部门。从2007～2008学年到2011～2012学年，幼儿教育入学人数增加了30%，360万名儿童接受了早期教育。5～6岁儿童的毛入学率从2004年的27%提高至2012年的47%（图1）。女童的学前教育入学率超过男孩，毛入学率为48.4%，而2012年为46.8%（UIS②）。与此同时，幼儿园学生人数增长速度仅次于职业高中教育和高等教育。

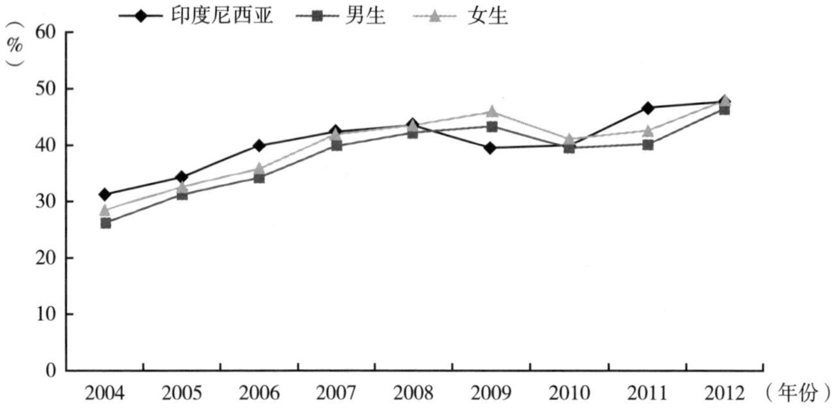

图1　印尼学前教育（按性别）毛入学率（2004～2012）

资料来源：联合国教科文组织统计研究所，www. uis. unesco. org/pages/default. aspx.

---

① ACDP（Education Sector Analytical and Capacity Development Partnership），“Overview of the Education Sector in Indonesia, 2012：Achievements and Challenges,”（background report prepared at the request of the Indonesian authorities for the 2014 OECD Review of National Policies for Education in Indonesia，Ministry of Education and Culture，Jakarta，2013）.

② UIS（UNESCO Institute for Statistics），www. uis. unesco. org/Pages/default. aspx.

2S012 年，0～6 岁儿童中约有 1500 万名儿童未参加任何早期儿童发展方案。[①] 从图 2 可以看出，政府期望值和幼儿接受教育实际值之间存在巨大的差距，表明政府需要继续加大政策的执行力度。

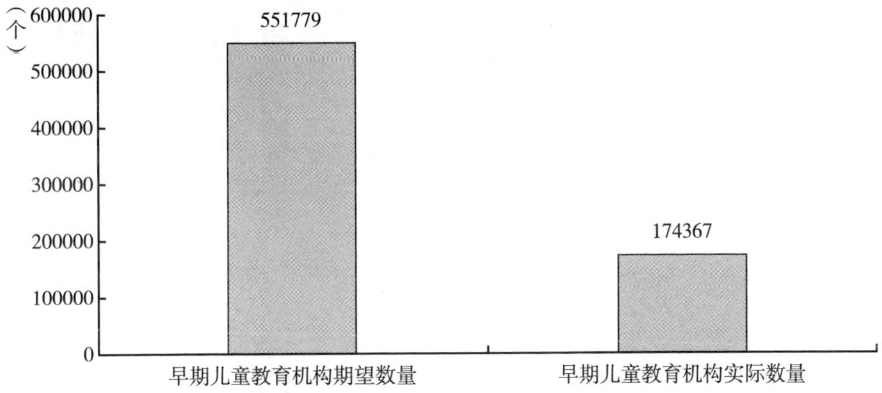

图 2　2013 年印尼幼儿教育供需差距

资料来源：印尼文教部，MOEC（Ministry of Education and Culture），2013.

印尼不同地区的幼儿入学率悬殊，日惹幼儿园入学率最高，为 59%；巴布亚最低，仅为 18%。据印尼文教部 2012～2013 年统计数据显示，34 个省中有 24 个省的幼儿教育毛入学率仅为全国学龄前教育平均入学率的 65%。农村地区儿童接受学前教育的比率远低于城市地区。无论是在社区机构、私营机构还是公共部门机构，幼儿教育发展仍然受到家庭经济状况的巨大影响。图 3 显示出按家庭人均商品和服务支出分列的 5 岁和 6 岁儿童入学率的差异。

幼儿教育在学校及教师管理方面存在不足。据印尼文教部 2011 年统计数据表明，大多数幼儿教师和教育人员的资格和能力不足，许多儿童教育工作者尚未达到现行条例规定的资格水平。只有近 16% 的教师获得学士学位，而大多数为高中毕业或两年制中专文凭毕业。在地方一级，许多新设立的幼儿机构并没有开办资质或经营资格。

① Hawadi, L. F, *15 Million Children aged 0 – 6 Left Out*, "15 Juta Anak Usia 0 – 6 Tahun Belum Terlayani", *Kompas. com*, May 2, 2012.

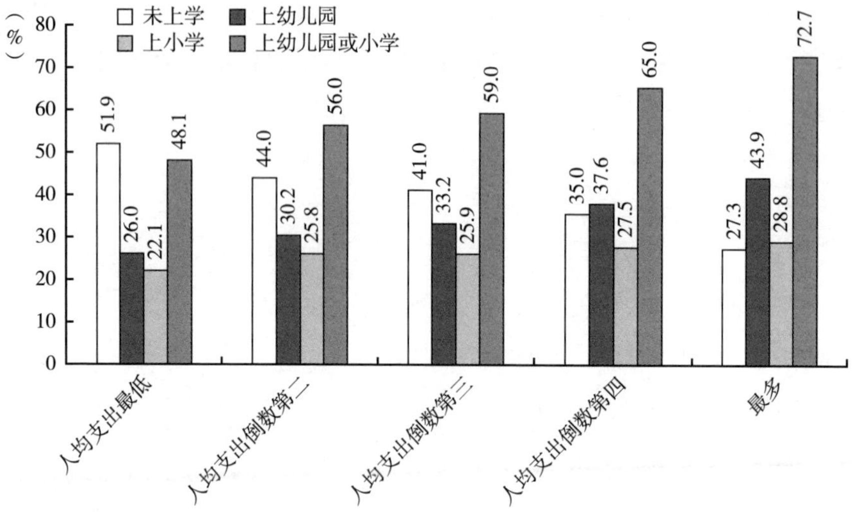

图 3　印尼学龄前儿童入学率（2011 年）

资料来源：UNICEF, *Indonesia socio economic survey 2011*：*Inequalities in education*, unpublished draft, 2013.

2. 幼儿教育面临的挑战

经过多年努力，印尼幼儿教育已取得显著成效，但也面临着挑战，主要表现在以下几个方面。

第一，印尼用于幼儿教育和发展的资金分配相对较低。印尼用于幼儿教育和发展的资金只占教育总预算的 1.2%，远低于国际标准的 4% ~5%。

第二，印尼幼儿教育资金多为一次性投入，从长远角度来看，此类做法不利于资金的可持续性和有效分配。

第三，印尼贫穷家庭的儿童获得早期教育的机会较少，导致后续教育持续落后和不能很好地衔接。

第四，在地方一级，印尼许多幼儿机构没有任何明确的资格认定标准，有些甚至是无证经营。许多早期的幼儿教育者也没有达到所要求的资格标准。印尼幼儿教育缺乏质量保证机制，幼儿教育缺乏专门的监督队伍和有效的质量保证体系。

第五，印尼幼儿教育资金来源于不同部门，导致很难评估消除贫穷和营养不良以及改善免疫、社会福利和教育等举措的整体影响。因此需要对0～6岁年龄组的教育投资进行监测，以确定其成本效益和动态需求的反应能力。

第六，印尼有些父母对幼儿教育不重视，严重忽视幼儿教育。

（二）基础教育①

印尼的基础教育为九年制，包括小学六年和初中三年。官方规定的小学入学年龄为7岁，但6岁入学的现象也司空见惯。正规教育包括公立学校和私立学校，私立学校又划分以信仰为基础的学校和以营利为目的学校两种类型。大多数私立学校为伊斯兰学校，由宗教事务部集中管理，公立学校则由文教部负责管理。在印尼，虽然大多数小学为公立学校（80%），但私立学校在印尼的教育体系中也发挥着重要作用。私立小学占印尼小学的20%，且多数伊斯兰小学为私立学校（92.5%）。私立初中学校更多，57%的中学为私立学校。与小学一样，大多数伊斯兰学校为私立学校（90.3%），而文教部初中（Sekolah menengah pertama，SMP）的40.8%也是私立学校。2011年印尼小学学生与全日制教师的比例为18.6%。这一比例高于经合组织规定标准的15.4%和大多数东盟国家的平均数（泰国为16.3%、马来西亚为12.5%）②。虽然这一数据显示出合理的班级规模和全职教师人数，但随着时间的推移，教师人数的增长速度超过学生人数，特别是超过小学学生人数的增长速度（见图4）。

1. 基础教育的现状

21世纪以来，印尼儿童获得基础教育的机会大为增多，初级教育基本实现普及。据统计显示，2013～2014年，小学毛入学率为110.68%，净入学率为93.30%。在过去十年里，初中入学率也有显著提高，毛入学率从

---

① OECD/Asian Development Bank, *Education in Indonesia: Rising to the Challenge* (Paris: OECD Publishing, 2015), pp. 101－124, http://dx.doi.org/10.1787/9789264230750－en.

② OECD, *Education at a Glance 2013: OECD Indicators* (Paris: OECD Publishing, 2013), http://dx.doi.org/10.1787/eag－2013－en.

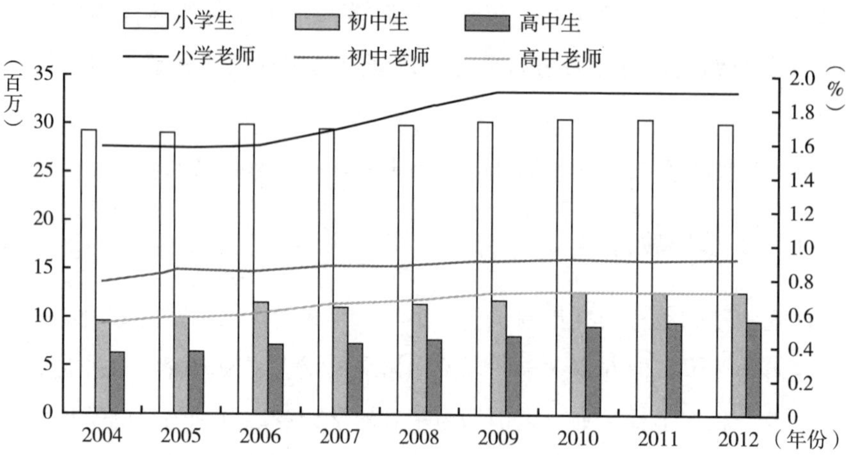

图4　学生入学及小学、初中和高中老师人数增长（2004～2012年）

资料来源：*Trend of Education Data 2002/03 - 2007/08 and 2007/08 - 2012/13*，MOEC（Ministry of Education and Culture），（2009 and 2013）Indonesia.

2001年的76.1%上升至2013年的96.9%。净入学率从2001年的58.6%上升至2013年的76.5%。

印尼的基础教育水平亟待提高。2011年国际数学和科学研究的趋势（TIMSS）显示，印尼八年级学生的数学测试成绩低于“低级水平”等级。在国际基准排名中，印尼在45个国家中排名第38位，落后于新加坡、马来西亚和泰国等国。在八年级科学评估中，印尼在45个国家中排名第40位，较2007年有所下降。[①] 在2011年全球学生阅读能力进展研究（PIRLS）四年级阅读评估中，印尼在45个国家中排名第42位。与2006年结果相比，四年级达到“低级水平”国际等级的学生增加了12%，达到“中级水平”国际等级的学生增加了7%，达到“高级水平”国际等级的学生增加了2%。在国际学生评估测试中，印尼的表现远低于经合组织规定的平均水平

① Mullis I. V. S., et al., “TIMMS（Trends in International Mathematics and Science Study）2011 International Results in Mathematics and Science,” International Association for the Evaluation of Educational Achievement（IEA），2012，http：//timssandpirls.bc.edu/pirls2011/downloads/P11_ IR_ FullBook.pdf.

标准。2003～2012年，数学成绩和阅读成绩略有提高，但2006～2012年，科学成绩却有所下降。

印尼的教育筹资复杂，教育预算极不稳定。根据宪法，自2009年以来，政府承诺将至少20%的预算用于教育。这一承诺适用于中央政府和地方政府预算。教育预算由文教部（66%）和宗教事务部（28%）分摊，其余6%则由提供教育和培训的其他部门承担。经济合作与发展部将国家预算的大部分（60%）划拨给地方政府，但与学校（其中多数为私立学校）共同管理这部分资金。根据文教部规定，普通拨款基金用于支付教师工资和津贴，占国家支出的79%。预算中的学校运营资金通过省办事处按学生人数分配给学校（见表3）。

表3　2012年印尼教育部门预算

中央政府	印尼卢比(单位:兆)	占比(%)
文教部	77.2	66
宗教事务部	33.4	28
其他部门	6.6	6
总计	117.2	100

资料来源：MOEC（Ministry of Education and Culture）“Overview of the Education Sector in Indonesia，2012：Achievements and Challenges”。

目前，基础教育学校通过地方转移获得学校运营资金，高中教育学校则直接从中央政府获得运营资金。学校运营资金补助金每三个月发放一次，并根据每所学校的确切学生人数划拨，但有些地区拨款受到政治因素影响。由于学校的游说，该系统于2012年改为省级拨款。为了提高效率，政府决定由省级储备银行办事处直接转到学校。

针对基础教育在资金预算等方面存在的问题，政府宣布了一项新的社会援助计划，其中包括购买智能印尼卡（Kartu Indonesia Pintar，KIP）。智能印尼卡将向贫困和“准贫困”家庭提供教育费用援助，以解决其子女上学问题，也可以用来购买学校日常用具、书籍和鞋子等其他文具。

与贫困学生奖学金（BSM）提供的援助相比，智能印尼卡可以提供更多实实在在的援助。

印尼基础教育致力于包容性教育，旨在建立一个包容性教育体系，为包括残疾儿童在内的所有儿童提供优质教育。2013～2014 年度，在特殊学校就读的中小学生为 75426 人，初中生为 17157 人，分别占正规小学和初中学生人数的 0.25% 和 0.13%。[①] 特殊学校中男孩入学率高于女孩。这表明，有特殊需要的女孩比有特殊需要的男孩处境更为艰难。各省在提供特殊教育方面也存在巨大差距。东爪哇和西爪哇分别有 457 所和 331 所特殊教育学校，但部分省的特殊教育学校不到 10 所，西巴布亚仅有 4 所特殊教育学校[②]，入学不平等现象比较突出。

据调查显示，印尼只有少数学校为天赋异禀学生提供拨款，且这一规定只适用于学业上有天赋的学生，其形式是设立火箭班、跳级、提供单独教室和优秀老师等。拥有天赋异禀学生的教室将配备更多的资源。

2. 基础教育面临的挑战

印尼基础教育取得显著成效的同时，也面临着一定的挑战，主要表现在如下几个方面。

第一，在偏远和贫困地区，学生受教育机会、教育质量和教师资质等方面与发达地区相比依然存在巨大差距。虽然教师数量总体上并不短缺，但偏远和农村地区的教师资质较低且经常缺课。2003 年，54% 的学校报告说缺少合格的数学教师，2012 年这一比例下降至 16%，但科学和语言教师依然面临相同困境。总体而言，私立学校教师短缺人数多于公立学校，农村地区教师短缺人数多于城市地区。[③]

第二，学生辍学率居高不下，特别是在小升初过渡阶段和初中学习期

① MOEC, *Indonesia Educational Statistics in Brief 2011/2012*, MOEC (Jakarta).

② MOEC, *Indonesia Educational Statistics in Brief 2011/2012*, MOEC (Jakarta).

③ OECD, *PISA 2012 Results: What Students Know and Can Do: Student Performance in Mathematics, Reading and Science* (Volume Ⅰ, Revised edition) (Paris: PISA, OECD Publishing, 2014), http://dx.doi.org/10.1787/9789264208780-en.

间。有3%的学生在一年级留级，贫困儿童的复读率较高。

第三，印尼15岁学生的识字和算术技能远低于经合组织标准规定的平均水平，也低于相同经济发展水平的国家。以雅加达郊区学校为例，大约20%的入学儿童没有达到二年级阅读能力的要求。

第四，新课程旨在培养学生的批判性思维和创造力，然而并没有对教师进行新课程教学培训，新课程也没有达到预期的结果。

第五，15岁甚至更早选择学习职业或普通课程，可能会限制学生获得学习经验和技能的机会，进而影响个人的工作和生活选择。

第六，约75%的学校没有达到最低服务标准。不仅在学校教育的物质方面，而且在教育过程中都存在不足，特别是在监督、课程规划和学生评估等领域。

第七，地区资源分配缺乏透明度，且地区资源分配进程不一，导致拖欠或延迟支付教师津贴，包括与提高教师能力和资质有关的津贴。

第八，政府按学生人数拨款，没有充分考虑到规模较小学校的固定费用。尽管从2014年起，所有学校的假定基础教育入学人数为120人，但是每个学生的拨款并不能充分反映学校净运营成本的差异。

第九，私立宗教学校为贫穷家庭子女提供服务，但得到的资助远不如公立学校和公立宗教学校。

（三）高中教育[①]

印尼正规高中教育包括普通教育（Sekolah menengah atas，SMA）、职业教育（Sekolah menengah kejuruan，SMK）、伊斯兰高中（madrasah aliyah，MA）和伊斯兰职业教育（madrasah aliyah kejuruan，MAK）。2003年印尼法律确认普通学校和伊斯兰学校属于国家教育体系构成部分。该法律概述了教育的主要职能和宗旨，并规定了教师、家长和社会的权利

① OECD/Asian Development Bank, *Education in Indonesia: Rising to the Challenge* (Paris: OECD Publishing, 2015), pp. 131 – 151, http://dx.doi.org/10.1787/9789264230750 – en.

和义务。

印尼普通教育、职业教育、伊斯兰高中和伊斯兰职业教育等高中阶段的课程安排相对比较完善，其中普通教育/伊斯兰高中的课程结构包括：

A 类：宗教、礼仪、公民学、印尼语、数学、历史和英语；

B 类：必修课程，如艺术、健康和体育、工艺和创业；

C 类：兴趣课程，如数学和科学、社会科学、语言和文化。

对于伊斯兰高中学生，可基于兴趣选择其他科目进行学习。

A 类和 C 类科目内容由中央政府制定，B 类内容由中央政府制定，并由地方政府完善补充。国家课程还对学生的周度和年度课程课时量和时间进行了严格规定。为使高中生在学术和职业学习之间取得平衡，专门对职业教育中的必修科目和选修科目做出具体规定。其中 9 门为必修课，每周上课满 24 小时。普通教育/伊斯兰高中和职业教育/伊斯兰职业教育的课程设置基本相同，学生可据自身兴趣合理选择其他课程。

印尼高中阶段学生的评估过程较为复杂。按照要求，高三学生成绩由教师评分、学校评分和中央政府评分三部分评分组成。高三学生的最终成绩由上述三部分加权得出。

印尼高中教育由两级部门分管。在政府一级，高中教育由文教部负责管理，在地区一级，学校则由地区教育办公室负责管理。文教部负责普通学校的整体管理，而区级则主要负责教育管理。

1. 高中教育的现状

2000 年以来，印尼高中教育得到显著改善。数据显示，毛入学率从 2009 ~ 2001 年度的 42.8% 上升至 2011 ~ 2012 年度的 76.4% 。2012 年，政府启动普及高中教育计划，并设定到 2020 年毛入学率达到 97% 的目标，高中教育被纳入义务教育。

2000 年至 2010 年，印尼高中就读学生中女生的比例整体有所增长，女生人数比男生多 14% 。但是，女生在职业教育的入学率很低且有不断下滑趋势。另外，区域间和区域内的入学率存在较大差异，部分省份的毛入学率低于30%。①

印尼高中教育实现突破得益于新学校的建立和教师人数的增加。70%的高中为私立学校，但其入学率比公立学校低，只有一半以上的高中学生就读于私立学校；在普通高中和中等职业教育（普通教育、职业教育、伊斯兰高中和伊斯兰职业教育）的1200万名学生中，只有27.8%的学生就读于私立学校。私立学校在伊斯兰学校中所占的比例较高，约占学校总数的88%。②

印尼高中教育规模扩大得益于学生入学人数和教师人数两个方面。2001～2002学年至2011～2012学年，私立和公立学校的总数翻了一番，从12415所增至26896所，入学人数增加了82%。2004年到2014年，教师人数增加了100多万人（见表4）。这表明国家增加受教育机会的承诺得到很好的实现。

在选择高中教育时，印尼许多学生择校的首要标准是公立中学，在未能达到其国家考试成绩要求后才会选择私立学校。因此，以这种方式进入私立学校的学生学业成绩普遍较低。

表4　印尼教师数量的增长情况（2005～2014年）

学校类型	2005年(人)	2014年(人)
学前教育	145611	282447
特殊学校	1384	15291
小学	1052661	1639856
初中	478153	583408

① MOEC, Directorate General for Secondary Education, *Grand Design for Universal Secondary Education*, Jakarta.

② ACDP, *Overview of the Education Sector in Indonesia*, 2012: Achievements and Challenges (background report prepared at the request of the Indonesian authorities for the 2014 OECD Review of National Policies for Education in Indonesia, Ministry of Education and Culture, Jakarta, 2014).

续表

学校类型	2005 年(人)	2014 年(人)
高中(学术)	214903	268514
高中(职业)	152442	225799
总计	2045154	3015315

资料来源：NUPTK，（Nomor Unik Pendidik dan Tenaga Kependidikan）2014，（Unigue number of teachers and educational personnel），BPS DMPKPMP（Kementerian Pendidikan Dan Kebudayaan）（Human Resources Development Agency，MOEC（Ministry of Education and Culture）. School enrolment and choice.

印尼公立学校的规模和教学比例基本是私立学校的 2 倍。调查发现，每个教师负责教导的学生人数较少。[①] 伊斯兰高中学校的班级规模特别小，每名教师平均分配 7 名学生，因此提高学生/教师比例将会节省大量教育资金。

在高中教育国际评估方面，印尼表现得并不理想。在阅读方面，准备进入高中的 15 岁学生的平均成绩远低于经合组织规定标准的平均水平。在阅读能力方面，约有 55% 的学生未达到国际学生评估的第 2 等级，意味着他们将无法通过学术或职业途径获得进一步学习的机会。同样，在数学和科学方面，分别有 76% 和 67% 的人未达到基本的熟练程度要求。[②] 要使学生为高中及后期教育做好充分的准备，就必须改进语言、数学和科学等方面的教育。数据显示，大约有 8.5% 的学生入学年龄在 18 岁以上，比高中 16~18岁的正式入学年龄要大。“大龄化”等问题在巴布亚和努沙登加拉等偏远地区最为明显，超过 17% 的学生入学年龄在 18 岁以上。

印尼政府认识到问题的严重性，因此制定了 2013 年新课程。新课程充分考虑到印尼所面临的内部挑战及影响国家和经济的外部和全球挑战，内部

① MOEC，*Ikhtisar Data Pendidikan Nasional*（Highlights of National Education）2000 – 2010，2014.

② OECD，*PISA 2012 Results：What Students Know and Can Do：Student Performance in Mathematics，Reading and Science*（Volume I，Revised edition）（Paris：PISA，OECD Publishing，2014），http：//dx. doi. org/10. 1787/9789264208780 – en.

挑战包括确保实现该系统的八项国家教育标准，即毕业能力、课程内容、学习和教学过程、教学人员、基础设施、管理、教育筹资和教育评估。

2011 年，印尼高中教育占文教部教育总预算的 12.33%①，仅次于基础教育（25.45%）和高等教育（47.61%）。而高中教育费用几乎是初中教育的两倍。大部分费用用于购买教科书、消耗品、校服、交通和学校注册费等方面。在城市学校，特别是小学，这些费用更加高昂。学费以各种不同的方式计算，包括直接收费和书籍、交通和膳食费用等。高中教育中由于不同家庭对学费的承受能力不同，部分学生可能会丧失学习以及获得较好学习资源的机会。

印尼政府的目标是到 2019 年使所有年轻人普遍接受高中教育。虽然取得了阶段性进展，但要实现这一目标仍然困难重重。针对贫穷家庭学生的入学问题，印尼实施了若干社会援助方案，帮助贫困学生继续上学并减轻家庭和社会支付上学费用的财政负担。主要方案包括贫困学生奖学金（Bantuan siswa Miskin，BSM）和希望之家扶贫计划（Kluarga Harapan，PKH）。佐科政府开始推出印尼智能卡，向家庭困难的学生提供学费和津贴。这些方案能否有效解决贫困学生高中教育的难题尚待观察，目前亟待对这些方案进行仔细设计和反复修正以达到预期目标。

2. 高中教育面临的挑战

印尼高中教育面临的挑战，主要表现在以下几个方面。

第一，自 2000 年以来，印尼高中教育的学生和合格教师的人数大幅增加（高中生入学情况见图 5）。印尼政府承诺普及高中教育，将目前义务教育由九年延长至十二年。然而，高中教育范围的扩大无疑会增加政府预算大量的支出，这远远超出了政府的能力范围。

第二，印尼高中教育中存在教学资源的低效配置问题。按照国际标准，特别是在私立学校，高中学生与教师的比例较低。虽然增大对包括教科书、

① MOEC, *Ringkasan Statistik Pendidikan Indonesia* （Indonesia Educational Statistics In Brief）2011/2012，2012.

信息和通信技术在内等课堂资源的投资可以改善学生的学习，但是从统一走向多样性需要以广泛协商和意见协调为基础。

第三，印尼应转变教育目标及方式，使学生获得知识的同时拓宽其视野，培养其不断工作和学习的认知和社会技能。虽然教师熟悉新课程的教学知识，但他们似乎忽略了积极改善教学方法的重要性，同时对培养学生高级学习的能力缺乏鼓励和支持。

第四，印尼需要在坚持目前的普通教育与职业中等教育和培训双轨制的基础上转向更全面普及中等教育的制度。一方面，双轨制似乎只为极少数人服务，大多数情况下，普通教育和职业教育的毕业生受教育程度不高且缺乏直接工作的能力；另一方面，印尼缺乏有组织的技术教育和培训。

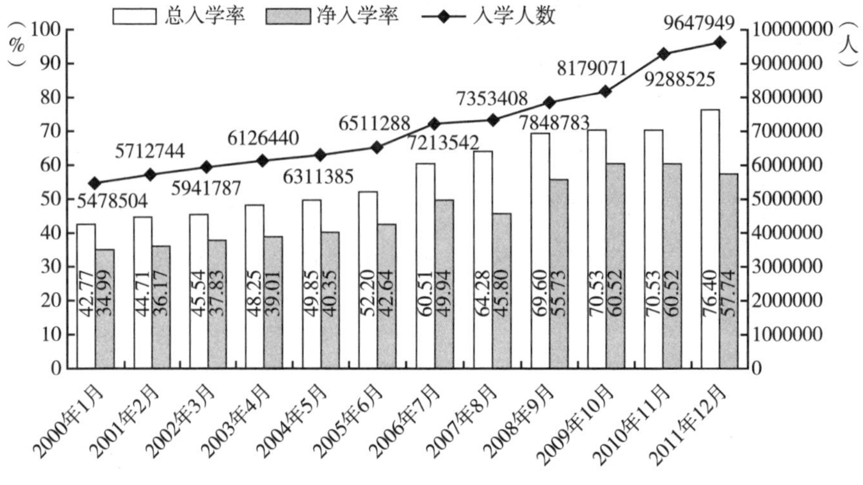

图5　2005～2006 年度至 2011～2012 年度高中学生的总入学率

资料来源：MOEC, *Buku Indikator Kunci Keberhasilan 2000/01 –2011/12.*

（四）职业教育①

印尼大约有 5500 万名熟练工人。根据“加速与扩大全国经济建设总体

① OECD/Asian Development Bank, *Education in Indonesia: Rising to the Challenge* (Paris: OECD Publishing, 2015), pp. 156 – 176, http://dx.doi.org/10.1787/9789264230750 – en.

计划”（MP3EI）估计，到2030年将需要1.13亿熟练工人（未来18年平均每年增加320万人），这对教育和培训部门来说是一个巨大的挑战。鉴于青年失业人数占总失业人数的近56%，降低青年失业率将是降低总失业率的关键，总失业率从2007年8月的略高于9%稳步下降到2012年8月的接近6%。①

印尼有五种职业学校提供正规和非正规教育，并颁发证书、文凭或学位。这些学校包括：第一，高级中等职业学校（Sekolah menengah kejuruan，SMK）和伊斯兰高等职业学校（MAK）；第二，社区学校（Akademi Komunitas，AKs）；第三，理工学院；第四，大学；第五，巴莱拉提汉·凯尔贾职业中心（BLKS）。文教部负责管理职业教育、社区学校、理工学院和研究型大学，后者目前属于研究技术与高等教育部（由前高等教育总局与研究和技术部组成）的管辖范围。提供非正规技术和职业教育培训的巴莱拉提汉·凯尔贾职业中心由印尼人力和移民部（MOMT）管理，提供培训和短期证书课程，为辍学的贫困学生提供“第二次”教育机会。社区学校还提供职业证书，甚至文凭②。

目前，印尼有三个国家职业教育认证委员会，注册了128个职业教育培训项目。文教部和国家教育标准委员会（Badan Standard Nas. Pendidikan，BSNP）为职业学校发布了详细的能力标准和课程指南。国家职业教育认证委员会有三种认证策略：第一种，职业协会，针对个人申请；第二种，乙方（行业给予认证），针对学校申请；第三种，甲方（由学校和行业共同提供），针对享有政府补贴者。

印尼职业教育的资金使用情况：国家资金用于购买设备，省级资金用于建造教学设施，地区资金用于装备学校。公职教师的工资直接由地方政府支付，而非公职教师的工资则取决于各地区的政策。在一些地区，

① *Labour and social trends in Indonesia 2011：Promoting job-rich growth in provinces*，International Labour Office（Jakarta），2012.

② MOEC，*Highlights of National Education*（Ikhtisar Data Pendidikan Nasional）2000/01－2009/10，National Peer Review Report 2014，Jakarta.

工资有的由地方政府支付，有的由所收学费支付。而政府的“普及中等教育”战略要求扩大职业教育，这可能会增加国家教育预算。根据部分学校反映，政府支付职业教育经费时存在拖欠现象，严重影响正常的教学活动。

在印尼，职业教育通常被视为“差生”和贫困阶层学生的选择。然而，有迹象表明，这种看法正在发生改变。2013 年，约有 190 万人申请职业教育和培训机构的 150 万个名额，反映出需求的增长。政府的愿景是在这一需求的基础上，增加投资，扩大印尼职业学校的规模。

1. 职业教育的现状

印尼中等职业学校学生占所有中学生比例从 2001 年的 36% 升至 2012 年的37%[①]。自 2012 年以来，印尼的职业教育机构从 10256 所增加到 11727 所，多分布于爪哇（57%）和苏门答腊（21%）。与公立高中教育不同的是，70% 的职业教育学校为私立学校，且招收的学生比例最高。

印尼高中教育的辍学率处于较高态势，职业教育的辍学率更高。2011 ~2012 年度，高中教育辍学率为 1.5%，而职业教育辍学率为 3.3%。[②] 职业教育的学生往往来自贫困家庭，经济原因使其辍学的可能性更大。[③] 根据文教部公布的数据显示，第一学期的辍学率最高。这表明，学生的期望与学校实际提供的教育之间存在一定差距。而多次入学/退出制度是一种旨在解决学生辍学问题的机制。从理论上讲，这一系统允许学生辍学，然后再返回学校。从实际来看，这种制度效果不佳。

① World Bank, *World Bank Education Statistics* (EdStats), 2014, http://data.worldbank.org/topic/education.

② MOEC, *Indonesia. Educational Statistics in Brief 2011/2012*, MOEC (Jakarta).

③ ACDP (Education Sector Analytical and Capacity Development Partnership) (2013a), "Overview of the Education Sector in Indonesia, 2012: Achievements and Challenges" (background report prepared at the request of the Indonesian authorities for the 2014 OECD Review of National Policies for Education in Indonesia, Ministry of Education and Culture, Jakarta, 2014).

2. 职业教育面临的挑战

第一，印尼政府计划扩大职业教育的比例，同时统筹国家发展目标。但由于涉及地区较多，职业教育与国家发展目标保持一致比较困难。

第二，印尼职业教育管理机构较多，混淆了政府职能分工，从而影响职业教育教学工作进度。

第三，印尼大多数职业教育毕业生从事低薪、低技能的工作，特别是在非正规部门。职业教育课程的技术部分由文教部设计，而没有与工业部以及人力和移民部协调等造就职业教育与劳动力市场需求的脱钩。① 同时，在课程规划和开发方面，大多数职业教育排除了相关行业参与课程设计的可能性。此外，在提供设施和设备方面，与职业教育合作的行业寥寥无几，职业教育毕业生基本上也没有获得劳动力市场信息的机会。因此在职业教育中应培养能够适应劳动力市场动态性变化要求的学生。

第四，印尼职业教育中的老师多缺乏实践经验，导致培养出来的学生未掌握新兴就业市场所需的理论知识和实用技能。

第五，女孩在印尼职业教育中的入学率逐步下降，且入学集中在少数几个“女性”学科领域。2000 年以来，性别差距不断扩大，男女比例从 2001 年的 0. 76 下降到 2010 年的 0. 71。②

（五）高等教育

印尼高等教育的结构较为多样化，从提供各门学术课程的传统综合性大学到只提供专业课程的专科学院、社区学校。印尼研究技术与高等教育部负责普通高等教育（公立和私立），宗教事务部负责宗教高等教育（公立和私

① ACDP（Education Sector Analytical and Capacity Development Partnership）, *Rapid Assessment of the Cash Transfer for the Poor Students Program/Bantuan Siswa Miskin*（*BSM*）, ACDP (Jakarta), 2014.

② ACDP（Education Sector Analytical and Capacity Development Partnership）, *Overview of the Education Sector in Indonesia*, 2012: *Achievements and Challenges* (background report prepared at the request of the Indonesian authorities for the 2014 OECD Review of National Policies for Education in Indonesia, Ministry of Education and Culture, Jakarta).

立），其他各部委和机构以及82个高等教育服务机构为各自部委提供人力资源。

印尼高等教育最突出的特点之一是将研究技术与高等教育部和宗教事务部集中管理。与亚洲和欧洲其他国家相比，印尼的体制高度集中。在过去的一二十年里，国家已经采取措施来扩大学校的自治，如自治大学由最初的四个变成现在的七个。这些大学实力雄厚，在组织、融资、人员配备和学术事务方面拥有比其他大学更大的自主权。

根据“高等教育法”，学位体系包括学士学位（S1）、硕士学位（S2）、博士学位和专业学位（如医学）。学士学位规定的学习时间是四年，硕士学位两年，博士三年。

1. 高等教育的现状

目前，印尼高等教育入学率为31.5%①，较2008年的21.3%有所增长。2008年学生总数约为420万人，2012年学生总数增长至590万人②。2008年至2012年，高等教育机构数量从2680所增加至3170所，其中大多数由私营部门设立。③

印尼的教育预算总额已从2009年的1万亿印尼盾增加至2014年的1.89万亿印尼盾。④ 然而，高等教育支出份额则从2013年的50.48%降至2014年的48.97%。2011年高等教育总支出约占国内生产总值的1.2%，低于马来西亚（1.69%），但高于越南（1.18%）和泰国（0.71%）。

在过去的二十年里，印尼高等教育参与率的提高大大减少了性别不平

① UIS（UNESCO Institute for Statistics），UIS Data Centre，Montreal，Canada，January 12，2014.

② MOEC，“Overview of the Education Sector in Indonesia 2012：Achievements and Challenges，” MOEC（Jakarta），www. acdp – indonesia. org/docs/ACDP – 002 – Overview – of – the – Education – Sector – in – Indonesia – 2012 – Nov13. pdf.

③ 转引自 OECD/Asian Development Bank，*Education in Indonesia*：*Rising to the Challenge*（Paris：OECD Publishing，2015），p. 188，http：//dx. doi. org/10. 1787/9789264230750 – en.

④ 转引自 OECD/Asian Development Bank，*Education in Indonesia*：*Rising to the Challenge*（Paris：OECD Publishing，2015），p. 205，http：//dx. doi. org/10. 1787/9789264230750 – en。

等。1993年，女性入学率仅为6.7%，而到2006年女性入学率几乎翻了一番。2008年初，大专学历的女生人数超过男生总数。在高等教育（文凭水平）的早期阶段，女生占大多数。但是，随着学生在各个高等教育层次上的发展，男生人数逐渐增加。研究生（硕士和博士）男女生比例基本持平，分别为49.9%和50.1%。[①]

国际化成为多数印度尼西亚大学应对全球化的共同特征。自20世纪80年代初以来，人们越来越重视高等教育的国际化，这也是印尼高等教育的一个特点。但迄今为止，印尼高等教育以大学国际化的方式应对全球化的情况并不乐观。[②]

自2003年颁布第20号法律以来，在印尼的国际性学校日益增多。法律允许外国合法教育机构按照本国教育制度在印尼提供教育。部分国家在印尼大城市开设了30多所国际性学校，如卫斯理国际学校（美国标准）、莱佛士国际学校（澳大利亚标准）、雅加达日本学校（日本标准）、雅加达台北学校（中国台湾地区标准）和新加坡国际学校（新加坡标准）。这些国际性学校实行国际教育标准和评估制度，因此国际学校毕业生能够获得国际证书，而这些证书可以在多个国家通用。

印尼的国际性学校现象与教育产业密不可分。然而，接受国际性学校的教育需要高昂成本，因此这些学校成为富裕家庭孩子的特权。印尼的国际性学校招生人数有限，被视为精英学校,[③]。

2. 高等教育面临的挑战[④]

第一，印尼高等教育入学率有显著增长，学生人数从400万人增加到

① OECD/Asian Development Bank, *Education in Indonesia: Rising to the Challenge* (Paris: OECD Publishing, 2015), pp. 184 -213, http://dx.doi.org/10.1787/9789264230750 -en.

② Sri Soejatminah, "Internationalisation of Indonesian Higher Education: A Study from the Periphery," *Asian Social Science* 5 (2009): 71.

③ Harry Firman, Burhanuddin Tola, "The Future of Schooling in Indonesia," *Journal of International Cooperation in Education* 11 (2008): 79.

④ OECD/Asian Development Bank, *Education in Indonesia: Rising to the Challenge* (Paris: OECD Publishing, 2015), pp. 213 -215, http://dx.doi.org/10.1787/9789264230750 -en.

600 万人。今后，接受高等教育的人数可能会进一步增加。这将需要一个更加多样化、财政上可持续和高质量的供应结构。因此，政府应鼓励在全国各地创建新的大学、技术学院、理工学院和社区学校，以提高供应多样化高等教育的能力。

第二，印尼的大学在世界大学的各种排名中比较落后。与其他国家相比，缺乏竞争力。在 92 所公立大学中，许多大学被评为中等大学，而在 3000 多所私立大学中，只有少数大学（约 20 所）被评为中等大学。按照国际标准，高等教育中教职员工的水平不高，教学设施和设备匮乏。总体来看，教育质量较差，特别是在规模不足以开办广泛学位课程的学校中。

第三，印尼存在大量未经认证的高等教育机构和不切实际的培养方案。大多数学位课程不能满足工作需求，毕业生的供应与新兴劳动力市场的需求不同步（只有 16% 的毕业生学习工程、制造业和建筑业），雇主经常抱怨毕业生缺乏相关知识和技能等，这一问题严重影响学生培养质量、毕业生的就业前景和印尼高等教育资格的可信度。

第四，印尼教育结构不公平。大多数贫困生就读于学费较高的私立学校，而那些经济条件较好的学生以较低的成本就读于公立高等学府。因此必须扩大公立院校中贫穷家庭学生的份额，力争将他们的比例提高到学生总人数的 20% 。

第五，印尼高等教育经费筹措模式是在参照往年教育成本的基础上进行的教育预算，因此缺乏动态性调整，同时缺乏透明度。

第六，印尼高等教育的教与学在很大程度上仍然依赖于传统讲座形式。为了让毕业生获得更高层次的推理能力、解决问题能力和团队合作能力，大学、学院、理工学院和技术学院的教师需要采用更加积极和互动的教学方法。包括以探究为基础的教学方法，更多地利用项目和团队合作来培养学生的创造性和相关技能。

第七，与其他国家大学相比，印尼的大学自主权较低。

第八，印尼缺乏强有力和一致的知识产权保护制度。

二　未来中国与印尼教育合作的依据及可行性

（一）中国与印尼教育合作现状

中国和印尼是好朋友、好伙伴和好邻居。作为全面战略伙伴关系，中国一贯重视印尼在亚洲及国际社会中的地位和作用。双方在各领域不断融合发展，已形成高度可靠性的依赖关系。尤其是在教育方面，虽然中国和印尼教育合作起步较晚，但双方教育合作发展迅速并不断实现突破。

中印尼副总理级人文交流机制建立并定期举行会议。2015 年 3 月，中国和印尼签署《中华人民共和国和印度尼西亚共和国关于加强两国全面战略伙伴关系的联合声明》，双方一致同意在有关双边教育合作协议框架下，加强在学生交流、语言教学、高等教育和职业培训等领域的务实合作，加快商签互认高等教育学位学历协议。2015 年 5 月，中国和印尼建立起副总理级人文交流机制，这是中国与发展中国家建立的首个高级别人文交流机制。2016 年 8 月 1 日，中国国务院副总理刘延东和印尼人类发展与文化统筹部部长布安在贵阳共同主持中印尼副总理级人文交流机制第二次会议。双方共同见证教育、科技、文化等八个合作协议签署。2016 年 9 月 29 日，中印尼高等教育合作发展论坛暨“中国知识云服务”启动仪式在雅加达举行，印尼文教部人力资源发展中心主任露依萨、中国驻印尼大使馆文化参赞金洪跃等参加。双方就华文教育现状和师资问题充分交流意见。2017 年 11 月 27 日，中国－印尼科技创新合作论坛在雅加达举行，中国国务院副总理刘延东、印尼人类发展与文化统筹部部长布安出席，并见证中国科学技术部和印尼研究技术与高等教育部签署科技创新合作三年行动计划（2018－2020）。次日，中国国务院副总理刘延东与印尼人类发展和文化统筹部部长布安共同主持中印尼副总理级人文交流机制第三次会议并出席“留学中国”教育展等配套活动。2018 年

5 月，中国和印尼签署《中国政府和印尼政府联合声明》，双方同意保持高层交往势头，发挥好两国副总理级对话及双边合作联委会等机制的重要作用以及加强在教育、文化、旅游、媒体、体育、宗教、青年、地方、文化遗产等领域的交流与合作，充分发挥各界、各地方积极性，打造人文合作新亮点。

中国将中印尼高等教育合作纳入国家战略目标计划。为贯彻落实中共中央办公厅、国务院办公厅《关于做好新时期教育对外开放工作的若干意见》和国家发展改革委、外交部、商务部经国务院授权发布的《推动共建丝绸之路经济带和21 世纪海上丝绸之路的愿景与行动》，教育部牵头制订了《推进共建“一带一路”教育行动》。《推进共建“一带一路”教育行动》文件印发后，教育部紧紧抓住教育在“一带一路”建设大局中“促进民心相通，提供人才支撑”的定位，携手部内各司局、有关部委、地方共同推进教育合作。中国和印尼相互签订了学历学位互认协议，注重印尼来华留学高端人才培养，设立“丝绸之路”中国政府奖学金项目，培养印尼青年精英和未来领导者。2017 年中国政府向印尼提供了 215 个全额奖学金，较 2015 年录取人数增长了 11 倍。2018 年 5 月 7 日李克强总理在雅加达出席中国 - 印尼工商峰会发表主旨演讲时表示，中国将增加向印尼提供的奖学金名额，启动新一轮青年百人团互访五年计划，促进两国青年交流。

中国和印尼两国高等教育合作成果颇丰，表现在以下几个方面。(1) 双方教育机制不断融合。两国政府先后签署《中国 - 印尼高等教育合作协议》《中国 - 印尼高等教育学历互认协议》两个重要合作文件，《中国 - 印尼汉语教学合作协议》续签工作也在进行中。(2) 双向留学工作迈上新台阶。目前，中国有近 500 名学生在印尼留学。中国教育部专门设立了“中国东盟交流专项奖学金”和“中国 - 印尼交流专项奖学金”项目。目前有 1.4 万余名印尼的大学生在华留学深造，中国成为印尼大学生的第二大留学目的国，“留学中国”品牌逐步形成，广大留学生为促进印尼和中国的友谊与合作交流事业发挥着积极作用。(3) 孔子学院发展进入新阶段。截至2018年6月，中国在印尼建立了6所孔子学院（丹戎布拉大学孔子学院、阿拉扎大学孔子学院、玛琅国立大学孔子学院、玛拉拿达基督教大学孔子学院、泗水国立大学孔子学院和哈山努丁大学孔子学院），2个中小学孔子课堂，每年培养的学生超过1.5万人。2018年7月10日，首届印尼孔子学院所在高校“校长论坛”在阿拉扎大学举行，印尼6所孔子学院所在高校校长及孔子学院、印尼方院长齐聚一堂，共商印尼汉语教学及孔子学院发展之路。（4）参加“汉考”人数不断创历年新高。2001年仅有1200人参考，2016年达到1.39万人参考，2017年突破1.6万人，参加“汉考”人数屡创新高，印尼考点也多次被孔子学院总部/国家汉办评选为“海外优秀考点”。为满足印尼考生对“汉考”不断增长的需求，印尼文教部华文补习班综合统筹处和雅加达华文教育协调机构在印尼全国设立了20个“汉考”分考点，每年至少举行3次汉语考试。（5）当地开设中文课程的学校越来越多。通过引进国外师资、公派留学、与国外高校开展合作等多种方式，印尼当地开设中文课程的学校越来越多，人才培养培训合作得以深化。印尼政府将汉语教学纳入国民教育体系，汉语教学由第三外语上升为第二外语。

中、印尼在职业教育方面不断探索新路径。“鲁班工坊”成为惠及双方人才培养和职教发展新模式。2017年12月12日，天津市东丽区职教中心依托行业企业在印尼东爪哇省波诺罗戈市职业学校建立印尼“鲁班工坊”，围绕汽车维修专业、智能制造、新能源技术、工程实践创新项目开展交流和学习，服务当地经济发展。“鲁班工坊”的核心教育模式是以学生的自主探究和动手制造为核心，培养学生科学探究能力和问题解决能力，以及终身学习的意愿与能力。一方面，通过项目实施，提升学校的国际合作能力，拓宽院校管理者、教师和学生的视野，带动学校的内涵质量建设。更为重要的是，通过实践，落实了教育部关于职业院校要服务国家战略，服务“一带一路”建设，服务“中国制造2025”的要求，在新时代彰显了职业教育的作为。同时，鼓励支持高职院校和中职学校充分利用自身优势，联合相关企业走出国门，帮助印尼发展职业教育。广西农业职业技术学院充分利用自身在农业技术方面的优势，在老挝、越南、印尼、缅甸等国家合作共建6个现代农业科技示范基地，举办68期培训班，培训学员1300人次。柳州城市职业技术学院联合有关企业、与印尼西爪哇省合作，成立专门的汽车学院，在印尼开展人才培养培训，服务当地产业发展。柳州铁道职业技术学院联合有关企业，与印尼苏莱亚大学共建轨道交通培训基地和汽车技术服务培训基地。另一方面，为当地培养工程技术类人才。印尼需要水利工程技术人员，黄河水利职院根据当地农业实际，制定水利渠系人才培养方案，效果良好，部分毕业生凭借学到的扎实技术已经在当地的中水八局工程项目就业。广西的职业教育国际交流与合作，通过完善机制、搭建平台、打造品牌，已经形成了从中等职业教育到高等职业教育、本科职业教育的全程交流，政府之间、政校之间、学校之间、校企之间的交流深度和广度进一步拓展。职业院校国际化发展特色纷呈，服务国家周边外交，助推21世纪海上丝绸之路建设。

（二）中国与印尼教育合作中存在的主要问题

1. 中国与印尼教育合作领域有限

中国与印尼教育合作主要集中在高等教育和职业教育层面。无论是在国家战略规划方面，还是在政府奖学金设置方面，抑或是人文交流往来方面，中国与印尼教育合作主要集中在高等教育和职业教育层面，对基础教育和中小学教育层面重视不足，涉及合作较少。这种“重高轻低”严重失衡状况将产生四类不良后果。其一，形成对高等教育和职业教育的路径依赖。单一模式的交流合作严重压缩双方教育合作的渠道、途径以及降低拓展教育合作领域的可能性。其二，高等教育和职业教育不具有基础教育和中小学教育的可塑性和潜移默化性的功能。换言之，对中方而言，推进中、印尼交流旨在实现印尼学生对中华文化的认知与接受，从而提升两国友好关系，而高等教育和职业教育受众群体已基本形成相对成熟的价值观和认知标准的现实可能延缓或阻碍这一目标的实现。其三，成本高昂，成本收益比较低。相比基础教育和中小学教育，高等教育和职业教育投入成本更高，潜藏着巨大沉没成本。其四，人文交流双向途径流于形式。高等教育和职业教育多涉及中方对印尼学生的单向吸收。因此在加强高等教育和职业教育层面对印尼输出的同时，须加强双方在基础教育和中小学教育方面的深度合作。

2. 中国与印尼教育合作官方轨道占比高，非官方轨道缺位

中国、印尼的人文交流多处于第一轨道的官方外交层面，对于第二轨道至第九轨道①的非官方外交重视不足，地方合作、培训和教育、传播与媒体研究等处于次要位置。由于第一轨道所附带的权力和影响力、官僚程序和政治敏感性，更多体现出工具性与功利性，容易造成摩擦障碍。② 同时对第一轨道人文交流过于依赖，当对方国家政局发生变动，容易影响双方之间人文交流机制的顺利延续。如果拓展多轨道外交尤其是民间外交，即使当局终止了与中国的人文交流机制，其在社会上引起的反响也很微弱。非官方渠道涉及更多的民众以及民心，对非官方轨道的忽视意味着对底层群体和弱势群体的忽视。两国人文交流机制的落脚点最终应更多着眼于基层或大众群体而非单一精英群体。从图 6 可以看出，在过去的人文交流中，教育、文化、青年是中国与他国（印尼）人文交流的主要领域，而妇女、地方合作、电影、智库处于边缘地位。由于人文交流的设计与执行多集中于官方或上层维度，中印尼人文交流机制在印尼普通民众中印象不深，效果不突出。③

3. 侨民身份被同化、华族语言式微与语言沟通障碍

首先，侨民身份被同化。事实上，在过去几十年里由于印尼实行身份政治和强烈的同化政策，中国在印尼的侨民已被同化并成为自律公民。④ 华人

---

① 即非政府专业人士，商业，平民，研究、培训和教育，社会行动，宗教，资助，传播与媒体等八个轨道。

② Theo R.，Leung M. W. H.，“China's Confucius Institute in Indonesia：Mobility，frictions and local surprises，” *Sustainability* 10（2018）：530.

③ 刘明周：《人文交流机制建设中的关注弱者思维》，中国－印尼高校人文交流国际论坛（2018）发言，武汉，2018。

④ Thaniago，R.，*Disciplining Tionghoa：Critical Discourse Analysis of News Media during Indonesia's New Order*，（Master's thesis，Lunds Universitet/Medie-Och Kommunikationsvetenskap，2017）.

领域＼国家	中 俄	中 美	中 英	中欧盟	中 法	中-印尼	中 德	中南非	中印度
教育	■	■	■	■	■	■	■	■	■
文化	■	■	■	■	■	■	■	■	■
卫生	●	●	●		●	●		●	
体育	◆	◆	◆		◆	◆	◆	◆	◆
科技		●	●	●	●	●		●	
媒体	◆		◆	◆	◆	◆	◆	◆	◆
旅游	●		●		●	●		●	●
青年	■	■	■	■	■	■	■	■	■
妇女		□		□	□			□	
地方合作			□		□				
电影	□								□
智库								□	
学术								□	□

■ 全部国家 ◆ 八个国家 ● 六个国家 □ 四个国家及以下

图6　中外（印尼）高级别人文交流中各领域出现频次

资料来源：作者根据资料制作。

之间改用当地土著语言进行交流，逐渐被同化。不少华人放弃传统华人信仰，华族传统习俗消失。对中华文化和祖籍国产生陌生感，甚至敌视，不认可华人身份，使海外侨民身份的天然优势逆向转化为劣势。其次，华族语言断层与式微。加里曼丹岛、苏门答腊岛这些外岛（爪哇岛以外）的华人儿童基本上都会讲一种当地强势华人语言（以福建话、客家话、潮州话为主），大多数人不会讲华语（普通话/汉语）。爪哇岛的华人儿童基本不会任何华人语言，日常主要使用印尼语，上层华人家庭较多使用英文。60 岁以上的华人不少懂得华语，能够书写汉字，但 50 岁以下的华人基本不懂华语。① 汉语或普通话在印尼的传统文化优势不断衰减，并被当地土著语言逐渐同化，加剧了双方人文交流合作的困难性。最后，双方共同母语或祖籍国的优势随着身份的同化和年轻一代不断成长而丧失。这种亲缘性关系疏远产生的陌生感以及双方语言差异导致的沟通障碍，往往使彼此更加倾向于自己现有的母

① 陈琮渊：《多轨外交视野下的中国－印尼高校人文与交流：机会与挑战》，中国－印尼高校人文交流国际论坛（2018）发言，武汉，2018。

语语言或文化。最为典型的就是中国投资者或企业为了顺利开展工作更加倾向于雇用中国劳工，反而加剧了当地民众对中国在本国行为的敌视。[①]

4. 中印尼双方教育合作热情不高

中国部分高校对与印尼高校的合作热情不够高，而印尼部分高校国际化动力也不足。印度尼西亚大学某学院院长在座谈中指出，现在印度尼西亚大学与中国高校有很多合作备忘录，但是真正实施的很少。不难看出，双方合作问题出在执行和贯彻方面。双方合作热情不高有如下原因。首先是双方合作层次方面的问题。中国与印尼教育合作集中于高等和职业教育，基础性和中小学教育鲜有涉及，严重压缩双方交流的途径、渠道和活力。其次，中方多以“孔子学院”的方式与印尼进行教育合作，难免带有“国家主义”和“文化输出”色彩。同时，“孔子学院”选派教师多以短期为主，连贯性和承接性不够，导致录用和派遣机制缺乏科学性和灵活性。再次，双方合作深度较低阻碍学习和交流的热情。双方教育合作多停留在文化或汉语教授阶段，对深层次的教育内容涉及较少。换言之，课程设置和教师配置存在缺位或错位，导致双方的教育合作限于技能、人文和文化等方面的认知和普及阶段，而在科技、政治等较深领域涉及和接触较少。最后，双方人文交流合作缺乏宽领域、深层次、多格局的战略规划和合作。目前，双方的人文交流合作带有很重的工具主义色彩，合作领域有限。双方人文交流合作缺乏对民间往来、智库交流、企业交流、科技分享等多个领域的重视。

5. 孔子学院在运行及推广中国文化过程中存在一定的问题

第一，孔子学院侧重于汉语的推广，忽视通过孔子学院为中国人提供更多的学习印尼语的机会。目前国内仅有几所高校开设印尼语课程[②]，不利于印尼接收中国教师或者企业员工到印尼进修学习印尼语。第二，中国文化推

---

① 〔印尼〕帝尔达：《中、印尼两国人际互动：挑战与机遇》，中国－印尼高校人文交流国际论坛（2018）发言，武汉，2018。

② 北京大学、北京外国语大学、上海外国语大学、广东外语外贸大学、天津外国语大学、广西民族大学、云南民族大学、广西民族大学相思湖学院、吉林外国语大学、越秀外国语学院等。

广的目的性问题。在开展中国文化传播、展示等推广活动的过程中，主要侧重于中国文化的宣传与推广，很少关注印尼当地的文化，引发当地人怀疑中国在搞文化渗透或输出。第三，中国人民对印尼文化的认识与了解缺失性问题。孔子学院开展的文化推广交流活动中，孔子学院中方人员对于当地印尼文化的认识与了解不多。主要表现为：一是对当地文化了解不多；二是开展中印尼两种文化之间的交流活动很少。① 第四，中国在印尼的孔子学院和孔子课堂设置不足。相较于泰国、韩国、俄罗斯、日本等国家，作为东南亚地区最大的来华留学国和世界第七大来华留学国的印尼，其孔子学院和孔子课堂设置的数量较少和规模较小，无法满足双方人文交流合作的需要（见图7、图8）

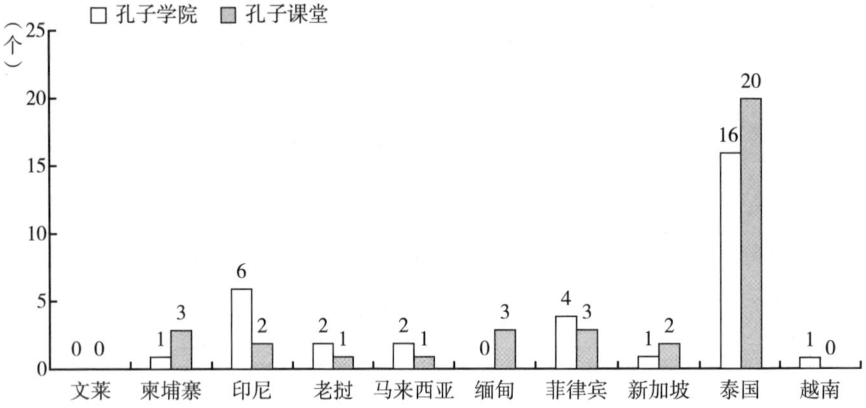

图7　孔子学院和孔子课堂在东南亚国家设置情况

资料来源：孔子学院年度发展报告（2017），http：//www. hanban. org/report/2017. pdf。

（三）中国与印尼教育合作中问题解决方案

国之交在于民相亲，民相亲在于心相通。因此，中国与印尼教育合作在

① 黄晓娟：《新时期孔子学院在中国－印尼高校人文交流中的桥梁作用》，中国－印尼高校人文交流国际论坛（2018）发言，武汉，2018。

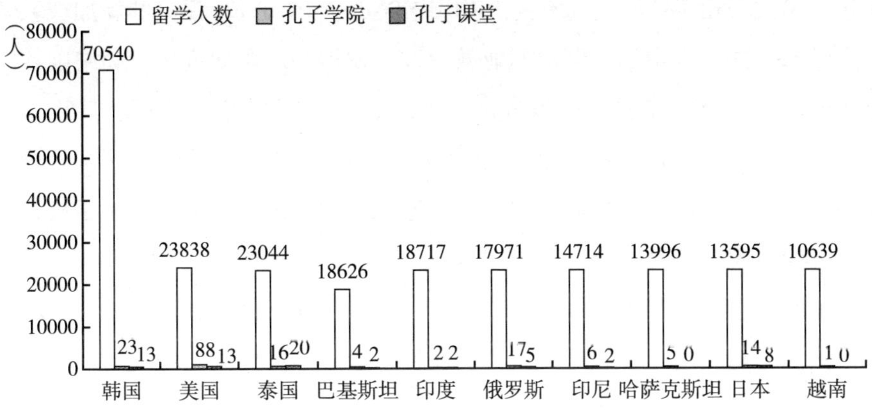

图 8　来华留学人数前十大国家及其孔子学院和孔子课堂设置情况

资料来源：《2016 年度中国来华留学生情况统计》，中华人民共和国教育部网站，http：//www. moe. gov. cn/jyb _ xwfb/xw _ fbh/moe _ 2069/xwfbh _ 2017n/xwfb _ 170301/170301 _ sjtj/201703/t20170301_ 297677. html；《孔子学院年度发展报告（2017）》，http：//www. hanban. org/report/2017. pdf。

两国关系发展中发挥着不可替代的桥梁作用，鉴于目前中国－印尼教育合作中存在的问题，提出如下应对策略。

1. 宏观上做好顶层设计

《关于做好新时期教育对外开放工作的若干意见》和《推进共建“一带一路”教育行动》两个重要的指导性文件，明确了中国教育国际合作与交流未来的发展目标和使命，部署了重点工作，强化了各项保障措施。但这些皆属于综合性指导文件，对具体合作对象没有详细的具体规划和方案设计，导致地方或高校执行对接中难免出现目标不清、规划不一、前后出入等问题。这就需要国家对中国和印尼教育合作做出总体规划，如制定《中国－印尼教育合作总体规划（2020～2025 年）》，以及就中国－印尼教育合作的定位、基本原则、主要目标、重点任务、机制和组织保障做出明确规定和方向性指导。

2. 完善多层次教育交流机制

首先，建立职业教育研究平台。为推动中国与印尼职业教育的深度交流，成立中国－印尼职业教育研究中心，积极学习和借鉴德国“双元制”

模式、澳大利亚 TAFE 模式、美国 CBE 模式、英国 BTEC 模式和新加坡教学工厂模式，并引入中国 - 印尼职业教育改革发展和政策研究中，为中国和印尼职业教育交流合作提供决策咨询、推广和宣传等服务，更好地服务“一带一路”建设。其次，搭建职业教育交流平台。建立中国和印尼职业教育联展暨论坛和中国和印尼职业教育发展论坛，为中国和印尼政府、学校、企业各方参与职业教育交流、开展项目合作、探索服务经济发展路径、建立国际化标准，搭建务实可持续的合作平台，进一步深化两国在职业教育领域的合作交流。每年举办中国印尼教育联展暨论坛，推动中国与印尼的政府、企业、学校间教育交流合作。最后，构建职业教育实践平台。建立职业教育实践平台，在高校建立国家级中国印尼教育人才培训中心，引进世界教育先进理念和课程体系，构建国际交流、证书培训、职业研究、技能竞赛、资格认证“五位一体”体系。

3. 坚持“走出去”和“引进来”结合

“走出去”指输出中国技术和服务。第一，采取校企合作方式。对于有志于长期在印尼投资的企业，以及有意拓展印尼市场的职业学校，如果该职业学校恰好有与该企业相关的专业，两者可以在印尼合作，在印尼开设该职业学校印尼分校，培养印尼本土学生，学成之后，可以直接到企业上班。相关企业与印尼职业学校签订实习、工作、合作协议。第二，输出职业教育优质资源。仔细筛选国家职业院校优秀教师和院校，并挑选精品课程和优质课程，实现数量型和质量型双重效果，精化职业教育教学任务和过程，实现效果和效益最大化。第三，学历教育与职业培训相结合。将专业人才培养标准纳入印尼国家职业资格框架体系，成功实现职业教育标准的境外输出与国际认证。组织职业技能比赛。寓教于乐，组织相关职业技能比赛，除提高其技能外，还能提高学院的声誉，吸引更多的学生参加，培养更多的技术型人才。第四，加强师资队伍建设。不断加强教师队伍的国际化，拓宽教师队伍的国际化视野，不断提高教师队伍适应国际化竞争的要求。各职业院校通过国外访学、讲学以及进行学术交流等方式培养一批具有国际视野的高素质师资。

“引进来”指提升技术技能人才的国际能力。第一，成立“中文学习班”。建立“政府官员中文学习班”“青年才俊中文学习班”，因材施教，有针对性地教授中文课程，避免“一刀切”致使学习效果和目的价值大打折扣。第二，吸引更多留学生及教师赴中国职业学校学习。加大奖学金奖励力度和覆盖范围，更为关键的是加强教学质量和效果。对于赴中国职业学校留学生而言更加注重让其学有所用，学有所成。因此，要实现“资金”和“技术”双吸收，“资金”的缺乏可能会降低印尼学生对“技术”学习的兴趣，而“技术”的缺乏不仅导致印尼学生对“技术”学习的兴趣丧失，更加影响以后战略实施的有效性。

4. 改变教育合作方式

第一，加强校际合作。可以在师生交换、课程开发、项目分享等方面，开展文化交流和教育合作。工程技术类的企业员工培训、学历教育等项目，也可以由中方学校承接，共同培养国际化、本地化人才。第二，在印尼开设大学分校。这是中国高校走出国门办学、强化人才培养、为共建“一带一路”提供人才支撑的路径之一。双方联合成立“中国印尼工（文）科大学联盟”，就课程开发、人员流动、奖学金等达成合作共识。第三，成立教育培训联盟。成员高校建立学历教育“立交桥”，实现学分、学历互认。第四，合作办学。通过合作办学就加强人才培养、双向学生流动和语言文化交流、加强师资互访、推动职教合作、建立质量保障体系等达成共识，服务“一带一路”建设。第五，设立职业教育培训中心。因材施教，为印尼经济社会发展提供所需的人力资源。第六，加强基础性教育领域合作。目前双方严重忽略在基础性教育领域的合作。因此，除加强高等教育和职业教育合作外，必须重视并加强幼儿教育与中小学教育的合作。

5. 实行多轨道人文机制，增加对非官方轨道的重视

第一，重视妇女在人文交流中的地位。在印尼，妇女约占总人口的1/2，大约为1.3亿人，但在伊斯兰教的影响下，妇女地位仍然不高，是印尼典型的弱势群体。以增加妇女交流为契机，把关注弱者的思维贯穿于中、印尼人文交流的未来设计与执行中。在执行妇女交流事务时，主管该事务的中国副

总理应该从整体上协调中国对外妇女交流。[①] 第二，加强中、印尼学术研究与智库交流。中、印尼学者之间的学术交流和科研合作并不多，两国学界可以加强相互学习与交流，通过联合举办国际会议、合作科研课题等方式，共享资源、共享信息，共同推出具有更高学术价值、更有现实意义的国际合作研究成果。[②] 第三，深化民间、地方、企业交流合作，鼓励两国公民互相加深了解。如利用中国企业在印尼的国际化（比如小米手机在印尼的国际化）充分带动当地人就业的同时，加强孔子学院的培训功能，将培训当地人的汉语水平作为入职的必备条件。同时，成立中、印尼企业合作中心，将孔子学院的功能与企业的功能统一整合。第四，开展其他领域的人文合作，如双方可以就高校建设、灾难救援、航空航天、扶贫脱贫等印尼需要的领域开展人文交流合作。

6. 优化孔子学院的功能

第一，重新定位孔子学院的功能与作用。随着双方人文交流合作的深化与拓展，以及非官方渠道的介入，迫切需要孔子学院转变语言教授或文化传播的单一功能，而要充分发挥“枢纽功能”，中国企业印尼员工的汉语培训、当地文化的指导、妇女儿童的交流、扶贫事业的合作等都需要统一的协调机构。第二，加强孔子学院文化交流的双向性。在努力推广中国文化对外传播活动的同时，也注重引导中国人学习、研究印尼语言与文化，开展印尼语言文化学习、展示与推广的活动，让更多华人了解印尼语言文化的多样性与多元化，理解、尊重印尼当地的民风习俗。第三，搭建良好的学术交流与合作平台。双方在研究交流方面的合作和渠道较少，孔子学院可以利用自身的优势为两国学界的交流牵线搭桥。[③] 第四，改革孔子学院的教师派遣等机制。孔子学院采用的志愿者和定期派遣的形式不具备持续性和连贯性，可以

① 刘明周：《人文交流机制建设中的关注弱者思维》，中国－印尼高校人文交流国际论坛（2018）发言，武汉，2018。

② 黄晓娟：《新时期孔子学院在中印尼高校人文交流中的桥梁作用》，中国－印尼高校人文交流国际论坛（2018）发言，武汉，2018。

③ 黄晓娟：《新时期孔子学院在中印尼高校人文交流中的桥梁作用》，中国－印尼高校人文交流国际论坛（2018）发言，武汉，2018。

采用公务员机制严格筛选，并编入体制或者采用回国升学加分或优先录取的机制以调动到海外（印尼）任教的积极性。第五，相较于泰国等国家，在印尼的孔子学院和孔子课堂不占优势，迫切需要增加在印尼的孔子学院或孔子课堂数量，并通过奖学金或助学金形式鼓励当地学生就读中文系以及孔子学院，在印尼的中国公司可以和印尼当地学校举办汉语培训班联合培养懂汉语的印尼人才。

华文教学篇

Chinese Teaching Overseas

B.8

孔子学院在印度尼西亚高等教育中的角色和创新

〔印尼〕斯拉梅特·斯提亚万（Slamet Setiawan）

〔印尼〕班邦·尤里安托（Bambang Yulianto）*

摘　要： 在印度尼西亚，孔子学院已有近十年的发展历史。在这段时间中，既出现了一些积极的发展趋势，也迎来了一些挑战。本文的目的是探查孔子学院在印尼的作用，尤其是在泗水国立大学中的作用。研究的主要议题如下：孔子学院在印尼高等教育中的作用，孔子学院在泗水国立大学的发展，孔子学院在传播中国语言文化方面取得的初步成功，以及提升孔子学院声誉方面的突破。研究表明，通过大学

* 斯拉梅特·斯提亚万，印度尼西亚泗水国立大学语言艺术学院副院长；班邦·尤里安托，印度尼西亚泗水国立大学第一副校长，语言艺术学院院长。

介绍和传播中国语言文化，是完全合理的选择；专家学者通过教学和研究，对传播中国语言文化大有裨益。当前，孔子学院在泗水国立大学和谐发展，表明两国的文化差异根本不是问题，相反，这些差异还会给双方带来物质的和非物质的利益。孔子学院在与穆斯林群体和非穆斯林群体的相处中表现突出。孔子学院与其同行们取得的根本成功在于：它改变了印尼人的想法，使印尼人更加积极地看待中国，并且在中国与印尼之间创造“文化适应”。然而，要想进一步提高孔子学院的声誉，还需要在教育方面寻求突破。如果重视孔子学院所有的积极趋势，并使之持续发展，就能避免两国文化间的不适应。可以预计，中国语言文化将成为印尼年轻一代所具备的基本素养。

关键词： 孔子学院　中国文化　普通话　文化适应

一般认为，印尼的邻国中国是全球外汇储备最多的大国，其实，中国在几乎所有的行业都影响巨大。特别是随着亚洲贸易的开放及更加广为人知的自由贸易，越来越凸显中国和普通话的重要地位。正是目睹了这一良机，自十多年前孔子学院成立以来，印尼青年就迸发出了学习汉语普通话的极大热情。而在过去，想要学习汉语普通话，则是一个问题——除了没有提供学习场所的“正规”机构之外，政府对此也极为敏感。

现今，人们意识到，掌握普通话可以带给他们在职场上获得成功的更多机会。在印尼和世界上其他国家转向中国的情况下，这种观点是合理的。世界可以忽视中国在贸易中的角色，却无法回避这一事实，即人们日常活动中所需的电器几乎都是中国制造的。

作为一个被公认的大国，中国因循大国惯例（like a tit for tat），正在世界各国广建孔子学院。孔子学院的目标是通过学习语言，介绍中国文化。这与英国的文化协会、荷兰的伊拉斯谟·胡伊斯（the Dutch Erasmus Huis）、德国的歌德学院和法国的法语联盟等的目标一样。孔子学院是一项中国政府推进的项目，以在各大洲建立100所孔子学院为目标，助力中国在世界上发挥作用。现在，在许多国家如美国、澳大利亚、韩国、日本甚至像孟加拉国这样的第三世界国家，已经建立了数十所孔子学院。①

2010年前后，印尼建立了六所孔子学院，其中，泗水国立大学是自2011年以来与孔子学院建立合作关系的大学之一。为什么大学是传播中国文化和中文的敲门砖（gate opener）呢？本文试图探讨孔子学院及其在印尼高等教育中的作用，涉及的议题包括：其一，孔子学院在印尼高等教育中的作用；其二，孔子学院与泗水国立大学的关系；三是管窥孔子学院在传播中国语言文化中的成功因素，以及就如何提高孔子学院声誉给出建言。

一　孔子学院在印尼高等教育中的作用

在印尼向先进、文明国家发展历程中，印尼高等教育至少起到了两个方面的作用：其一，高等教育是变革的推动者；其二，大学是新思想的创造者和支持者。大学在发展印尼人力资源方面作用巨大，尤其是作为有能力设计、推动和社会创新发展的先行者，其地位突出。高等教育是新思想的创造者和支持者，大学已经为知识进步和社会发展做出了巨大贡献；作为知识进步和社会发展的驱动力，高等教育在国家建构中具有十分重要的战略地位。②

至于大学的战略作用，庞邦·苏萨帝欧（Bambang Soesatyo，印尼政治家、商人，专业集团党成员，2018年初被推选为国会议长，译者注）在雅

① Budi Wijaya Yao Pingbo：Kong Zi Xue Yuan / Confucius Institute.

② “Peran Strategis Perguruan Tinggi Dalam Pembangunan Bangsa,” SCRIBD，https：//www.scribd.com/doc/31598187/Peran－Strategis－Perguruan－Tinggi－Dalam－Pembangunan－Bangsa.

加达的国立大学的毕业典礼上对此做了进一步阐述。① 他说，正如《高等教育条例》明确规定的，高校作为学习型学生和社区的平台，一方面，它为国家培养未来领袖；另一方面，它也是科学发展、道德力量和民族文明发展的中心。

在人类文明史上，无论是作为管理者主导价值观的运用，还是作为催生社会新价值产生的源泉，学术界始终处于中心地位。有时候，学术界被设定为某一系统权力（system power）特定价值的保守者，或被某一系统权力所操纵；还有的时候，学术界成为社会变革的泉水。这两种情形都隐含着如下本质：学术界充满自由、思想开放。如果在第一种情况下，学术界万马齐喑和被有意识地用来压制独立思考，那么，处于这两种情形中的学术界就发挥着它的原初作用，即作为改善生活和界定人类生存意义的思想源泉。

近年来，我们的一些高等教育机构总是期望朝着“研究型大学”的方向发展。这个想法是有根据的。在全球化进程中，高等教育机构间的竞争越来越激烈，包括高等教育机构成果的产品质量日益成为一种需求。的确，研究能力将决定着未来高等教育机构的生存。

孔子学院在印尼高等教育中的作用是什么呢？首先，印尼孔子学院起到了“触发器”（trigger）的作用。在孔子学院建立之初，确实引发了一些争议和抵触。然而现在，孔子学院已被各方广泛接受。这要部分归功于大学，在大学中，学生和学者的思想开明，并且他们意识到了全球时代已经来临。他们注意到，孔子学院作为变革推动者，能够接受所有支持国家进步的新事物。

其次，孔子学院是印尼高等教育的数据库。由于许多印尼的大学宣称是所谓的“研究型”大学，孔子学院就成为相关课题研究的对象。设有中文系的大学甚至有更多的优势，它们的学生可获得与中文和孔子学院相关的选题，且该研究具有可持续性。如 Amelia 和 Adriani（2016），Lan

① “Peran Perguruan Tinggi dalam Pembangunan Indonesia,” Kumparan, March 4, 2018, https://kumparan.com/bambang-soesatyo/peran-perguruan-tinggi-dalam-pembangunan-indonesia.

（2017），Ansori（2017），Theo 和 Leung（2018）等人就对这类问题进行了研究。

对于大多数的高校而言，具备认清真相和准确把握社会症结所在的能力，是一项艰巨的任务。这种能力只有在大学的最低需求得到满足的情况下才能得到提高，其中包括足够的校园基础设施、实验设备、一个功能健全的图书馆和一支随时准备战斗的讲师队伍，即具有高度专业能力和献身精神的教师队伍。与提高高等教育机构认清社会事实的意愿和能力密切相关的是，发展校园文化，需要改变社区和学生对于学术生活的想象。学术生活需要一定的智力能力，即分析、批判和建设的能力（详情见第三部分）。

当今，开放的校园文化应具备推动人类生活全球化和民主化的能力。大学是否能支持未来发展，取决于大学是否有向未来工业社会提供合理方案的能力。

二　孔子学院与泗水国立大学

（一）孔子学院大楼

孔子学院大楼的落成，标志着泗水国立大学孔子学院的正式成立。中国驻泗水总领事王华根主持了大楼的落成仪式，并与泗水国立大学校长穆克拉斯·萨马尼（Muchlas Samani）先生一起剪彩（见图 1、图 2），共同见证了这一历史时刻。王先生表示，他很高兴看到泗水国立大学孔子学院的成立，因为印尼对中文的需求越来越大；同样，中国对学习印尼语的热情也在增长，中国有很多高校开设了印尼语课程。王先生最后说：“我们将支持更多的印尼学生到中国学习中文，交流文化。”

泗水国立大学校长穆克拉斯·萨马尼在主持仪式上提出了自己的希望，即孔子学院不仅是学习中文的地方，也应该是印尼和中国进行文化交流的场所。他说，通过学习语言和文化，可以增强相互理解。

图1　王华根（中国驻泗水总领事）和穆克拉斯·萨马尼（泗水国立大学校长）出席孔子学院开幕式

图2　泗水国立大学的孔子学院

阿里·穆斯塔法博士（见图3左）为泗水国立大学孔子学院的建立及顺利运转立下了汗马功劳。在孔子学院成立之前，阿里·穆斯塔法博士是第一个获得校长授权，并全程参与同中方谈判过程的人。他对泗水国立大学孔子学院的成功充满期待，为连接泗水国立大学和孔子学院、印尼和中国的交流发挥了重要作用。在泗水国立大学孔子学院的发展中，中方院长肖任飞博士（见图3右）是另一位关键人物，他非常敬业，勤奋有为，专业素养高。

图 3　泗水国立大学孔子学院的外方院长阿里·穆斯塔法（Ali Mustofa）博士和中方院长肖任飞博士

（二）中文学习项目的建立

泗水国立大学孔子学院成立之后，紧接着就开始筹备实施中文学习项目。该项目隶属于语言和艺术学院（见图 4）。2010 年 7 月，高教部批准设立中文教学计划，2011 年 1 月 12 日，又签发了许可证。中文教学计划从筹备到获得批准，耗时极短，这激励了教职工们以极大的热情投入项目实施。

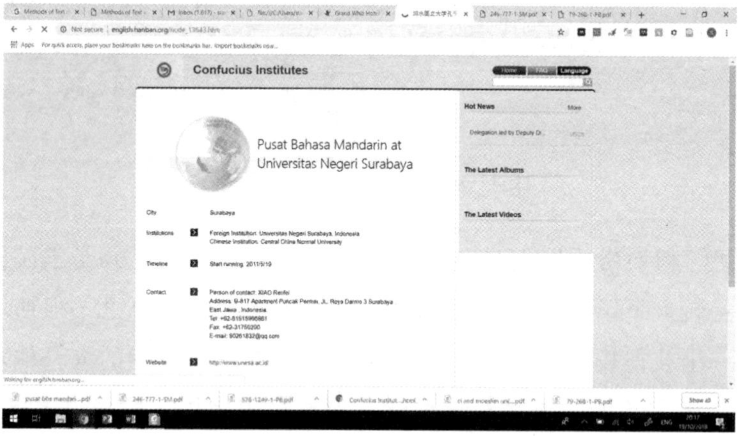

图 4　泗水国立大学孔子学院的详细信息

资料来源：参见 http：//english. hanban. org/node_ 13643. htm。

中文学习项目的目的在于：

第一，满足中文教学人员的专业和能力需求；

第二，满足生产性和创造性劳动者就业的需要；

第三，满足社区对中文教学信息的需求；

第四，建立中文教学发展中心。

该项目因有利于学生智能发展而广受社会关注，注册入学的学生逐年增加（见表1）。这也表明，社会对该项目的信任与日俱增，因为人们已经意识到，学习中文不仅可以成为职业教师，而且可以带来包括贸易在内的其他行业的发展前景。

表1　中文系成立以来的学生人数

年份	2010	2011	2012	2013	2014	2015	2016	2017	2018
人数(人)	17	63	78	59	75	77	74	41	78

正如Maspion集团的老板阿利姆·马库斯（Alim Markus）所说，中文是社会交流的工具，这一点尤其在经济领域表现明显。印尼语是母语，英语是国际语言，但“如果你是生意人并想获得成功，那么你就必须学习中文，因为‘经济语言’就是中文”。

三　传播中国语言文化的成功范例

自2008年印尼孔子学院创立以来，它成功地建立起与印尼人民和印尼机构的良好关系。2010年，正值印尼和中国建交60周年，两国政府共同宣布将在印尼高校中设立六所孔了学院，它们分别在：万隆的玛拉拿达基督教大学（印尼西爪哇）、玛琅国立大学（印尼东爪哇）、阿拉扎大学（雅加达特区）、丹戎布拉大学（印尼西加里曼丹）、泗水国立大学（印尼东爪哇）和马卡萨的哈山努丁大学（印尼南苏拉威西）。此外，2019年3月11日，西华大学与印尼三一一大学在中爪哇的梭罗市举行了孔子学院揭牌仪式，这也是印尼的第七所孔子学院（译者补）。印尼孔子学院成立的日期见表2。

表2　印尼高校与中国高校合作建立孔子学院

孔院所在印尼高校	建立时间	所在地区	合作的中国大学
阿拉扎大学	2010年11月9日	雅加达	福建师范大学
玛拉拿达基督教大学	2011年2月9日	万　隆	河北师范大学
哈山努丁大学	2011年2月22日	马卡萨	南昌大学
玛琅国立大学	2011年3月14日	玛　琅	广西师范大学
泗水国立大学	2011年5月19日	泗　水	华中师范大学
丹戎布拉大学	2011年11月26日	坤　甸	广西民族大学
三一一大学	2019年3月11日	梭　罗	西华大学

资料来源：作者根据有关资料自制。

在东爪哇，中国文化在当地的社会影响面广，深受欢迎，超乎想象。中国驻泗水总领事为孔子学院的发展倾注了大量心血。仅在2015～2016年，媒体就多次拍到中国驻泗水总领事于红女士奔波的身影。于红女士积极参与许多与伊斯兰教有关的活动。斋月期间，她步入大清真寺，参加筹款活动和慈善活动，参观SD Muhammadiyah 7，等等。以下截图（见图5及图6～图9）仅是于红女士参加的众多中国语言文化推广活动的一部分。

Related News:

- Consul General Yu hong Visited Solo(2016－05－25)
- Consul General Yu Hong Met Members of TVRI Visiting China Group(2016－05－04)
- Consul－General Yu Hong Attended Ramadan Charity Event(2015－07－15)
- Delegation of Jiangxi Province Visited East Java(2017－07－15)
- Consul General Yu Hong Attending Fundraising Iftas in Masjid Agung(2015－07－08)
- Consul General Yu Hong Met with Secretary General of Mojokerto(2015－07－08)
- All the Diplomats Had Iftar Dinner with the Indonesian Employees(2015－06－30)
- Consul General Yu Hong visited SD MUHAMMADIYAH 17 primary school(2015－06－18)

图5　2015～2016年，中国驻泗水总领事于红参加的部分中国语言文化推广活动

图6　2015年7月7日，中国驻泗水总领事于红率
中国驻泗水总领馆部分外交官赴大清真寺
参加斋月筹款活动，
向部分贫困家庭和孤儿捐款

图7　2015年6月10日，中国驻泗水总领事于红
参观了“穆罕默德迪亚17”小学，
并向该校学生捐赠了字典

图 8　2015 年 7 月 15 日，中国驻泗水总领事于红出席在泗水郑和清真寺举行的斋月慈善活动，向约 500 名孤儿捐赠了食品袋

泗水国立大学因在 2010 年启动了中文学习项目，而深受孔子学院和驻泗水总领事的关注。在每年的中国文化周，中文系师生都会举办丰富多彩的活动，其中包括中文演讲比赛、阅读、写作和舞蹈；孔子学院和中文系还会在一年一度的孔子学院周年纪念日联合举办庆祝活动。

图 9　2016 年 5 月 27 日，中国驻泗水总领事于红女士出席了印尼泗水国立大学孔子学院成立五周年庆典

孔子学院成为中国与伊斯兰机构沟通的桥梁，表明中国与印尼之间社会交往和建立伙伴关系的努力有所成效。穆罕默迪亚（简称，意为穆联）就是一个典型事例。穆罕默迪亚是印尼穆斯林的第二大组织，在全国有数百所大学。孔子学院总部（汉办）负责人曾高兴地表示："我们知道穆罕默迪亚是一个具有管理数百所大学经验的组织。如果这些大学能与我们合作，我们将荣幸之至。尤其是现在，我们在150个地方开设了中文学习点，这使穆罕默迪亚学生和孔子学院的教师在印尼就可以学习和教授中文。"

包括穆罕默迪亚在内的许多印尼组织的领导人都认为，为应对全球化时代，加强与印尼伙伴的关系尤为重要（见图10）。在访问清华大学时，穆罕默迪亚总主席海达尔·纳西尔（Haedar Nashir）博士表示："目前，亚洲大学在发展人力资源方面相互合作是非常重要的。未来，我们将成为全球舞台上不可忽视的力量。"清华大学副校长杨斌教授对此积极回应道，印尼是一个令人印象深刻的国家。

图10　穆罕默迪亚领导代表与中国孔子学院总部（汉办）领导举行会议

与孔子学院建立了伙伴关系的穆罕默迪亚大学有：玛琅穆罕默迪亚大学、日惹艾哈迈德·达兰大学（UAD）、雅加达穆罕默德哈姆卡教授大学（Uhamka），还有一些穆罕默迪亚大学也在持续跟进。特别需要强调的是，玛琅穆罕默迪亚大学与中国孔子学院的战略伙伴关系已进入一个深度发展的新阶段。除了师生交流之外，玛琅穆罕默迪亚大学还与孔子学院联合开展中国文化展演活动（见图 11）。另一所伊斯兰大学是阿拉扎大学，自 2010 年以来，它一直是与孔子学院合作的引领者。

图 11　2015 年 4 月 10 日，玛琅穆罕默迪亚大学与孔子学院共同举办中国文化演出

孔子学院旨在促进和便利人们学习中国语言文化，深受各界欢迎。在纪念全球首家孔子学院成立十周年庆典上，泗水国立大学中文系的学生齐聚 FBS T2 大楼礼堂，表演了许多节目——唱中文歌曲、跳新疆舞和表演武术等，展现中国文化魅力（见图 12 ~ 图 14）；刚从中国学成归来的学生也展示了亚奇的沙曼舞（Saman Dance from Aceh）。虽然时间短暂，但这次活动给每一位中文系的学生留下了特别深刻的印象。

玛琅穆罕默迪亚大学和泗水国立大学最新的两项活动表明，在印尼年轻人中传播中国文化，其成功的秘诀在于“文化适应”（acculturation）。这意味着，两种文化在结合中产生了新的文化，但同时又不会失去各自文化的原初要素。印尼穆斯林对中国文化持开放包容的心态，并坚守印尼文化和伊斯兰信仰。印尼中文系学生表演的舞蹈《缅桂花开朵朵香》就是一个典型事例。正如图12所展示的，表演者们身穿穆斯林服饰，以纱巾包头来展现中国艺术之美。

图12　中文系学生在泗水国立大学家长会上表演舞蹈《缅桂花开朵朵香》

图 13　孔子学院周年庆

图 14　泗水国立大学中文系主任与学生们在一起

四　促进孔子学院大发展的建议

本部分包括两个方面：与传播中国文化相关的实施程序和未来规划。尽管这些建议反映了泗水国立大学的某些特殊需求，但它们同样适用于其他大学和群体。

2010 年，在华中师范大学的协助下，泗水国立大学孔子学院中文学习项目同时启动，如今成果明显。

第一，来自中国的教师直接授课。有 12 位中国教师在泗水国立大学孔子学院工作。在这些老师的教授下，学生们的中文技能突飞猛进，不仅掌握了中文语言技巧，而且学习了中国文化，如中国传统舞蹈、书法等。泗水国立大学学生的收获丰硕，成果显著。

第二，自 2013 年开始，泗水国立大学选派学生到中国学习，学习期限灵活，有一个学期、一年或者研究生阶段学习。截至目前，已经有 20 名学生获得了孔子学院全额奖学金，在华中师范大学学习了一年；有 50 多名学生获得了去中国学习中文的机会（见图 15）。

图 15　印尼学生参加中方组织的学生夏令营

第三，孔子学院发起，并与中文系联合举办的中国文化展演，已经成为泗水国立大学的传统节目；同时，还举办了各种中国语言文化类的竞赛。

第四，泗水国立大学接待了很多来自中国高校的访问学者。

第五，组织夏令营。

虽然取得了以上成绩，但是，还有很多方面仍需要改进，我们提出以下六点建议。

第一，提供书籍和其他可读物，这对师生完成他们的任务、提交最终成果至关重要。

第二，中国知网（CNKI）作为中国分享论文和期刊资源的最大网站，如能免费提供给泗水国立大学师生使用，将会使他们有更大更好的收获，尤其是在教育和文化方面。

第三，为印尼人提供向中国介绍印尼文化的机会。不仅要让印尼人了解中国，也要让中国人更熟悉与本土文化有直接联系的印尼文化。

第四，为高中的中文老师提供亲历伟大中国及其灿烂文化的机会。这样做，可以激发他们投身中文教学和激励学生学习的更大热情。除此，还有利于使印尼的中文教育和教学布局更加合理化、分布更加均衡。

第五，为师生提供到印尼各孔子学院参观学习的机会，推动印尼孔子学院之间的关系更加紧密，孔子学院和相关大学之间关系发展水乳交融。

第六，为泗水国立大学利达·威坦校区（Lidah Wetan Campus）的中文系和中文语言中心提供教学楼。目前，学生及其他人不得不从 15 公里开外的利达·威坦校区赶到莫尔斯托坡（Jl. Moestopo）的孔子学院教学楼学习中文。如此遥远的距离使学习中文成为学生和居住在西泗水地区的人的负担，降低了他们的学习热情。此外，中文系老师的办公条件远没有达到规定标准，教室也需要维修。截至目前，英语系、印尼语系、爪哇语系和德语系共用中文楼。完美的安排应是孔子学院和中文系共用一座中式建筑的教学楼。

除了能吸引更多的印尼年轻一代投入中文教学之外，这些建议也希望通过以上措施能激发印尼人学习中国语言文化的热情，使中文在印尼的受众更广、影响更大。增加在印尼传播中国语言文化的投入，不仅能为印尼与中国发展更好的双边关系夯实基础，而且还能深化两国政府在更广泛领域的深入合作。

结 论

通过大学介绍和推广中国语言文化，与孔子学院相得益彰，是一条正确的途径。大学主体思想开放，推崇理性而不是感性，孔子学院的建立带来了广阔的发展空间。而大学毕业生，尤其是泗水国立大学中文系的毕业生，将成为中小学的中文老师。中文向印尼年轻一代的传播速度之快、数量之多、结构之严谨令人难以想象。这正好验证了语言学家的观点，即教育是灌输语言的有效途径。

孔子学院和泗水国立大学“心灵相通”，相互支持，在孔子学院和中文教学项目的启动、建立和发展的各个阶段，它们携手共进，达到了计划目标。孔子学院对泗水国立大学的巨大支持，就是为中文系提供了中国教师，并带动了泗水国立大学与其他有孔子学院的大学建立合作关系。这也就意味着，一方面，孔子学院穿针引线，形成了覆盖众多大学的学生网、讲师网、院系网、教职员工网，甚至大学网络；另一方面，孔子学院在物质和非物质方面都具有很多优势。

孔子学院在印尼成立至今已近十年。以弘扬中国语言文化为使命的孔子学院在印尼取得了惊人的成功，中文受到了社会各界的欢迎和支持，更令人惊讶的是，孔子学院已经成功地与一些有影响力的伊斯兰组织和大学开展了合作。总之，孔子学院及其附属机构的成功就在于：它使印尼人对中国的态度变得更加积极、正面，并在中国和印尼之间创造了一种“文化适应”。

尽管中国通过孔子学院成功地实施了一些项目，但仍存在一些可以改进的地方。本文所列建议都与教育有关：提供更多的关于中国和中文语言的参考资料，为更多的人尤其是中学中文老师开辟进入中国的渠道，提供更多教学媒体和奖学金，建立伙伴关系，以及建设中文中心，以整合孔子学院和中文系资源。

参考文献

[1] Amelia, G. D., & Adriani, I, "The Chinese Government's Cultural Diplomacy Through Partnership Between Confucius Institute and Muslim Universities in Indonesia," *AEGIS: Journal of International Relations* 1 (2016).

[2] Ansori, F., "Pusat Bahasa Mandarin Universities Al Azhar Indonesia: Refleksi dan Proyeksi Hubungan Sosial Budaya China-Indonesia," AL-AZHAR INDONESIA SERI HUMANIORA 4 (2017): 11-16.

[3] Lan, T. J., "Conficius Institute at Universitas Al Azhar, Jakarta: The unseen power of China," *Wacana* 18 (2017): 148-182, https://doi.org/10.17510/wacana.v18i1.576. Thung.

[4] Theo, R., & Leung, M. W. H.," China's Confucius Institute in Indonesia: Mobility, Frictions and Local Suprises," *Sustainability* 10 (2018), https://doi.org/10.3390/su10020530.

（译者：宋秀琚，华中师范大学中印尼人文交流研究中心常务副主任；文茹梦，华中师范大学政治与国际关系学院2018级硕士研究生，中印尼人文交流研究中心助理）

B.9

促进印度尼西亚－中国教育和文化合作

〔印尼〕沈牧平（Murpin Josua Sembiring）

〔印尼〕王顺斌（Ong Peter Leonardo）*

摘　要： 自古以来，中国与印度尼西亚就有密切的文化合作，中国文化对印尼的音乐、表演、绘画、舞蹈和建筑等都有较深远的影响。随着中国和印尼两国的经济发展、科技进步，有必要加强两国的教育、文化合作，特别是印尼的汉语教育至关重要。当前，印尼汉语教育存在很多问题，比如青年缺乏学习汉语的动力，尚未在汉语教学领域看到未来的职业前景、竞争力、业务或工作机会，学校缺乏合格的汉语教师，印尼本土的汉语教师很少，开设汉语教师培训计划的高校较少等。为了改善这种状况，需要采取如下措施：让年轻一代更了解中国，为当地非华人后裔提供学习汉语的动力、帮助和奖学金，有关各方应就汉语教师问题达成协议，提倡将中文列为学校的必修语言。

关键词： 印度尼西亚　中国　教育和文化合作

自古以来，中国人民与印尼当地部落就建立起了相互友好的关系，促进了知识、文化、语言、美食、地方舞蹈、乐器、服饰等方面的交流。这种交流在印尼许多部落都有体现。此外，两国建立了紧密的贸易联系，促进了两

---

* 沈牧平，印度尼西亚智星大学校长；王顺斌，印度尼西亚智星大学文学与语言教育学院院长。

国共同繁荣。由于华人后裔和印尼当地人的通婚，融合不同文化背景的家庭纽带也得以建立起来。

笔者相信，很多印尼人都会赞同，印尼和中国之间的紧密关系应该得到更多的重视，尤其是在教育和文化领域。这将对两国经济增长产生直接或间接的影响，有助于实现“一带一路”倡议，促进两国经济共同增长。根据跨国战略咨询公司麦肯锡的预测：到 2050 年，中国将成为世界第一大经济体，印尼将成为世界第四大经济体。

“全面学习中国”（Tuntutlah ilmu walaupun sampai ke negeri China），这是穆斯林先知的圣训。它预言，人们必须到中国学习，特别是在教育和文化领域，它会对经济和繁荣产生积极影响。

一　中国文化自古以来就为印尼人所接受和吸收

考察研究雅加达（巴达维亚）和巴厘的风土人情，可以很容易得出以下结论，印尼的建筑风格、服装风格、语言风格和饮食风格等深受中国文化的影响。

印尼各地在音乐、表演、绘画、舞蹈和建筑等方面可能有所不同，但都吸收借鉴了许多中国文化要素。

（一）塔里·巴里斯·西纳舞（Tari Baris Cina），巴厘人称其为比萨博龙舞（Pis Bolong）

这种巴厘舞蹈看起来几乎没有巴厘岛传统舞蹈的基本动作，而更像中国功夫。所用的武器不是“克里斯”（Keris），而是剑。该舞蹈由 18 名男性表演，分为两组：9 个属于白线，另外 9 个属于黑线，双方构成截然对立的两极（rwa bhineda）。在中国术语中，它被称为“阴阳”。

塔里·巴里斯·西纳舞在勒农（Renon）的帕拉·达迪亚·班加克洛德（Pura Dadia Banjar Kelod）、沙努尔（Sanur）的帕拉·马瑞达萨日·布兰容

（Pura Mertasari Belanjong）和帕拉·塞加拉（Pura Segara），以及库塔（Kuta）的帕拉·佩提腾吉（Pura Petitenge）被奉为神圣的舞蹈。

（二）音乐上的交流互鉴

来自中国的民间艺术已经融合进印尼当地的甘邦·孔蒙（Gambang Kromong，雅加达的一种流行乐）和塔里·多格（Tari Cokek）表演之中。甘邦·孔蒙最初是地方表演的一种背景音乐，后来演变为在没有表演的情况下独立播放的流行乐。这表明乐器的选择和歌曲的使用受到了中国的强烈影响。事实上，甘邦·孔蒙乐器的名字来源于中国、马来、巽他和爪哇文化。例如，有三种小提琴的名称与中文相似：tehyan（类似中国二胡的乐器）、kengahyan（一种乐器）和 shukong（一种乐器）；克雷切克（krecek）和龚（gong）则是代表巽他文化和爪哇文化的乐器（Setiono，2008）

（三）来源于中国的一些智慧/文化

尊重和感激父母，因为他们永远爱你；
成功来自勤奋、节俭和明智的理财；
不要害怕和后悔你所做的决定；
问题越大，需要付出的努力和信任就越大。

（四）许多中文（准确地说是闽南语）词语在印尼被广泛使用

在雅加达，自老一辈的巴达维亚（Betawi）以来，很多常用的词语实际上都来自汉语，如 cepek（100 卢比）、gopek（500 卢比）、seceng（1000 卢比）；一些称呼，比如 engkong（祖父）、wa 后来转变为 gua（我）和 Lu（你）。

“Kyai”这个词是用来称呼受人尊敬的穆斯林，它由中文单词“kya”（路）和“i”（正确）组成。因此，任何走正道的人本质上都可被称为“*Kyai*”。另一个词是“*cukong*”，用来称呼一个拥有很多公司的富人，它和中文单词“*zhu-gong*”拼写是一样的。

二　汉语教育和文化是科技进步、经济发展和人民富裕的支柱

1978 年的中国改革开放和 2001 年加入世界贸易组织，成为中国经济和工业发展的里程碑。

1990 年，印尼与中国恢复外交关系（时任中国主席是杨尚昆）。

2013 年，印尼总统苏西洛·班邦·尤多约诺与时任中国国家主席胡锦涛共同开启新的战略伙伴关系时代。

2017 年 5 月，在北京“一带一路”国际合作高峰论坛上，印尼总统佐科与中国国家主席习近平以及各国领导人发布《“一带一路”国际合作高峰论坛圆桌峰会联合公报》，公报侧重于改善沿线各国基础设施建设和工业化发展水平。

2017 年北京峰会后，印尼政府表示，将对接中国“一带一路”倡议，建设“三北经济走廊”，欢迎中国企业参与当地基础设施建设项目，总投资金额 2016 亿美元，约合 2700 万亿卢比。“三北”省份是：北苏门答腊（862 亿美元）、北加里曼丹（459.8 亿美元）和北苏拉威西（694.5 亿美元）。

印尼是参与这一国际统一大型贸易市场构想的 65 个国家之一。

在中国已经投资 400 亿美元的国际合作项目中，印尼是重要的参与方之一。

三　印尼和中国需要建立紧密的经济伙伴关系（教育和文化是支柱）

中国在印尼有许多投资，涉及的中方公司包括：中盛集团、上汽通用五菱（SGMW）、华夏幸福（CFLD）、华为、中国银行、中国工商银行、国投集团、海螺集团（CONCH）、神华集团、巨龙集团、海尔、中石油、青山控股集团（Tsinghan Holding Group）、阿里巴巴、京东、OPPO 手机、VIVO 手机、小米（MI）、腾讯、TCL 集团、联想、长虹、中国国家建设、中兴、长

飞公司（YOFC）和格力等。

印尼与中国在科学、教育、文化、技术和研究领域的伙伴关系，将助力印尼“工业革命4.0”时代的发展。

21世纪，中国已经拥有世界高精尖技术，如洲际弹道导弹、时速400公里的火车、500米口径球面射电望远镜（FAST）、航空母舰、空间站、量子卫星、隐形战斗机J－20、超级计算机、CH4军用无人机、大型客机C919等。

四　印尼汉语教育中存在的问题、策略与机会

（一）存在的问题

第一，华裔青年缺乏学习汉语的动力。

第二，非华裔的年轻人存在中文语言障碍，交流困难。

第三，尚未看到学习汉语未来的职业前景、竞争力、业务或工作机会。

第四，学校缺乏合格的汉语教师。

第五，来自本土的汉语教师很少（包括华人后裔或非华人后裔）。

第六，只有部分高校设立了以培养高素质、专业化汉语教师为重点的汉语教师培训计划（S1）。

第七，由于教师待遇低，缺乏支持，只有少部分人对汉语教学感兴趣（教师的待遇缺乏吸引力）。

（二）应对策略

第一，有关各方必须经常向年轻一代普及知识，使他们了解中国未来的经济、商业前途和科学技术发展趋势。

第二，为当地非华人后裔提供学习汉语的动力、帮助和奖学金；改善他们的经济/职业/工作地位，以语言为媒介多与他们交心谈心，当一个人能说另一个国家的语言时，就会相互尊重和产生亲近感；在这种情况下，汉语将

成为团结他们的工具。

第三，通过提供援助或提供全额奖学金鼓励印尼大学生学习汉语（接受援助和奖学金的印尼毕业生必须与设立了汉语教师培训计划 S1 的大学签订定向培养合作协议），以增加当地汉语教师的数量。

第四，增加印尼语系的数量，吸引更多的中国人学习印尼语，更好地了解印尼文化。

第五，有关各方应就印尼城市、农村或其他地区的汉语教师培养问题达成协议。

第六，呼吁教育领域的决策者（印尼文教部、省和市/区教育部门负责人）将中文列为印尼公立或私立学校的必修语言。

（三）把握机会

德国杜塞尔多夫语言教授乌尔里希·阿蒙（Ulrich Ammon）教授进行了一项历时 15 年的研究，发现全球有 13.9 亿人在学说汉语。汉语已经成为国际交流的重要工具，学说汉语成为一种潮流。印尼应该抓住有利时机，推广汉语学习。

第一，有关部门应敦促来自中国的投资者或公司为当地社会创造就业机会或知识转让（如佐科总统所敦促的那样）。作为企业社会责任（CSR）的一部分，企业或投资者有义务资助上述教育项目，培训印尼当地人说中文；对于来自中国的工人来说，他们有必要学习印尼语及其文化。

第二，设立了中文课程的学校应创造条件，鼓励中文交流；设有汉语专业的大学也应积极、深入地合作，共同制订系统、可测量、有吸引力的汉语学习计划。

第三，建议采用远程教学系统推广汉语教学，提高学习效率。

五　汉语教育有助于印尼未来经济发展

以下事实、数据和趋势表明，印尼人越来越理解使用汉语的好处。通过学说汉语，进行适当的交流，可以改善两国间的经济关系，建立商业上相互理解和信任的伙伴关系，实现互惠互利，促进知识和技术转让，确保资源的优化配置，降低贫困率。具体而言，中国发展的成就及经验值得印尼学习、借鉴。

第一，中国实施包容性发展战略，即通过消费而不仅仅是投资引发的“新常态”增长模式，印尼有必要适应中国的这一战略。

第二，“一带一路”国际合作倡议聚焦“五通”，这一理念对世界贸易格局产生了重大影响。印尼应抓住机会，争取从中获得最大利益。

第三，至2017年，中国基础设施建设成果丰硕：高速公路13.65万公里，高速铁路2.5万公里，中国高速公路、高铁开通运营里程依然稳居世界第一；中国境内民用航空（颁证）机场共有229个（不含香港、澳门和台湾地区）；全国港口拥有万吨级及以上泊位2366个。中国应该成为世界和印尼学习的榜样。

第四，中国维持贸易比率（trade ratio）的能力令人吃惊。2017年，中国实现出口2.26万亿美元，进口1.84万亿美元。这表明，中国在经济上坚持以自主发展为主，在生产上充分调动地方积极性。

第五，2017年，中国人口有13.9亿，其中全国就业人员达7.76亿。中国的劳动力市场及生产能力令印尼和世界其他国家羡慕不已。

第六，据渣打银行（Standard Chartered Plc）2019年初的预测，2030年，中国将成为全球最大经济体。另据汇丰控股有限公司（HSBC Holdings Plc）的经济学家2018年的预测，中国在未来十年仍然是全球增长的最大单一贡献者。到2030年，中国的国内生产总值将达到26万亿美元，成为世界第一大经济体。可见国际经济界对中国经济发展充满信心。对印尼及世界其他国家而言，中国将是未来可靠的商业合作伙伴。

第七，中国还实施了降低贫困率的宏伟战略，且成绩显著。2012年中国贫困率为10.2%，2016年为4.5%，2017年为3.1%，2018年为1.7%。中国国家主席习近平提出，坚决打赢脱贫攻坚战，确保到2020年所有贫困地区和贫困人口与全国人民一道迈入全面小康社会。中国的扶贫模式值得包括印尼在内的世界各国研究和借鉴。

第八，中国对农、林、牧、渔业实施减免税政策，扶持中小微企业发展，鼓励健康服务业发展，实现全民共同富裕。这也是值得印尼学习的发展经验。

第九，普华永道会计师事务所（PWC）预测，到 2050 年，印尼的经济规模将位居世界第四，仅次于中国、印度和美国。届时，印尼与中国的合作将是强强联手，将对两国及世界产生巨大影响。

六 结语

综合以上，可以得出结论：鼓励千禧年一代印尼人学习汉语是完全必要的，这有助于技术转让和文化交流，有助于促进印尼与中国更紧密的经济和贸易关系。

2018 年 11 月 24 日，由华中师范大学中印尼人文交流研究中心主办的“中国－印尼高校人文交流国际论坛（2018 年）”，对促进两国教育、科学和文化的交流发展具有重要意义。作为印尼智星大学的负责人，我们愿意并期待两国通过教育和文化领域的直接或间接交流，实现经济和人民福祉方面的共同发展，为印尼和中国的文明进步、经济繁荣发挥重要作用。

参考文献

[1] “Beberapa Capaian ASEAN Menuju Masyarakat Ekonomi ASEAN 2015,” 2012, http://setkab.go.id/artikel-5670-.html.

[2] “Informasi Ekonomi China Terkini,” 2012, http://www.financeroll.co.id.

[3] Brownsell, Liz., Allen and Overy, “Bilateral and Regional Trade Agreements,” Advocates for International Development (2012): 1-11.

[4] Coughlin, Cletus C., “The Controversy Over Free Trade: The Gap Between Economists and The General Public,” *Federal Reserve Bank of St. Louis Review* (2002): 1-22.

[5] Chandra, Alexander C & Lontoh, Lucky A., "Indonesia-China Trade Relations: The Deepening of Economic Integration amid Uncertainty," *International Institute for Sustainable Development*, September 2011, https://iisd.org/sites/default/files/publications/indonesia_ china_ relations.pdf.

[6] Departemen Keuangan, *Penerapan Free Trade Agreement di Indonesia*, *Permasalahan dan Antisipasinya* (*2012*), http://www.bppk.depkeu.go.id/webbc/index.php?option－com_ content&view = arti cle&id = 702% 3Apenerapan － free － trade － agreement － di － indonesia － permasalahan － dan antisipasinya&catid = 146% 3Aartikel－online&Itemid = 85.

[7] Maikel Jefriando, "Era Jokowi, Indonesia-Cina Makin Mesra," *Detikfinance*, July 13, 2015, https://finance.detik.com/berita－ekonomi－bisnis/d－2967104/era－jokowi－indonesia－chinamakin－mesra

[8] Rini Utami, Hubungan Indonesia-Tiongkok: dari Soekarno hingga Jokowi, *Antara. news*, Senin, April 13, 2015, https://www.antaranews.com/berita/490460/hubunganindonesia－tiongkok－dari－soekarno－hingga－jokowi

[9] Setiono, Benny G., *Tionghoa dalam Pusaran Politik* (Jakarta: Transmedia, 2008).

（译者：赵长峰，华中师范大学中印尼人文交流研究中心研究员）

B.10
"一带一路"背景下的印度尼西亚孔子学院发展现状及对策

李炜 吴谦*

摘　要： "一带一路"倡议提出以来，印度尼西亚作为"一带一路"沿线国家，依靠自身优势，积极响应、寻求发展。印尼孔子学院积极配合"一带一路"倡议的核心思想，在汉语教学方面稳步前行、开拓创新；在文化传播方面坚持传统、与时俱进。文章在梳理印尼孔子学院发展历史及汉语教学、文化传播具体现状的基础上，分析了印尼孔子学院发展过程中的优势和不足，提出印尼孔子学院在机遇与挑战下应采取以教育合作与协同发展为理念的建设策略，从三方面重点进行建设。

关键词： "一带一路"倡议　印度尼西亚孔子学院　发展　对策

自2004年11月全球第一所孔子学院在韩国成立以来，砥砺前行14载，孔子学院在全球范围内发展势头强劲，在国际语言与文化交流的舞台上发挥着不可忽视的作用。迄今为止，全球已有154个国家和地区建立了548所孔子学院、1193个中小学孔子课堂和5665个汉语教学点，中外专职、兼职教师4.6万名，累计面授学员1100多万人，举办的各类文

---

* 李炜，博士，华中师范大学文学院副教授；吴谦，华中师范大学2017级汉语国际教育专业硕士，2018年8月至2019年8月担任印度尼西亚泗水国立大学孔子学院志愿者教师。

化活动吸引各国民众上亿人参与体验，构建了全球最多样化的国际语言教育网络。[①] 自2013 年 9 月习近平总书记提出共同建设"一带一路"倡议以来，孔子学院在新的历史机遇下摸索践行了 5 个春秋。作为"一带一路"沿线以及全球华人最多的国家，印尼以其独特的地理位置和历史因素成为"一带一路"发展中的重要之地。印尼的孔子学院与"一带一路"倡议一样充满活力，依靠自身的地缘优势与教育文化交流功能为"一带一路"的建设提供人才培养与文化通融等服务，两者在诸多契合中相互促进。"一带一路"政策的引领为印尼孔子学院的可持续发展与壮大创造了更多机遇与更大动力，印尼孔子学院的发展也因此出现了需要进一步提升与改进之处。

一　印尼孔子学院发展概况

经过十几年的探索，印尼孔子学院已然从蹒跚学步的幼儿成长为意气风发的少年。国家政策的推动与"汉语热"在全球范围内的升温为印尼孔子学院的发展创造了良好的环境。随着中印两国在经济文化方面的交流日趋紧密，"一带一路"背景下的印尼孔子学院已经逐步朝大众化、多元化、信息化的方向发展。

（一）发展历史与总体现状

印尼孔子学院工作始于 2007 年，经国家汉办批准，中国海南师范大学联合印尼一所民办汉语补习学校雅加达汉语教学中心合作创立了印尼民间历史意义上的第一所孔子学院——雅加达汉语教学中心孔子学院。但是，该孔子学院因没有受到印尼国民教育部的认可而在 2011 年停止运营。因此，成立于 2010 年的阿拉扎大学孔子学院被普遍视为印尼第一所官方的孔子学院，

① 《第十三届孔子学院大会在成都闭幕》，孔子学院总部/国家汉办网，http：//conference.hanban.org/pc/news_ details.html？main_ lan = cn&_ id = 17。

其中方合作院校是中国福建师范大学。

从2010年开始，印尼孔子学院的发展迎来了好时机。在中印尼建交60周年的推动下，两国政府开始以此为契机致力于双边政治、经济、文化等多方面的交流与合作。“在两国政府部门与民间社团中有识之士的共同推动下，印尼国民教育部高教总司选出6所大学拟建设孔子学院。”① 建成后的6所孔子学院分别是阿拉扎大学孔子学院、玛拉拿达基督教大学孔子学院、哈山努丁大学孔子学院、玛琅国立大学孔子学院、泗水国立大学孔子学院和丹戎布拉大学孔子学院。

2019年3月11日，中国在印尼建设的第7所孔子学院，即三一一大学孔子学院揭牌。② 至此，印尼共有7所孔子学院。

在“一带一路”倡议的推动下，印尼的6所孔子学院积极寻求自身的改革与创新，顺应形势政策和社会环境谋求长远发展，慢慢从单纯的语言文化服务机构转变成为语言、文化、经济等全方位、一体化服务的多元平台。首先是在语言教学方面重新定位。孔子学院积极完善语言课程设置，致力于将汉语从选修课到学分必修课的转变；从主要服务于大学到走进社区的转变；从教授语言要素与技能为主到语言辅助文化传播的转变。其次是注重文化传播方面的多向调整：从传播中华传统文化到介绍当代核心价值；从主办文化活动到让汉语学习者把中国优秀文化带进家庭；从传播单一内容到创新传播媒介、注重传播效果。印尼孔子学院在文化传播方面根植中国文化形象塑造与品牌建设，顺应了“一带一路”倡议的要求和趋势。

（二）发展模式与工作范围

作为国家支持的、非营利性的汉语教学机构，孔子学院致力于适应世界各国（地区）人民对汉语学习的需要，增进世界各国（地区）人民对中国

① 李启辉、姜兴山：《印尼孔子学院工作刍议》，《东南亚研究》2013年第3期，第87页。

② 由于第7所孔院成立时间较短，暂时无法获取详细信息，下文主要阐释前6所孔院的相关情况。

语言文化的了解，加强中国与世界各国教育文化交流合作，发展中国与外国的友好关系，促进世界多元文化发展，构建和谐世界。① 中外方大学合作办学的模式是孔子学院适应本土化发展的重要举措，其发展以大学为依托，涵盖多个教学点。除此以外，还有中方大学与外方企业的合作模式。孔子学院采取院长负责制，院长负责日常运营和管理，其设置模式可以灵活多样，拥有较为广泛的发展自主权，在运营模式上没有具体的规则限定和法律制约。

孔子学院的工作范围涉及多方面。从语言教学的角度看，孔子学院是教育资源的提供者。印尼的 6 所孔院上至中外方院长下至教师、志愿者都是经过严格选拔的、具备专业水平和教学能力的优秀人才，这为开展标准的汉语教学提供了师资保障。同时，孔子学院提供师资培训和各类教学资源，为印尼的汉语本土化教学进程保驾护航。汉语水平考试也是孔子学院发展模式中的重要一环，目前阿拉扎大学孔子学院、哈山努丁大学孔子学院和泗水国立大学孔子学院都设立了汉语水平考试点。从文化传播的角度看，孔子学院是中华文化的输出者。由于政局变化与历史因素，印尼的汉语发展经历过大起大落，印尼华人在一定历史时期内曾遭受重创，这在中印两国人民的心中留下了创伤，也阻碍了中华文化在印尼的传播和两国文化的和谐交融。孔子学院在印尼开展各类文化交流活动，对华人以“寻根”和“求同”为重点，对本地其他人采取“宣传”和“体验”的方式，取得了良好的传播效果。

近几年，印尼孔子学院在“一带一路”建设的带动下进入深化期。贴合国家增进“民心相通”的主旨，即增强文化软实力的目标，印尼孔院积极进行本土教师和在岗教师培训，以合作高校为核心，辐射周边地区的人才培养，并着力增强与政府、机构、民间组织的合作交流。

（三）资源配置与融资方式

孔子学院的启动经费由国家汉办提供，随后的项目经费由中方和外方共

① 《孔子学院章程》，孔子学院总部/国家汉办网，http：//www. hanban. edu. cn/confuciousinstitutes/node_ 7537. htm。

同承担，双方的承担比例原则上是1∶1，由于各国国情与外方机构政策差异，中外方资金投入很难达到平衡。在教育文化资源配置方面，也会出现地区资源分配不平衡的现象。位于经济较为发达城市中的孔子学院获取的资源比位于欠发达城市中的多，地理位置的限制也是资源共享的一大阻碍。印尼的6所孔院中有2所是与私立大学合作的，资金来源多，资源获取渠道广，但是另外4所国立大学的资源由政府调配，获取方式窄且时效性相对较差。

印尼孔子学院的融资方式主要是倚靠国家汉办和外方合作机构，除此以外，孔子学院自身开展汉语教学和举办文化活动，也创造了一小部分收入。由于印尼的经济发展水平和国民生活水平相对较低，孔院的学生人数较少，学费较低，通过汉语教学的方式融资盈利微乎其微，举办各类文化活动时主动参与进来的潜在学员不多，融资来源不稳定。因此除了自负盈亏这一方式，印尼的孔子学院积极与企业联系，加大力度进行产业化发展，把资金“引进来”，把语言文化“带出去”。融资方式也从单一的依靠国家和合作机构投资发展到谋求自主盈利、吸取社会企业资金、吸引侨资捐助等多元融资方式，在“一带一路”的背景下力图找出可持续发展的最佳模式。印尼的华人总数居世界第一，印尼华人的经济地位也很高，印尼的华人社会中涌现了很多爱国念祖，致力于中、印尼友好协同发展的有志之士。华人捐助成为孔子学院融资的重要途径之一。孔子学院充分利用这一点，积极与各类华文教育社团、华人华侨社团以及民间组织联系，引进资金，为印尼华文教育的发展添砖加瓦，也为孔子学院的自身发展加足马力。

为了积极响应“一带一路”倡议，印尼孔子学院努力寻求资源有效配置的新出口，开发网络教育资源，在资源获取形式和手段上都有突破。同时6所孔院在资源整合的基础上进行资源融合，加强交流，互通有无。

总体而言，“一带一路”倡议为印尼孔子学院提供了发展动力和发展环境，使印尼孔子学院的发展模式更完善，业务范围更广泛，资源配置更合理，融资方式更多元。面向新时代与新政策，转型发展是大势所趋，孔院的发展理念也应由追求高速发展向追求高质量发展转型，由规模扩张转向质量提升，即由政策驱动转向创新驱动、由同质化发展转向特色发展、由“总部输血”

转向当地化发展、由传播者本位转向受众本位。[①] 高质量的发展转型，归根到底要首先落实在汉语教学及文化传播上，由此才能延伸扩展到其他层面。

二　汉语教学：稳步前行、开拓创新

印尼的华文教育历史悠久，从兴办、快速发展到衰落、行至低谷，以及后来的政策松动到如今的蓬勃之势，一路颇多曲折，但总体上在稳步前行，2001 年印尼的汉语教学已经被政府纳入国民教育体系。作为孔子学院日常运营的主要工作，汉语教学工作的有序推进是衡量一所孔子学院发展态势的重要指标。从“三教”问题出发，印尼孔子学院的汉语教学在“一带一路”建设背景下进行了一些改进和创新。

（一）教师与人才培养

教师问题是“三教”的核心问题，因为“好的教材是好的教师编写出来的，教学法也要靠教师来实践”[②]。印尼 6 所孔院的师资配备主要由汉语教师志愿者和国家公派教师组成，各所孔子学院均把主动为所在大学汉语教学提供帮助作为首要的任务，6 所大学均开设本科或专科层次的中文专业，孔子学院教师直接参与中文专业的教学活动。[③] 汉语教师志愿者是孔子学院的主要组成部分，由国家汉办按照比例选拔并经过严格的培训，大部分是具备本科学历以上的汉语国际教育、汉语言文学或者外语专业的学生，专业技能和专业水平能得到一定的保障。

人才培养方面，分为对内与对外两个部分。对内，印尼国家汉办每年都会对印尼的汉语教师志愿者进行岗中培训，有助于志愿者教师提升自身专业

---

① 李宝贵：《新时代孔子学院转型发展路径探析》，《云南师范大学学报》（哲学社会科学版）2018 年第 5 期，第 31 页。

② 崔希亮：《汉语国际教育“三教”问题的核心与基础》，《世界汉语教学》2010 年第 1 期，第 76 页。

③ 李启辉、姜兴山：《印尼孔子学院现状与发展探析》，《福建师范大学学报》（哲学社会科学版）2015 年第 3 期，第 162 页。

技能与教学水平。同时，有的孔院会在所有教师赴任后对他们进行短期的印尼语培训，这十分有利于今后教学的顺利开展。每年每所孔院都会开设至少两期汉语师资培训班，将所有的中文教师或印尼本土教师聚集起来开展培训，有条件的孔院还会与中方学校联系，选拔本土教师赴华进行师资培训。值得一提的是地缘距离相近的孔子学院还会互相邀请教师参与培训与交流，促进共同成长。位于东爪哇省的泗水国立大学孔子学院和玛琅国立大学孔子学院依靠地缘优势，经常邀请彼此的教师参与师资培训、研讨会等活动，促进了资源的有效利用。对外，为了加大人才培养力度，为本土汉语师资和对外人才增添储备力量，孔子学院开设了孔子学院奖学金以及制订人才培养计划，积极促进印尼学生去中国交换或者留学。

从最初的"青黄不接，后继无人"到现在的"通力培养，才人辈出"，印尼孔子学院在教师与人才培养方面做足了功课。但是印尼的汉语教师数量仍然有很大的缺口，还存在教师专业素质不高、流动性大、缺乏沟通、人才断层等问题。从"一带一路"的需求出发，印尼的各个孔子学院向汉办申请派遣的汉语教师志愿者和公派教师数量逐年递增，并争取让他们留任。各个孔院努力推动组织汉语教学研讨会、经验交流会、师资培训会、名师讲座、教学技能大赛等，力求增强汉语教师的专业素养。印尼孔子学院尽力帮助更多学生和社会人员获得去中国留学或者交流的机会，促进人才培养，还派遣教师走进企业教授经贸口语、翻译、商务汉语等课程，为两国经济交流培养双边对外人才。

（二）教材建设与研发

教材的建设与研发是孔子学院长足发展的重要基础。教材的优劣与否在很大程度上影响教学工作开展得顺利与否和教学水平的高低。目前，印尼的6所孔院基本上都使用中国国内编写出版的对外汉语教学教材。在外方合作大学里，教材选择以适应中文系学生的学习需求为基准，大部分采用的是与在中国学习汉语言文学专业的留学生相同的课本，比如《汉语教程》《发展汉语》《成功之路》《HSK 标准教程》等这类主流教材。在除大学中文系以外的中小学教学点里，孔子学院对教材没有明确规定，主要是由各中小学自己选择教材，教材的选择可谓百花齐放。从总体上来看，汉语教材的选择情况仍然是："以华裔为主的国民学校多选用中国大陆编制的教材，以非华裔学生为主的国民学校多选用印尼本地编制的教材，国际学校多选用新加坡编制的教材。"① 中国大陆编制的教材如《快乐汉语》《体验汉语》，印尼本土出版教材如《千岛华语》《育苗华语》，还有新加坡、马来西亚、中国香港和台湾地区发行的汉语教材如《欢乐汉语》《小学华文》等。在孔子学院的社会学员里，使用教材也是根据不同学员的差异化需求来制定的，由中国学者编写或者中印尼学者合作编写，如《汉语口语速成》《赢在中国》等。

同师资问题一样，汉语教材研发的国别化与针对性问题一直是制约印尼汉语教学发展的瓶颈，且是一个历史遗留问题。目前针对印尼本土的汉语教材少之又少，特别是针对小学儿童和大学成人的汉语教材。学校使用的教材中，注释都是英语，这对英语为非母语且英语普及性不广的印尼人来说是一大障碍。孔子学院每年可以向汉办申请赠书，由于海陆距离和资金损耗，教材数量和类型还是短缺。尽管国家汉办对孔子学院的教材研发有硬性要求，但落实情况还是不理想，教材研发缺乏专业人员，研发手段单一，研发资源不足。面对教材建设与研发国别化较弱与针对性不强的问题，印尼的孔子学院在提高教学质量方面可以用"心有余而力不足"来形容，但仍一直在集中发力。结合"一带一路"倡议的合作愿景，印尼孔子学院有的放矢，最大的创新是结合印尼以旅游业为经济支柱性产业这一特点，积极推进针对印尼的旅游汉语教材开发，开发重点是短期速成口语，适用对象是从事旅游业的相关人员，这一类教材具有很大的发展前景。例如哈山努丁大学孔子学院在巴厘岛开设印尼首个"旅游汉语培训中心"，为了满足其特色办学和多元化发展的需要，哈大孔院正在编写专项系列教材和巴厘岛中文导游词。同时，也在推进本土化教材、针对性教材的研发。现在印尼已有孔院完成了若干汉语教材的编译工作，设立了专门负责教材研发的教师团队。比如丹戎布

① 姜冬梅：《论印尼汉语教材的针对性与国别性》，《语文学刊》2011 年第 12 期，第 127 页。

拉大学孔子学院在近两年编印了银行柜台和移民警察用的汉语口语教材。哈山努丁大学孔子学院针对目前办学的实际情况，特别是针对旅游汉语专项教学，为年轻教师设计特别课题和教材编写指南。

（三）教学模式与方法

与中国课堂教学模式相仿，印尼孔院的汉语教学主要还是采用“以教师为中心”的传统教学模式，教师在讲台上讲授，学生在座位上听讲，教学以语言要素教学和培养学生的言语技能为主。课程设置上，基础课程还是综合课或者听、说、读、写专项技能课，辅以汉语语言学、中国历史、中国文学等。除此以外还有中华文化类课程如书法、手工艺、中国电影赏析课等。孔子学院给社会学员开设的主要是商务汉语、旅游汉语、汉语水平考试等从实效性与时效性出发的课程。每所孔院的课程设置都是以课程大纲为基础，根据孔院自身的人员结构和特点，以及教学对象的需求安排课程。

在教学方法方面，与国内对外汉语教学一样，印尼的汉语课堂主要采用翻译法、听说法、任务型教学法等，但是此类传统的教学方法很难带动学生的学习热情。结合印尼学生性格活泼开朗、动手能力强这一特点，教师更多会采用游戏或者布置手工作业等方法辅助教学，游戏法在中小学教学中应用很广，手工作业则在各个年龄层次的学生中都有运用。

为了适应“一带一路”建设的进程，印尼孔子学院在传统教学模式的基础上力求创新，开发网络在线课程，改变教学模式，整合教学资源。同时印尼孔院也积极参与慕课的推广与建设，引进中国优秀课程，打破了课程的空间限制，让印尼本土学生也能享受最新、最完备、最优质的汉语教学资源。泗水国立大学孔子学院 2019 年在国家汉办的支持下设立了官方网站①，并且将网络孔子学院中的全球孔子学院慕课平台和 HSK 入门等课程纳入其中，供汉语学习者免费使用。泗水孔院还制定目标，争取在 2019 年内让每

① 见印度尼西亚泗水国立大学孔子学院官网，ciunesa-id. chinesecio. com。

位教师都根据自身优势开发一门在线课程。在教学方法上，印尼孔院逐步给予学生自主权，在传统教学方法的基础上增加网络教学、翻转课堂、戏剧教学等新兴教学方式，进一步激发学生学习汉语的兴趣。通过大力培养学生的言语技能以及注重增强学生的交际能力，让一批又一批优秀的学生在今后更好地为“一带一路”建设服务。

总体而言，印尼孔子学院在汉语教学上稳步前行的同时也注重开拓创新。在教师与人才培养这一方面，以培养专业素质更高的汉语教师与适应时代发展的人才为目标；在教材建设与研发方面，以增强教材研发的针对性和国别化、建设本土化教材为导向；教学模式与方法方面，承故纳新，与时俱进，逐步改善教学。“一带一路”建设为孔子学院带来了更多发展机遇，随着越来越多的印尼人开始学习汉语，印尼孔子学院势必不断改进教学，增强教学的实用性，在稳步前进的基础上争取新的飞跃。

三　文化传播：坚持传统、与时俱进

语言教学是孔子学院日常工作的第一要务，文化活动则是增强汉语语言影响力的必要途径。开展文化活动，有利于印尼民众深入了解中国文化，产生学习汉语的兴趣，减少对中国文化的疏离感。“一带一路”倡议实施以来，带动了沿线国家经济贸易的发展，更带来了中印两国文化大交融的契机。对印尼孔子学院而言，文化传播的重点在于使自身更好地融入当地文化，树立良好的形象，同时积极发挥传播中华文化的窗口与名片作用，进一步扩大中华文化的传播范围。

（一）孔子学院文化传播的基本架构

若以拉斯韦尔的“5W”理论，即构成传播过程的五大基本要素——传播者、传播内容、传播方式、传播对象、传播效果来分析印尼孔子学院的文化传播活动，可以清晰地看到印尼孔子学院文化传播活动的基本架构及特质。

首先，孔子学院无疑是优秀的中华文化传播者。其以增进国家之间友好关系、促进世界多元文化发展为出发点，立足现实，开展文化传播活动。在历史和宗教因素的影响下，印尼的孔子学院曾经遭受印尼人民的误解与非议，一些印尼人认为孔子学院是一个孔教组织，它的出现会打破本国宗教发展的平衡。经过多年的努力，孔子学院凭借其传播者的客观性与公正性，尊重印尼文化，正在让印尼人的误会和隔阂慢慢消融。

其次，印尼孔子学院的文化传播内容多样，充分展示了中华优秀传统文化与现代文明。文化活动内容的主体还是传统文化如中国历史、中国文学、中国民俗、武术、中医、戏曲等。“一带一路”建设的发展为文化传播开创了新局面。为了让文化更好地为经济服务，印尼孔子学院作为首要传播者，不忘自身肩负的使命，以公正客观的角度大力弘扬传播中华文化，在传播内容上向展示中国现代文明迈进，以传统文化为根基，集中展示中国当代风貌，如网络文化、国民生活、科技发展、艺术产品等。

再次，孔子学院传播对象分为狭义和广义两种。狭义的对象是在孔院学习的学生或者与孔院举办活动相关的人士，广义的对象是所在国的所有国民。孔子学院扎根本土，拥有得天独厚的传播环境，可以采用多种途径传播中华文化。教师与学生间的交流是最典型的人际传播方式，教师在语言教授的过程中承载了文化的传播。孔子学院作为主办或承办机构，进行有组织的文化传播活动，体现了组织传播和大众传播的特点，力求增加传播对象的数量。在传播方式上，以多元创新为导向，通过线上宣传、线下推广、舆情传播等方式增添文化传播的途径，讲好“中国故事”，从“硬输入”向“软潜移”逐步转变。

最后是传播的效果，印尼孔子学院在文化传播过程中对印尼社会产生了一定的影响，后文将从官方认知、舆情报道、民众反映这三个方面进行详述。

（二）文化活动的具体开展情况及相关统计

“一带一路”倡议提出以来，印尼孔子学院积极响应并举办各种类型的文化活动，以下为相关统计数据（见表1）。

表1 2016~2018年印尼孔子学院文化活动开展情况

孔院名称	2016年		2017年		2018年	
	场数	人数	场数	人数	场数	人数
阿拉扎大学孔子学院	51	7951	49	8582	48	9234
玛拉拿达基督教大学孔子学院	15	19000	15	22000	47	25000
哈山努丁大学孔子学院	30	13645	35	12700	50	6000
玛琅国立大学孔子学院	19	7133	20	7222	32	120000
泗水国立大学孔子学院	8	3710	6	2220	30	2500
丹戎布拉大学孔子学院	11	6870	12	7000	15	9350

资料来源：2016~2018年第十一届到十三届孔子学院大会交流材料。

文化活动的数量和质量都是衡量文化传播效果的重要参数，据以上不完全统计以及估算，印尼的6所孔院2016年共主办、承办、参与文化活动134场，累计参与人数58309人；2017年137场，累计参与人数59724人；2018年222场，累计参与人数172084人。由表1可知，在总体数据上印尼孔子学院开展的文化活动逐年递增，参与人数也大幅度增长。

印尼孔子学院开展文化活动的主要类型包括以下六种（见表2）。

表2 印尼孔子学院文化活动类型

活动类型	实例
文化体验	庆新春包饺子活动、学习中国少数民族舞蹈等
孔子学院日	"中华之美，美美与共"孔子学院日活动
文艺演出	"卢氏太极"印尼巡演活动
各种比赛	"汉语桥"世界大学生中文比赛印尼东爪哇赛区预选赛
各类展览	亚非会议纪念馆中文书展
论坛讲座	东爪哇汉语教师座谈会暨案例分享会

印尼孔子学院文化活动主要分为六大类。其中受众最广的是文化体验类活动，民众通过亲身体验，能了解中华文化的基本内涵，产生对中华文化的认同感。孔子学院日是每所孔院每年必办的常规活动，一般会以开放日、文化体验的形式开展。文艺演出分为承接中国国内团体巡演和印尼国内自主举办两种，中国国内一般是各个高校的艺术团体来印尼进行友好交流演出，同

时孔子学院会在印尼国内自主举办新春联欢会等文艺演出。举办比赛和展览是孔子学院进行文化传播的主要手段，两者还可以交互进行。通过举办中文演讲、朗诵、歌曲、书法、汉字、摄影等各种各样的比赛，可以进一步激发学生学习汉语的热情和信心，同时吸引更多学生学习汉语。比赛中的优秀作品还可以被利用起来作中国文化展览，产生较好的文化效应，一举两得。论坛和讲座一般是针对汉语教育者或者汉语水平较高的学生设立。印尼的6所孔院都举办了与“一带一路”倡议相关的文化活动，表3是部分实例。

表3　印尼孔子学院与“一带一路”倡议相关的文化活动实例

孔院名称	实例
阿拉扎大学 孔子学院	首届东南亚“汉语+”国际研讨会 （2018年7月10日）
玛拉拿达基督教大学 孔子学院	“万隆精神”论坛 （2017年5月23日）
哈山努丁大学 孔子学院	开设印尼首个“旅游汉语培训中心” （2017年10月23日）
玛琅国立大学 孔子学院	“一带一路”图片展览活动 （2018年2月1日）
泗水国立大学 孔子学院	“一带一路”背景下中国－印尼人文交流新机遇讲座 （2017年11月19日）
丹戎布拉大学 孔子学院	“中国－东盟教育合作与交流的机制和展望”沙龙 （2018年5月12日）

由此可见，6所孔院均举办了不同层次、多种类型的文化活动，其中不乏高端大型的国际活动，并引起了不小的社会反响，是贯彻文化辅助“一带一路”建设的典型代表。但是如何通过文化传播将“一带一路”的理念融入印尼大众，让经济工程带动文化工程，提升孔子学院的国际影响力，仍是一项值得持续思考的重要课题。

（三）相关反馈与传播效果

官方认知、舆情报道和民众反映是检验文化传播效果的三个重要方面。

官方认知是文化传播效果的首要印证。西华大学同印尼三一一大学合作建设了印尼的第7所孔子学院，在一定程度上表明印尼官方看到了孔子学院的发展前景，愿意借助这个平台加强与中国的人文交流。印尼高教部也在积极与中国教育部等各部门共同提出规划、签订协议，为印尼的汉语教育创造新的历史环境。舆情报道是文化传播效果的重心所在。对孔院进行报道的主流媒体包括网络、报纸等不同媒介，如中国新闻网、新华网、人民网、凤凰网、中央广电总台国际在线、搜狐网、网易等，以及印尼影响力较大的华文报纸，如《国际日报》《千岛日报》《星洲日报》《商报》《印华日报》等。根据阿拉扎大学孔子学院在第十三届孔子学院大会提交的交流材料显示：截至2018年10月底，该孔院活动被报纸、网络等各类媒体报道（引用）次数达250余次。2018年华文报纸《国际日报》《印华日报》《千岛日报》，以及锡江、美娜多、巴厘岛等当地媒体对哈山努丁大学孔子学院的报道也达50多篇。值得一提的是媒体对印尼孔院的报道都趋于正面，孔院工作得到了中印尼社会各界的积极评价，孔院品牌影响力继续不断提升。例如印尼华文报纸《千岛日报》对6所孔院的报道经常会使用“促进印尼与中国友好交流”“赞扬孔院师生一直以来为促进印尼与中国文化交流合作所做出的努力”等评价。以小见大，舆情报道充分显示印尼孔子学院在文化传播方面取得了不俗的成绩，传播效果也十分可喜。民众反映是文化传播效果的直接显示。笔者在研究过程中对印尼的若干民众进行了简单的访谈，访谈结果呈现两极分化。访谈的一部分印尼人对印尼孔子学院有所了解，表示自己对中文学习和中国文化很感兴趣；但是另一部分印尼人认为孔子学院是印尼合作高校下属的一个语言培训机构，甚至还有一部分人表示自己从未听说过孔子学院。因此，在文化传播过程中，眼光不能只局限于小部分与汉语学习有关的群体，传播的对象应该扩大化，印尼的人民大众应该是印尼孔子学院进行文化传播与交流的最终对象，“民心相通”在“一带一路”建设中的力量不可忽视。

整体而言，印尼孔子学院在文化传播方面以坚持传统为基础，以多样创新为核心，明确其作为传播者的定位，丰富传播内容，增添传播方式，扩大传播对象的数量，力图增强传播效果。通过数据显示可以得知，印尼孔子学院开展了系列意义重大且受众较广的文化活动，在贴合“一带一路”倡议的文化活动上也有所建树，获得了官方与民间的认同，取得了良好的传播效果。为了进一步发挥孔子学院的窗口和名片作用，今后在文化传播的广度和深度上还要下足功夫。

四　机遇与挑战下的建设策略：教育合作与协同发展

“一带一路”背景下的印尼孔子学院发展前途光明，未来可期，同时也面临着如汉语专业建设力度不够、缺乏多学科人才、自身建构有待进一步完善等诸多挑战。要把汉语打造成一种全球化语言，树立印尼孔子学院在“一带一路”建设中的品牌形象，结合现实且科学的顶层设计十分必要。在时代新机遇的推动下，印尼孔子学院应采取以教育合作与协同发展为理念的建设策略，从以下三个方面重点进行建设。

（一）加大汉语专业建设力度，促进师资培养及学术交流

汉语专业建设是孔子学院长久有序发展的第一步骤。国家汉办制定的《孔子学院发展规划（2012～2020年）》指出：“与外国高校合作设立汉语师范专业，建设一批教师培训基地，重点培养培训各国本土汉语教师。”① 孔子学院首先要建设好合作大学的中文专业，扩大将汉语课程设置为必修学分课的范围，引起行政人员和学生对汉语学习的重视。同时要着重进行学校内公共汉语课的建设，将汉语语言推广至除中文系以外的专业，形成以点带线、以线带面的良好发展态势。以泗水国立大学孔子学院为例，自泗水国立大学中文系成立以来，汉语教学都围绕汉语专业的学生展开。由于学校师生对中国认识的加深以及对学习汉语的需求加强，泗水国立大学孔子学院在语言与艺术学院开设了一个教师学习汉语的“教授班”。除此以外，孔院正在与学校共同推进公共汉语课的建设，预计能在2019年内签订协议。

① 《孔子学院发展规划（2012～2020年）》，《光明日报》2013年2月28日，第7版。

师资培养方面要以本土师资的培养为主线，国家汉办每年向印尼输送汉语教师志愿者和外派教师这一“输血”方式并不是长久之计，印尼的汉语教学最终要靠印尼本土教师带动，增强印尼汉语教师培养的“造血”功能才是印尼汉语教学发展的当务之急。印尼本土教师的培养应以青年教师队伍为主，最好是大力培养有中国留学经历的教师，这一类教师对中国的语言文化有所了解，汉语水平也高于没有留学经历的教师，因此留学经历应作为大学汉语教师的必备条件。积极促成中小学汉语教师赴华进行长期的语言教学培训也应作为长久之策。同时可加长汉语教师的实习时间，让他们进班听课，配合中国汉语教师，然后逐步成为汉语课堂的主导教师，这一点可借鉴韩国的汉语教学模式。现有的 7 所孔院还应加强师资培养的互通性，不能只针对本孔院的教师进行培训，要和其他孔院、学校、机构互通有无，共建共享，形成以孔院为核心、多方支持参与的教师培养机制，有效节省人力、财力和精力成本。

学术交流方面，一方面，要继续举办各类讲座、论坛、研讨会，并邀请中印知名学者参与；另一方面，也要促进中、印尼两国青年学者和教师的人文学术交流。孔子学院要与总部联系，主办、承办或者协办具有国际影响力的学术交流活动，扩大学术交流活动的辐射范围。各孔子学院要善于利用中外方学校的优质资源，进行学生互通、学者互访、学分互换。在信息技术飞速发展的大环境下，要突破时空的限制，充分利用便捷的网络技术，将各类交流活动进行视频直播，扩大交流范围，并将师资培训和学术交流的内容录制下来分享给各界。

（二）重点开发区域化职业化特色汉语课程，满足“汉语 +”复合型人才需求

“一带一路”建设是在传承古丝绸之路的基础上，以经济贸易为主要载体、以互联互通为核心概念、以互利共赢为基本目的的跨国合作设想，进行区域经济合作、推动沿线各国的经济繁荣是其要务之一。“一带一路”既是中国与相关国家的经济发展之路，也是人文交流之路，培养符合经济全球

化、“一带一路”发展需求的懂汉语的相关行业人才，是重中之重。汉语作为一种交流融通合作的战略语言地位将日益凸显，而培养具有汉语能力的复合型专业人才的需求将日益增加。因此，孔子学院在课程开发设置上，应更注重商务、旅游等类别汉语课程的开设及相关教材包括网络教育资源的开发，推动特色化的实用人才培养和培训，根据印尼的相关行业、市场需求对汉语课程进行区域化、职业化设计，为希望到中资企业或者与中国联系相关工作的人提供以提升职业技能为主的语言培训，并逐步升级，有效解决汉语+复合型人才的短缺问题。

近年来，全球各地的孔院都逐步根据自身特点推出了“汉语+”项目。例如苏伊士运河大学孔子学院和当地的中国公司紧密合作，为中国公司培训人才，召开招聘会为当地中国公司输送人才，开设跨文化培训营等。[①] 只有认真调研、分析当地学生需求，推出贴近学生需求的“汉语+”课程，才能在各种类型的中文培训中脱颖而出，在“一带一路”建设中实现长远发展。

特别要指出的是，加强印尼网络孔子学院建设、开展远程教学，帮助印尼汉语学习者用母语上网学习，是当前互联网新媒体时代的大势所趋。大力开发特色汉语课程的本土教材及多媒体课件，建立“汉语+”项目的国际传播数字平台，克服文化差异，注重与本土文化的融通结合，探索出适用于不同职业需求的教授汉语和介绍中国相关情况的方式方法，最终形成适应不同人群、不同层次汉语学习需求的网络教学资源体系，才能迅速有效地跟上科技发展及学习者的需求。

（三）合理建构孔子学院的多元社会身份，促进跨文化交流

从2004年全球第一所孔子学院建立以来，各界关于孔子学院的辨识与认知从未停止。“孔子学院作为国际性的一种客观存在，其社会身份的建构需要在一个更大的动态空间得到理解、验证和协商。社会身份象征着一种归

---

① 赵晓霞：《孔子学院如何打好“特色牌”》，《人民日报》（海外版）2018年12月14日，第9版。

属和认同，意味着各方力量对其身份内涵及其外延有一个较为普遍的认知与共识。”① 随着“一带一路”倡议的提出与实施，印尼孔子学院的社会身份愈益多元，在作为提供汉语和文化教学的语言推广机构的基础上，重点应该在如下两方面强化其功能与责任。

其一，中印尼国际交流智库。在“一带一路”倡议逐步实施之后，印尼孔子学院的社会功能由提供语言文化教学转向为中国和印尼的经贸往来、人文交流提供政策信息咨询，发挥“智库”作用。孔院成为两国信息共享的平台，在舆论引导、政策咨询、沟通建议方面都可以提供智力支撑。孔院还可以与已有的相关智库、机构建立联系，积极参与双边建设。例如，印尼泗水国立大学孔子学院由华中师范大学与印尼泗水国立大学合办，华中师范大学中印尼人文交流研究中心与泗水国立大学孔子学院积极合作，在2017～2018年联合举办“21世纪海上丝绸之路”重大倡议与中国－印尼人文交流机制研讨会、东盟国家大学生领袖感知中国夏令营、中印尼高校人文交流高端论坛等活动。通过孔院及相关平台的交流，学者专家们能够分享发展理念，深入研究中国及印尼的各项政策及发展条件，在讨论的基础上形成共识，提出合作建议。2018年7月，阿拉扎大学孔子学院承办首届东南亚“汉语＋”国际研讨会，研讨会致力于推动职业汉语教育发展与“一带一路”建设的结合，取得了良好的效果。通过与企业联合组织活动，充分整合社会资源，为学生与企业之间搭建平台，能够拓宽学生的就业渠道，满足企业的人才需求。2018年4月，玛拉拿达基督教大学孔子学院与中国中铁雅万高铁项目部展开合作，孔院协助项目部完成了关于雅万高铁的重要解说宣传任务。同月，雅万高铁项目部拜访孔子学院，双方就雅万高铁在“一带一路”建设中传播中国文化进行了深入交流。这些都能为“一带一路”的有效实施夯实基础，服务两国政治、经贸往来，孔子学院也能真正成为务实合作的平台。

---

① 宁继鸣：《孔子学院的社会身份及其发展中的想象》，《孔子学院研究年度报告·2017》，商务印书馆，2017，第6页。

其二，中印尼人文交流平台。“一带一路”既是中国与相关国家的经济发展之路，也是人文交流之路，孔子学院在促进“一带一路”沿线国家与中国文化交流、跨文化传播方面的功能将进一步凸显。各国政要参加孔子学院相关活动已经成为国家之间跨文化交际的重要内容之一，孔院作为重要外交空间的作用更加明晰。“一带一路”最终要成为民心相通的桥梁，而民心相通归根到底是要实现文化的交融。应该指出的是，跨文化交流应该是双向互动的过程，要增进民族理解和文化理解认同，孔子学院在向印尼各界人士传播中国文化的同时，应该注意与印尼当地文化的融通，培养真正能够在历史、语言、文化、宗教、政治、政策等方面互相理解的具有较好国际交往能力的人才，这样才能为“一带一路”建设建立良好的合作氛围。孔子学院要在印尼本土可持续发展，就不能只专注于汉语教学及中国文化展示，而应配合相关战略发展，在促进教育国际合作交流上做出进一步的努力，增强自身的文化影响力与号召力。“在推进‘一带一路’建设中，要加强‘一带一路’国家高校间的合作，携手应对人类共同问题，如政治、经济、文化、安全等问题的研究，提升我国参与国际教育治理的能力。”①

加强中华文明与其他文明的交流互鉴，促进世界和平发展是“一带一路”建设背景下孔子学院发展的终极目标。“作为中外语言文化交流的窗口和桥梁，孔子学院和孔子课堂为世界各国民众学习汉语和了解中华文化发挥了积极作用，也为推进中国同世界各国人文交流、促进多元多彩的世界文明发展做出了重要贡献。”② 只有在跨文化交流方面真正做出了成绩，孔子学院才会成为国家文化交流的品牌，在国际社会中获得更多的肯定，成为走向世界的“中国名片”。相信印尼孔子学院将在“一带一路”建设背景下不断进步，成为中印尼交流发展不可或缺的重要平台。

---

① 翟振元：《“一带一路”建设与国家教育新使命》，《光明日报》2015 年 8 月 13 日，第 11 版。

② 《习近平出席全英孔子学院和孔子课堂年会开幕式》，新华网，2015 年 10 月 23 日，http：//www. xinhuanet. com/world/2015 - 10/23/c_ 128347954. htm。

B.11

近现代印度尼西亚华文教育研究中的问题

——一种文化视角下的检视

耿伟伟*

摘　要：　近现代以来，印度尼西亚华文教育屡经波折，几度兴衰，如今以“三语教学”等形式逐步复兴。在100余年的时间跨度内，印尼华文教育无论是外在形式还是内在主旨均发生了变化。学界对此已有诸多讨论并均从文化的视角给出了解释。然而，现有解释却与本文的实地调查结论相悖，原因何在？本文从文化视角对近现代印尼华文教育做了重新检视，发现：近现代印尼华文教育带有文化传承的基因并与文化的兴衰呈正相关；“华文教育”概念在不同语境下有三层不同含义，“中国文化”与“中华文化”以及“华人文化”三者概念间存在模糊性。正是这些概念的模糊使当前学者对印尼华文教育研究出现了观察者偏差。为了做出区分，本文将印尼“华文教育”按文化传承内容分为“华侨教育”“华文教育”“华人教育”三类，并着力指出三种文化传承内容之间的区别。本文认为，印尼32年的强制同化政策使印尼华人再次“克里奥尔化”，当下的印尼华人教育其实是印尼华人在自觉不自觉中进行的一场包含语言在内的以华人性为核心的华

* 耿伟伟，华中师范大学政治与国际关系学院2016级硕士研究生，华中师范大学中印尼人文交流研究中心助理，2017年8~11月赴印尼调研华文教育。

族文化的复兴。

关键词： 印度尼西亚　华文教育　华侨　中印尼人文交流　“克里奥尔化”

印尼华文教育发轫于1690年荷属巴达维亚（今印尼雅加达）华侨创办的明诚书院，迄今已有329年历史。彼时的华文教育“因陋就简，安置黑板教授而已，经费则多取诸款”，教师是“代看风水的私塾先生，或不第之童生，或能颂古文笔法、四书之人才”，教材则是“四书”“五经”等,[①] 这种私塾教育完全照搬中国国内。考虑到当时中国尚处于清王朝统治时期，巴达维亚的华侨均无民族、国家意识，故当时的“华侨教育”与近代饱含民族国家意识的华侨教育并不相同，这也正是黄昆章教授谓之以“萌芽”一词的原因所在。1901年3月17日，巴达维亚中华会馆所属的中华学堂在巴达维亚八帝贯街成立（简称八华学堂），及此，近代印尼华文教育才正式诞生。[②]

近现代印尼华文教育屡经波折。以八华学堂为开端，其间经历了荷印时期的兴起和日据时期的步履蹒跚，在独立后的20世纪50～60年代达到顶峰。[③] 1967年，苏哈托政府颁布《解决华人问题的基本政策》，印尼华文教育事业遭到毁灭式打击而被迫转入地下（即民间私人补习班）。1998年苏哈托政府垮台以后，印尼开启了民主化改革进程，断绝了32年的华文教育得以恢复，并乘着中国崛起的东风以“三语教学”等形式再次复兴。

---

① 荷属华侨学务总会编《荷印华侨教育鉴》，巴城，1928，第341页。

② 黄昆章：《印尼华文教育发展史》，外语教学与研究出版社，2007，第24页。

③ 笔者在雅加达采访《印华日报》前主编李卓辉先生时，李先生就指出，在20世纪50～60年代，印尼的华侨教育和华文教育发展处于巅峰，即使是今天出现“中文热”的印尼也比不得当时的情形。

一　问题的提出

在印尼华文教育百年历史中，其教学形式不断地发生变化：从早期的“华侨学校”到荷印时期分裂出来的“荷华学校”；从印尼独立后“侨民学校”到1958年的“籍民学校”；从特殊时期的“特种民族学校”到今天兴起的“三语学校”，面对这诸多教学形式，黄昆章教授将其归结为三类：华侨教育、华文教育和新时期华文教育。学界往往以文化标准来区分三者。

华侨教育与华文教育的区别。在《华侨华人百科全书》中：华侨教育是“华侨在侨居国为其子女学习中国语言文化和科学知识而兴办的教育”；华文教育是“华侨、华人在居住国和入籍国为华侨、华人子女学习中华民族语言文化而兴办的教育”①。考虑到印尼绝大多数华人均已入籍印尼的现实，印尼的华文教育可以说是“印尼华人为其子女学习中华民族语言文化而兴办的教育”，两者的区别就在于国籍（“华侨”与“华人”）和文化传承（“中国语言文化”与“中华民族语言文化”）的差异上。

华文教育与新时期华文教育的区别。黄昆章教授认为：“现今的印尼华文教育……已纳入国民教育体系，成为民族教育的组成部分……华文教育弘扬的是华族文化，这种华文既与中华文化有联系，但又有区别。它是吸收了中华文化和印尼文化长处的新的文化。华人既然已经是印尼民族的一员，华裔子女学习华文主要是为了不忘记祖先的文化以及具备更多的谋生手段。”②如果说，在印尼华教禁令实施之前，入籍印尼的华人学生所接受的华文教育仍然带有浓厚的中华文化色彩，那么，在经过32年华教禁令之后，新时期的印尼华文教育传承的已经不再是单纯的“中华文化”，而是作为印尼少数族群之一的华族的族群文化，是融合了中华文化和印尼文化各自优秀成分的“华人（族）文化”，两者的区别在于“中华文化传承”与“华人文化传

① 周南京主编《华侨华人百科全书·教育科技卷》，中国华侨出版社，2000，第96、103页。
② 黄昆章：《印尼华文教育发展史》，外语教学与研究出版社，2007，第194页。

承”的差异上。

不仅如此，也有学者对“华文教育”与“对外汉语教学”做了区分。丘进教授认为：“对外汉语教学是一种外语教学，着力于遵循语言学规律……在中国传统的、故土的、亲情的文化传授方面比较平淡。”而海外华侨华人的华文教育有浓厚的中华文化背景，延续百年不曾中断，这些学生“大多生长在中国背景的家庭中，自幼便受到中国文化熏陶，融入了家乡、故土情结，（华文教育）所培养的一代又一代华裔青年都具有浓郁的中国情结”①。

然而，上述学者从文化传承角度对不同阶段华文教育（尤其是新时期华文教育）做的阐释和区分，与笔者2017年8月至11月对印尼雅加达华文教育做的田野调查结论不符。例如，按照丘进教授的区分：以非华裔学生为主体的印度尼西亚大学汉学系是典型的汉语教学机构；而由老一辈华人创建的、华裔学生占70%的新雅学院②则是典型的华文教育学校。如果从上述文化视角出发，无论是丘的“中华文化背景”，还是黄的“华族文化复兴”和理论上属于华文教育范畴的新雅学院学生，在对中华文化的认知和兴趣这一问题上，都应该强于汉语教学的印度尼西亚大学汉学系。然而，笔者对两校学生进行了汉语学习主要动机调查和对中华文化的认知调查，回收的问卷数据却明显不同于上述推论。

在汉语学习动机上，笔者在达国新雅学院发放问卷70份，回收有效问卷61份；在印度尼西亚大学汉学系发放问卷100份，回收有效问卷95份。由于两校学习汉语的学生基数不同，为了便于比较，笔者用饼图描述两校学生学习汉语主要动机所占的比例。

对比图1，留学和工作是两校学生学习汉语的主要动机。然而，一个出

① 丘进：《对外汉语教学与海外华文教育之异同》，《教育研究》2010年第6期，第90页。

② 数据来源于笔者对新雅学院陈黎艳老师的访谈，具体来说，新雅学院华裔学生和非华裔学生的比例是不固定的，但一般情况下华裔学生占比70%左右。需要说明的是，本文的调研时间正值印尼“9·30事件”纪念日期间，区分种族成分的做法带有政治敏感性，故本文的问卷放弃了对调查者族群来源的统计。

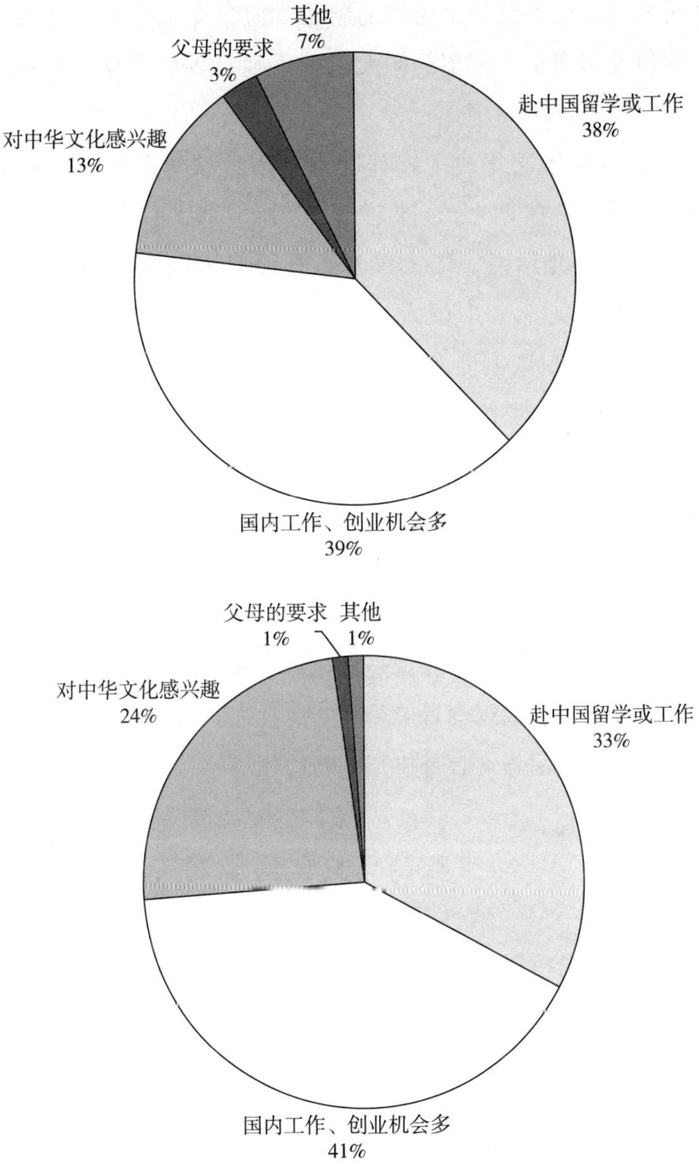

图1　印尼新雅学院（上图）与印度尼西亚大学汉学系（下图）汉语学习动机比较

乎意料的现象是：以华裔学生为主的新雅学院只有 13% 的学生对中华文化感兴趣，而以非华裔学生为主的印大汉学系则有 24% 的学生对中华文化感兴趣。

此外，就对中华文化的了解程度上，印大汉学系的学生也明显更胜一筹，这尤其体现在两校的课程设置中。印大汉学系主任 Hermina Sutami 老师向笔者介绍说，印大汉学系开设有中国历史课（从三皇五帝至今）、中国古今文学（中国古诗词到现代文学）、中国语言学以及中文课等。而新雅学院则主要集中在汉语的听说读写教学和训练上，有限的文化课也只拘泥于对中华文化的一般介绍而未曾深入。这种差异在笔者个人访谈的经历中也能感受到：在口语听说表达能力上，新雅学生强于印大汉学系学生，但在历史、文学等文化层面，新雅学生是不如印大汉学系学生的。

面对新雅学院和印大汉学系这一比较案例，从以黄、丘为代表的文化传承视角是难以解释的。那么，究竟是文化传承视角本身的问题，还是该视角中某些概念的模糊引起的观察者偏差呢？解铃还须系铃人，这一切还需要我们从文化的视角对印尼华文教育进行重新检视。

二　华文教育与文化传承的关系

欲从文化的视角检视印尼华文教育，必先厘清华文教育与文化传承之间的关系。这可以从历史的文献中找到答案。

第一，近代印尼华文教育先天性地带有文化传承的基因。为创办八华学堂，巴城中华会馆董事会向广大印尼华侨奔走呼号，在董事会发出的《巴城中华会馆兴办学堂公启》中：“以四千余年神明之胄，远处海外，番其举止，番其起居，番其饮食，番其礼法，华语且不识，遑知有中学。诗书且不读，遑知有孔孟……有此积弊，坐视不顾，论种类则自生自灭，论圣训则或存或亡，岂不哀哉！……今既荷蒙政府允许给与开办，聚众公议；于会馆中先设立小学校一区……庶几风气所开……人才蔚起，雪野蛮之耻，洗半教之名……”[①] 巴城中华会馆董事会欲借兴办学堂弘扬儒家传统文化、教化广大华侨的主旨一目了然。鉴于八华学堂的历史地位，可以说，印尼近代以来的华文教育先天性地打上了传承和弘扬文化的烙印，两者的紧密关系从一开始便一目了然。

第二，华文教育与文化传承呈正相关性。在近代印尼华文教育史上，华文教育兴则华人民族文化兴；反之，华文教育衰则华人民族文化衰。例如，1908 年荷印政府成立荷华学校（Hollandsch-Chinesehe School），造成了新客华人与土生华人在择校上的分流。这一分流削弱了印尼华社的团结，导致土生华人与新客华人的对立、华侨学校与荷华学校的分立，使得一部分不谙华语的土生华人脱离了中华文化教育的范畴，这最终影响到印尼华侨的文化传承。与之相反，在印尼独立以后，由于战后荷华学校未见恢复，中国的国际地位提高，以及中国与苏加诺时期印尼的友好关系等，印尼华文教育逐渐走向巅峰。此时印尼华文教育的博兴，提升了广大印尼华侨甚至华人的民族和文化认同。这虽然为后来印尼华校遭到禁绝埋下了隐患，但不可否认，当时印尼华文教育的兴起唤起了印尼华侨华人的民族文化记忆。

关于华文教育与华人文化之间的密切关系，王赓武教授有过精彩论述：“对于维系华人文化遗产，没有任何个别的机构比华文学校更有效；它们的课程和教学媒介，确实可将华人文化的价值传递给绵延不绝的华人青年。”[②] 有鉴于文化传承与华文教育的不可分割性和正相关性，我们可以首先对第一个问题做出回答，即从文化传承的视角分析和区分华文教育本身是没有问题的。既如此，文化传承视角下，印尼华文教育中哪个或哪些概念存在模糊性而引发了观察者偏差呢？这就需要我们对相关概念重新地做一次梳理和检视。

---

① 〔印尼〕《华侨导报月刊》第 33 期（1955 年 5 月 1 日），转引自黄昆章《印尼华文教育发展史》，外语教学与研究出版社，2007，第 28～29 页。

② Cushman，Jennifer and Wang Gungwu，eds.，*Changing Identities of the Southeast Asian Chinese Since World War Ⅱ*（Hong Kong：Hong Kong University press，1988），p. 21.

三 “华文教育” 概念的模糊性：不同语境下的多重含义

（一）作为广义层面上的“华文教育”

“（海外）华文教育”一词往往可以作为居住在中国大陆、港澳台之外的华侨华人接受中华语言文化教育的统称。而且，这里的“华文”既可以做中文（Chinese）讲，也可以做中华文化（Chinese Cultural）讲，甚至可以作为离散华人文化（The Cultural of Chinese diaspora）讲。黄昆章教授的《印尼华文教育发展史》一书，就以“华文教育发展史”来统称印尼七个不同发展阶段各类不同的华侨华人对中华语言的文化教育。而且，这种广义层面上的“华文教育”在学界、政界被广为应用，如国务院侨办和中国海外交流协会主办的“世界华文教育大会”及其前身“国际华文教育研讨会”等。因此，如无特殊说明，本文中“华文教育”也做此广义上的理解。

（二）作为狭义层面上的“华文教育”

与“华侨教育”相对应时，黄昆章教授在《印尼华文教育发展史》一书中将印尼“华文教育”按性质分为“华侨教育”和“印尼籍华裔兴办的华文教育”两种类型。此处的“华文教育”是作为一个与“华侨教育”相对应的术语，而非一个华侨、华人接受中华语文教育的统称。前文提到的《华侨华人百科全书》也持相同的观点。所以，当“华文教育”与“华侨教育”相对应时，前者传承的是“中华文化”，后者传承的是“中国文化”。

与“民主改革前的华文教育”相对应时，传承“中华文化”的华文教育也并非一成不变的。虽然受教育主体均已加入印尼国籍而成为印尼华裔，但是，强制同化政策等历史原因，使“民主改革前的华文教育”与“民主改革后的华文教育”并不一样。在王赓武教授看来：“以培养具有中国民族主义精神和中华文化传统的中国公民为宗旨的华文教育日渐式微，华文教育被当地化。新型华文教育不再是侨民性质的教育，而是当地少数民族性质的教育；不再是单一文化目的的教育，而是兼有经济目的的教育；不再是只针对华人（华族）的教育，而是要兼容其他族裔的教育；不再是大量依靠祖籍国支持的教育，而是主要依靠所在国支持的教育。”① 由于复杂历史因素，“民主改革前的华文教育”虽然转变了民族和国家认同，但依然带有中华文化情怀，主要传承的是“中华文化”；“民主改革后的华文教育”则由于32年的断绝，使得年轻一辈华裔的文化生活已经融入印尼主流文化中，其传承的是吸收了本地文化的“华人（族）文化”。

由于“华文教育”这一术语在两个层面上具有三个不同的含义，而且彼此的侧重点均有不同，那么，将“华文教育”这一概念细化、清晰化十分必要：首先，鉴于广义层面上的“华文教育”已经广为运用，本文将依旧沿用这一广义层面的“华文教育”；其次，在狭义层面上，本文将与“华文教育”相对应的“华侨教育”与印尼“民主改革前的华文教育”合并，称为“华侨教育”；最后，将“民主改革后的华文教育”单独冠之以“华人教育”，寓意“传承华人（族）文化的教育”。对“民主改革后的华文教育”进行再定义是十分必要的，它反映了新时期华文教育的不同。

四　“中国文化”与“中华文化”之间的模糊性：“去中国中心论”

“华侨教育”与“华文教育”的区别，除了受教育主体国籍不同之外，主要是由于“传承中国文化”与“传承中华文化”的不同。这里又出现了新的问题，即“中国文化”与“中华文化”又有什么区分呢？

① 王赓武：《中国与海外华人》，商务印书馆，1994，第345页，转引自薄宝华《东南亚华人教育出现新的发展契机》，《华人》1992年6月号。

（一）传承中国文化的教育：中华民族主义和爱国主义教育

何谓“中国文化”？本文即指“中国的文化”。这里的“中国”是一个拥有政治疆域的主权实体的概念，与文化概念“中华”相对应。本文的侧重点就在于分析“中国文化”在华侨社会乃至华侨教育中的作用和意义。余英时教授认为：“（中国）文化对人有‘安身立命’的功能……在移民身上尤其看得清楚。移民不得已离开自己的文化本土，纵使在物质上空无所有，在精神上仍拥有丰富的文化资源。他们凭着这些文化资源才能在新土重建基业……华侨移民东南亚或美洲而获得程度不同的成功，除了与当地的客观条件有关外，还是靠他们从中国文化中所带来的勤俭美德。更进一步则有亲属、乡党种种相互提携的人际关系。以宗教而言，民间流行的儒、释、道三教都是支持他们的精神力量。”① 这种中国文化形塑海外华侨社会的作用，在孔飞力（Philip A. Kuhn）看来就是：“使中国移民形成几个很有价值的特点，一个是家庭制度，一个是商业化，中国早期商业化的历史和移民的历史关系很密切。还有一个特点是在海外维持中国文化，这也是非常普遍的现象。”②

这种试图“在海外维持中国文化”的努力，尤其明显地体现在近代印尼华侨教育中。在20世纪50年代，华侨学校无论是“亲大陆”还是“亲台湾”，其教学宗旨皆是照搬国内的爱国主义教育，例如，雅加达中华侨团总会文教部1953年4月15日为中华中学毕业刊的题词为“为热爱祖国而努力学习”。1954年雅加达《天声日报》发表社论《侨教改进刍议》指出：“……尤其我们海外侨胞，身居异邦，一方面民族固有文化传统之维系，爱国救国精神之激扬，固有赖侨教之功能……”那个时候侨校的校歌也充满了爱国主义情怀，如巴城中学校歌歌词：“……祝我巴中声教远扬，蔚为祖

---

① 余英时：《中国文化与现代变迁》，三民书局印行，1995，第55～56页。

② 吴前进：《孔飞力教授与海外华人研究——在哈佛访孔飞力教授（Professor Philip A. Kuhn）》，《华侨华人历史研究》2005年第2期，第76页。

国荣光!”[①] 当时充满爱国主义甚至是革命乐观主义的华侨教育，除了教学地点在印尼之外，与中国本土的教育几乎完全相同，因此，毫无疑问，这一时期的华侨教育传承的是最纯粹的以中国为中心的民族主义和爱国主义的文化。

（二）传承中华文化的教育：在“他者”中的文化和心理的皈依

印尼华文教育的出现，主要是印尼政府1957年11月颁布的《监督外侨教育条例》，该条例规定，印尼籍华裔不得在华侨学校就读，于是出现了印尼籍华裔兴办的籍民学校，负责招收印尼籍华裔学生。这种籍民学校与之前的华侨学校有本质区别，前者是国民学校，后者是外国侨民学校；前者学生是印尼籍华裔，后者学生是中国国籍；前者华文课程少，除华文课程外均用印尼语上课，后者则除印尼文、史、地外均以华文上课。此后，在苏哈托执政时期，虽然出现过短暂的“特种民族学校”。但是，由于印尼政府对华文教育的限制措施日益严厉，尤其是1966年彻底取缔华校，这直接导致印尼华文教育陷入了32年的地下发展时期。

为什么此时印尼的籍民学校等“华文教育”机构传承的是“中华文化”而非“中国文化”？杜维明教授讲述的马来西亚钟灵中学学生首创“文化中国”概念，已有所暗示。杜教授在介绍“文化中国”[②] 概念的起源时曾提到，20世纪70年代马来西亚槟城钟灵中学就有一批留学台湾地区的华人学生，在留学台湾地区期间，在身份和文化认同问题上，他们既不认同彼时蒋介石统治下的台湾，也不认同彼时正在进行反传统的“文化大革命”运动的中国大陆，因此，深受中华文化熏陶的他们便提出了“文化中国”的概念，即他们认同的是一个以中国传统文化为基础的文化意义上的中国。在这批侨生创办的《青年中国》刊物中，早就以“文化中国”做过专题。[③] 毫无疑问，钟灵中学华人学生心中的“文化中国”是区别于“政治中国”“地

---

① 黄昆章：《印尼华文教育发展史》，外语教学与研究出版社，2007，第133页。

② Tu Wei-ming, “Cultural China: The Periphery as the Center”, *Daedalus* 134 (2005): 145.

③ 杜维明：《杜维明谈文化中国的认同问题》，北京大学第二十二期哈佛茶会，https: //www. youtube. com/watch? v = EN_ Y3f_ MSe8&pbjreload = 10。

理中国”“民族中国”的，是他们摆脱政治认同、身份认同窠臼的心理皈依，这种建构于心理上的、想象之中的共同体赋予他们独有的文化认同，即对中华文化的认同。钟灵中学的案例之所以适用于印尼历史上的籍民学校，就在于这些即使加入了印尼国籍的华裔学生，由于历史、经济、文化、宗教乃至语言文字等方方面面的差异，无时不刻地提醒着彼时他们所处的“他者”的环境，国籍和教学用语的转换不可能迅速地抹除文化上的差异。所以，不难想象，在强烈的爱国民族主义的教育之后，华侨即使政治和身份认同转向印尼，但在“他者”环境中不断显现的、寄托着心理和精神皈依的文化认同依然如故。而这种文化与钟灵中学的学生所认为的一样，当属中华文化。

中国文化与中华文化的区别问题，其实就是一个“中国中心论”的问题。吴小安认为：“‘中国中心论’强调中国中心、中国社会、中华民族、中国历史与文化的视角，把华侨华人研究纳入中国研究的一部分。”① 钟灵中学学生的“文化中国”就是反思这一观点的结果，他们认为并不是只有中国大陆和台湾地区才能代表中华文化，文化不应该也不能被行政地理界限所分割。最能反映“中国中心论”谬误的，是20世纪90年代文化研究学者朱谦先生在夏威夷东西文化中心所做的儒家伦理的问卷调查报告。朱先生的调查结果是，最能体现儒家伦理社会的是韩国，其次是日本，接下来才依次是中国香港地区、台湾地区和中国大陆。而且，彼时大陆甚至是反传统的，比如将“中庸”视为骑墙派等。因此，“以中国为传统坐标来界定的、以政治意识形态或先验的地域文化血统论为导向……不仅成为华侨华人和所在国与中国正常、健康交往的障碍，更成为活跃学术研究的枷锁”②。这一观点同样适用于印尼华文教育。正如李卓辉先生所说，印尼华文教育必须具备“印尼特性”，华文学校应该“尊重主流文化并与之结合……课程必须以

① 吴小安：《概念脉络、文化关怀与比较视角：华侨华人研究的再梳理》，载《中国华侨历史博物馆开馆纪念特刊》，中国华侨出版社，2014，第2页。

② 吴小安：《华侨华人学科建设的反思：东南亚历史研究的视角与经验》，载《华侨华人历史研究》2003年第3期，第20页。

‘爱印尼’与‘建设印尼’为主题。课程不能以中国为中心，不能在政治上倾中，不能心向中华文化沙文主义”①。

五 “中华文化”与“华人文化”概念的模糊性：“通道-小生境”理论下华人的“克里奥尔化”

现今，印尼华文教育的特殊性表现在：虽然历时32年的同化政策在1998年的“五月暴动”中宣告失败，但同化政策对印尼华人的影响深远且绵延至今——至少两代华人失去了说华语的能力。例如，在笔者调查雅加达华文教育现状时，遇到的印尼年轻华裔（汉语学习者除外）几乎都不会说华语，只有60岁以上的老一辈华人才会讲一口流利的中文。这种华语的断层也表现在印尼华文教师的老龄化问题上：笔者对雅加达华文教师联谊会②进行了问卷调查，在回收的27份有效问卷中，发现该联谊会教师的平均年龄为65岁，年龄最大的甚至高达78岁，而年轻的面孔则不足一手之数，由此可见印尼华文断层何其严重。同时，印尼华人的政治和民族认同发生了彻底的转变，由传统的“落叶归根”转变为“落地生根”。邵建寅先生就曾用“鲑鱼情节”到“茉莉花情节”的转变来表示这一现象。③ 笔者对此亦深有同感。笔者的印尼华人朋友来华留学，他对人们因他流利的口语而误将他视为中国人喜忧参半，喜的是他的中文水平得到了本地人的认可，忧的是他自觉未能体现印尼本国文化。以上现象带出了以下问题：继印尼华人政治与民族认同转变之后，曾经的文化上的中华文化认同是否也发生了转变？

---

① 李卓辉，印尼华人，《印尼新报》总编、“亚洲创新研究中心”执行人。此处引用的是笔者在印尼调研期间拜见李卓辉先生时的谈话。

② 雅加达华文教师联谊会，印尼首都雅加达的一家非营利性教师培训机构，成立于2006年。由郭美华等5位热心华教的前辈筹备创立，旨在提高雅加达地区华文教师的华语教学水平，推进印尼华文教育事业发展。2010年该组织发生分裂，一部分成员留在原“雅加达华文教师联谊会”，另一部分成员则成立“雅加达华文教师公会”。

③ 吴勇毅：《新时期海外华文教育面临的形势及主要变化》，《浙江师范大学学报》（社会科学版）2010年第2期，第18页。

文化认同如果发生转变，势必源于文化本身的转化。那么，印尼华人的中华文化能否被转化或者说被部分地同化了呢？对此，孔飞力教授在他提出的“通道－小生境”模式（corridor-niche model）中专门做出了解释，即离散华人的“克里奥尔化”[①]。“劳力输出和海外经商均是男性的（事业）追求，在19世纪末叶之前极少有中国女性移居海外，因为她们负有在家照顾父母的责任，长期旅居海外的华人逐渐迎娶本地女性为妻并将她们作为自己生意上的助手，时至18世纪中叶的欧洲殖民统治时期，这种由异族通婚而逐渐形成的土生华人社群成为海外华人的主要生活模式。而这种由异族通婚出现的具有文化稳定性的‘克里奥尔化’社群，在爪哇马来文中叫作‘伯拉纳干’（Peranakan），意为‘土生’；在马六甲、槟榔屿和新加坡，此类社群被叫作‘峇峇’（Baba）；而在菲律宾，则被叫作‘美斯蒂索’（Mestizo）。”[②] 在孔飞力教授看来，“克里奥尔化”并不是完全同化，这种华人的“‘克里奥尔化’融合了福建文化与马来文化两种文化的特点：华人的姓氏与非近亲婚姻的要求得以保留，但婚丧嫁娶等习俗体现了文化交融的影响，华人父系为主的严格家庭模式为本土习俗所拓宽，例如，在中国新郎入赘新娘家的情况非常少见，但在克里奥尔社群中则比较常见”。至于为什么离散华人普遍地被“克里奥尔化”而非被彻底同化，孔飞力认为原因有三：“与中国不间断的、充满活力的通道，当地社会独特的文化生态以及殖民当局的政策。”而且“此类克里奥尔化家庭往往不会让子女与当地人通婚，而是选择土生华人家庭的子女，或者将华人新移民招为女婿……这些都使得混杂中华文化与马来文化的克里奥尔文化得以长期延续”[③]。廖建裕对

① 克里奥尔化，Creolized，使（某语言）克里奥尔语化；由于不同语言社区之间的相互接触，一种语言将另外一种或多种不相关语言中的很大一部分特征融入自身。孔飞力所指的马来亚、荷印华人的克里奥尔化，在语言上是指以马来语法为主，同时混杂进一些借用闽南语词语的华人马来语，在文化上则是指华人的部分在地化（当地化）。

② Philip A. Kuhn, *Chinese Among Others: Emigration in Modern Times*, (Singapore: NUS press, 2008), pp. 70－71.

③ Philip A. Kuhn, *Chinese Among Others: Emigration in Modern Times*, (Singapore: NUS press, 2008), p. 71.

印尼华人文学的描述证实了孔飞力教授的观点："土生华人出生于荷属东印度，一般都具有母系方面的土著血统。他们大多数不会讲中国方言或华语，而以当地语言沟通。在爪哇主要城市，尤其是多人居住的北海岸，巴刹马来语与福建方言成为一个混合语言。19 世纪末，这种混合语演变成为巴达维亚（即雅加达）马来语（或称低级马来语），并且成为爪哇土生华人社会的共同语。很自然地，土生华人最早的文学作品，多数是用这种语言写的。"①

无论是孔飞力教授提出的离散华人的"克里奥尔化"，还是廖建裕描述的印尼华人文学，他们都点明了一个客观历史事实：中华文化虽然难以被彻底同化，但可以与当地文化相融合。本文认为，这一源于历史的结论同样适用于今天：在经过 32 年的强制同化之后，印尼年轻一辈华人已经再一次"克里奥尔化"，② 尤其是民族语言的丧失以及祖先文化教育的缺失，使他们部分地融入了印尼本地社会，由此而逐步形成了与"传统中华文化"相异的、融入印尼本土文化的"华人（族）文化"。由此我们可以进一步推导出：旨在传承中华文化的"华文教育"与新时期旨在传承华人文化的"华人教育"相异。

然而，仅仅指出"华人文化"相异于"中华文化"依然不能解决本文提出的问题，我们还必须进一步对当前印尼"华人（族）文化"与"华文教育"之间的关系进行界定。

六　华人教育：包含语言在内的以华人性为核心的华族文化的复兴

要回答印尼"华人（族）文化"与"华文教育"的关系问题，最核心

① 廖建裕：《现阶段的印尼华人文学》，新加坡文艺协会，2010 年 8 月 13 日，http://sgcls.hi2net.com/blog_read.asp?id=174&blogid=8850。

② 印尼独立后，当时强烈的民族主义和爱国主义情怀，使得印尼华侨和已经"克里奥尔化"的大多数侨生华人出现了程度不同的"再华化"，鉴于此，32 年的同化政策是印尼华人的第二次"克里奥尔化"。

的就是要回答新时期印尼华人为何要复苏华文的问题。如果说，经过32年的强制同化，印尼华人已经自觉不自觉地形成了独特的“华人（族）文化”，那么，国家政治认同、民族认同乃至文化认同都转向当地的印尼华人，在民主改革后，为什么还要复兴华语呢？

云昌耀博士对此做了回答：“中国近年来的经济崛起，以及该崛起在东南亚区域造成的影响……多位学者观察到，那些原本对自己华人出身几乎完全丧失归属感的华人，开始重新发掘自身的华人性，并自发性地认同自身的华人‘根源’——这种行径有时称为‘再华化’。”① 在云博士看来，“再华化”即“华人性”的复苏。本文认为，中国的经济影响力是外在经济动力，“重新发掘自身的华人性”才是内在的文化动力，而这种动力其实是对苏哈托政府32年强制同化政策的反弹。这种“华人性”（Chineseness），“被认为是华人移民及其后代先天性的，且不会因个人偏好而改变的固有特性”②。在苏哈托时代，“华人性”是作为一个贬义词而存在，被视为阻碍印尼华人“被同化”的主要障碍。在今天，“华人性”则被作为一个保持印尼华族族性的名词而存在。

那么，何谓华人性呢？这在不同的语境下往往有不同的含义。吴小安认为：“以‘华人’族群和文化为焦点参照的‘华人性’，主要侧重于华人个人与华人族群相对于异国他乡与祖籍国文化之间时空错位的身份认同，主要强调是个人对国家、少数族群对多数族群、边缘对中心、移民与同化过程中的多元性、差异性与复杂性的对立统一。”③ 关于华人性的主要内容，孔飞力教授强调“家庭制度”、“商业化”和“在海外维持中国文化”④，而在王

---

① Chang-Yan Hoon, *Chinese Identity in Post-Suharto Indonesia: Culture, Politics and Media* (Brighton: Sussex Academic Press, 2008), p. 83.

② Philip A. Kuhn, *Chinese Among Others: Emigration in Modern Times* (Singapore: NUS press, 2008), p. 80.

③ 吴小安：《概念脉络、文化关怀与比较视角：华侨华人研究的再梳理》，载《中国华侨历史博物馆开馆纪念特刊》，中国华侨出版社，2014，第3页。

④ 吴前进：《孔飞力教授与海外华人研究——在哈佛访孔飞力教授（Professor Philip A. Kuhn）》，《华侨华人历史研究》2005年第2期，第76页。

赓武教授看来："其核心价值包括尊重教育、唯才是举、勤劳节俭、忠于家族纽带（respect for education and meritocracy; hard work and thrift; and loyalty to family networks）。"[①] 李明欢教授认为，这种包含华人性的华人文化与中华文化是源与流的关系，"东南亚的华人文化导源于中华文化，从其原始形态来说，中华文化是源，东南亚华人文化是流"[②]。

那么印尼华人为何要复苏其华人性呢？原因就是在苏哈托执政的30余年间，印尼华人的华人性遭到了严酷破坏，比如"在海外维持中国文化""母语教育"以及"与母国文化上的联系"等海外华人都具有的文化行为在印尼却遭到了毁灭式的打击和清除，以至于印尼华人的语言文字、姓氏、节假日乃至祖先崇拜等都或多或少被强制同化或者"克里奥尔化"。一位老一辈的印尼华裔作家这样批评苏哈托的同化政策：它"迫使华人学童丧失了节俭、刻苦、坚忍不拔、敬老、尊师重道、儒家伦理、人本精神等（华人性），并且扭转了他们的人生，让他们变得懒散、好逸恶劳、奢侈而毫无目标"[③]。但是，这并不意味着印尼华人的华人性全部丧失了，相反，华人性的核心如尊重教育、唯才是举、勤劳节俭、忠于家族纽带等在印尼华人身上始终未变，这一点在笔者调研期间得到了验证。笔者在印尼认识的一位年过六旬的华人阿姨，她和她的母亲都不会说中文，她成长于一个说荷语和英语的天主教家庭。然而，在每年的春节，她和她的兄弟姐妹们以及各自的家庭成员都会齐聚巴厘岛，共同给他们的妈妈祝福。通过阿姨给笔者展示的全家福照片，可以看出，其家族成员数量接近百人，这种庞大家庭无疑是华人性的体现（即使他们丧失了母国语言和变换了宗教信仰）。而且，今年（2019年）她已经送她最小的女儿来中国的北京电影学院上学，即使她的女儿实

---

① Philip A. Kuhn, "Wang Gungwu: The Historian in His Times," *in* Billy K. L. So, John Fitzgerald, Huang Jianli, James K. Chin, eds., *Power and Identity in the Chinese World Order: Festschrift in Honour of Professor Wang Gungwu* (Hong Kong: Hong Kong University Press, 2003), p. 22.

② 李明欢、黄猷：《东南亚华人族群文化与华文教育》，《海外华文教育》2008年第1期，第53页。

③ Chang-Yan Hoon, *Chinese Identity in Post-Suharto Indonesia: Culture, Politics and Media* (Brighton: Sussex Academic Press, 2008), pp. 72－73.

际上希望去加拿大。这位阿姨的经历其实就体现了印尼华人深层的“华人性”以及“再华化”的潮流。这种“再华化”既是对曾经强制同化政策的反弹，也是对中国经济崛起的正向反馈，但是，最深层的则是文化上的原因，即外在条件允许“华人性”的复苏。

进一步而言，这种华人性的复苏和华文教育有何关系呢？本文认为，对“数典忘祖”的批判是华人性的重要内容，即忘掉祖先的语言、文化传统是极端错误且不可接受的行为。于是，一旦外在条件允许，华人性中“尊重且传承祖先语言和文化”的深层文化心理效应便会发生作用，才会出现老一辈华人不辞辛苦不计酬劳创办“三语学校”“私立华校”等，才会出现父母强制要求子女学习中文的现象。[①] 云昌耀博士将这一现象称为“文化使命”：“其发动者为老一辈华人，他们认为自己有义务将华语文传递给已经被同化的年轻一辈华人。”[②] 所以，本文认为，新时期印尼的华人教育，是一场包括语言在内的以华人性为核心的华族文化的复苏。

至此，本文提出的问题才得到了解答，即为何对华人进行教育的达国新雅学院的学生对中华文化的了解和兴趣不如汉语教学的印大汉学系的学生。

第一，中华文化≠华人文化。对于失去了“祖先语言文字教育”和“祖先文化传承教育”的年轻一辈印尼华人来说，如果不考虑文化深层次的“华人性”，那么华文学习对他们来说几乎就是一个困难的第二语言学习。笔者的印尼华人朋友就曾分享过他的一个经历，第一年在中国学习汉语时，他的中文老师就因为他是华人所以对他的要求很高甚至苛刻，他为此深感委屈。所以说，拥有华人面孔和华人血统的印尼华人，对断绝了 32 年的华文学习不感兴趣乃至畏惧是一件再正常不过的事情。新雅学院华人学生对中华文化不感兴趣，并不等于他们对华人文化就不感兴趣，他们的家族纽带、尊

---

① 本文开头的问卷中，选择“父母的要求”的比例并不高，原因在于笔者调查的是“最重要”的汉语学习动机，即使如此，依然有一些华人学生选择“父母的要求”，对 7 位新雅老师的问卷调查中，也有 2 位老师认为学生学习汉语主要是“父母的要求”，这种“父母要求自己的孩子学习中文”的现象在印尼华人小孩身上表现得最为明显。

② Chang-Yan Hoon, *Chinese Identity in Post-Suharto Indonesia: Culture, Politics and Media* (Brighton: Sussex Academic Press, 2008), p. 92.

重父母长辈、勤奋上进等属于华人文化的基因在他们身上依然延续了下来。对他们进行“中华文化认知度调查”而非“华人文化认知度调查”本身就带有偏差的成分，有着典型的“中国中心”色彩。

第二，学习华语本身就是印尼“华人文化”复苏的标志性事件。正如前文所述，老一辈华人以及孩子的父母们往往自觉或不自觉地表现出一种使命感，这种使命感用雅加达华文教师联谊会一位老教师的话说就是：“是华人就必须要会说华语！”换言之，如今的印尼华人教育，包括私立新雅学院以及八华学校等“三语学校”在内，这种老一辈辛苦办校、新一辈华人辛苦学习华语的现象本身就是一场典型的包含华人性的华族文化复苏。新雅华人学生所处的华校、所面对的华文老师、每天所学习的语言等行为本身就是华人文化复苏的现象。问卷调查的数据结果并不能否定其中的文化意义。

七　总结：文化视角下近现代印尼华文教育的特点

学界普遍认为，在新时期印尼的华文教育中，拥有华人家庭背景的学生先天性地要比本地学生更具优势，这种优势即便不是语言上的，也一定表现为对中华文化的兴趣和认知方面。然而，本文在雅加达的实地调查却推翻了这一看似理所当然的推论。为了解释这一“反常识”现象，本文立足于文化视角对印尼华文教育做了重新检视，发现如下几点。

第一，印尼近现代华文教育先天带有文化传承的基因并与文化传承呈正相关性，这为本文从文化视角检视印尼近现代华文教育提供了理论支撑。

第二，“华文教育”概念的模糊性。为此本文依文化传承内容上的差异而将印尼华文教育分为“华侨教育”“华文教育”“华人教育”三类。

第三，“中国文化”与“中华文化”之间的模糊性。本文认为，在华侨华人（包括华文教育）的研究中，去“中国中心”十分必要。

第四，“中华文化”与“华人文化”概念的模糊性。印尼华人已经再一次“克里奥尔化”而形成相异于“中华文化”的“华人（族）文化”。

第五，新时期印尼的华人正在自觉不自觉地进行一场包含语言在内的以华人性为核心的华族文化的复苏，而华人教育本身就是这场文化复苏的重要内容。

由于特殊的历史因素，印尼的华文教育走到今天殊为不易，其中的某些议题甚至直到今天依然敏感，这就要求我们在研究相关问题时，立足于印尼的现实情况，自觉摒弃“中国中心”的立场，及时发现和解释新出现的现象。本文在发现新问题并尝试予以解释的同时，存在一些不足在所难免，比如个人单方面调查的现象是否具有普遍性，问卷调查的可信度问题，以及大量借鉴已有学者的理论等，这些都可能造成本文的研究观点出现偏差。

专 题 篇

Special Reports

B.12

中印尼人文交流机制评估与创新研究

刘明周 *

摘 要： 印度尼西亚是中国与他国确立高级别人文交流机制的第一个发展中国家。这既与印尼在中国未来战略中的地位有关，也是中国特色社会主义大国外交进入新时代的要求。目前中印尼人文交流机制无论是在顶层设计上还是在具体执行上都存在不足。首先，在顶层设计上，缺乏关注弱者的思维；过度注重对外文化输出，对“印尼通”的培养不够重视。其次，在具体执行中，整体协调不足；年度抓手项目缺乏长期的战略规划；政府角色过重，民间参与不足。本文提出的政策建议有：一是以增加妇女交流为契机，把关爱弱者的思维贯穿

* 刘明周，博士，华中师范大学政治与国际关系学院副教授，硕士生导师，华中师范大学中印尼人文交流研究中心研究员。

于中印尼人文交流的未来设计与执行中；二是设立印尼研究的实体机构，着力培养“印尼通”；三是从制度设计上提升人文交流机制建设的整体协调；四是重视人文交流中的民间参与，把中国与印尼人文交流的模式确立为政府搭台、民间主演。

关键词： 人文交流机制　顶层设计　项目协调　年度抓手

关于中印尼人文交流机制评估与创新，我们拟从四个方面进行论述。首先评述国内外学界对此问题的既有研究；其次是梳理中印尼人文交流机制建设的历史；再次是分析中印尼人文交流机制建设中存在的问题；最后以在印尼的实地调研、参与的印尼相关会议、收集的中外文文献为基础，针对中印尼人文交流机制建设中存在的问题提出有针对性的对策建议。

一　中印尼人文交流机制创新研究评述

到目前为止，国内外的一些学者已经对中印尼人文交流机制建设与改进进行了有益的探讨，我们可以大体梳理如下。

首先，从整体上探讨中国与他国人文交流机制建设的研究，其研究对象不局限在印尼一个国家。例如探讨“一带一路”背景下人文交流机制建设[①]、中国与周边国家的人文交流机制建设[②]、中－美人文交流机制建设[③]、

① 王晓玲：《“周边命运共同体”构建与人文交流思路的转换》，《现代国际关系》2015 年第 5 期；邢丽菊：《推进“一带一路”人文交流：困难与应对》，《国际问题研究》2016 年第 6 期；乌兰图雅：《“一带一路”背景下中国与周边地区的人文交流机制》，《东北亚学刊》2016 年第 5 期。

② 许利平：《中国与周边国家的人文交流：路径与机制》，《新视野》2014 年第 5 期。

③ 潘亚玲：《中美人文交流：成就与展望》，《教学与研究》2015 年第 12 期；杨松霖：《中美人文交流：现状、问题与对策》，《江南社会学院学报》2016 年第 2 期。

中－英人文交流机制建设[①]、中－欧盟人文交流机制建设[②]，以及中印尼人文交流机制建设[③]。这些研究从整体上探讨了中国对外人文交流机制建设的历史基础、发展现状、存在的问题、未来的改进思路等。这样的研究为探讨中印尼人文交流机制的创新提供了有用的思路。

其次，集中探讨中印尼人文交流机制建设的问题。在这一领域，许利平研究员是最重要的学者。在《中国与周边国家的人文交流：路径与机制》一文中，许利平以印尼为主要依托，分析了人文交流的地位，把人文交流清楚地界定为人员交流、思想交流、文化交流三个核心内容，他还深刻指出人文交流是有目的的，即实现文化认同与价值认同，从而使人文交流机制的研究有了重要的依归。许利平把人文交流的路径区分为传统路径（教育交流、文化交流、青年交流）和现代路径（包括科技交流、媒体交流、体育交流、旅游交流）。许利平把双边人文交流机制精确定义为：中国与周边某一个国家，以官方对官方的形式签订的部长级以上的双边人文交流定期沟通或协商机制。

最后他对未来的双边人文交流机制改进提出了建议[④]。在《新时期中国与印尼的人文交流及前景》一文中，许利平集中探讨了中印尼人文交流的基础，把交流现状归结为"宽领域、多层次、高水平"。然后，他从青年、体育、教育、文化、科技、媒体、地方政府、卫生等几个层面分析了中印尼人文交流的现状，并对中印尼人文交流机制的完善进行了多方面的探讨性思考。[⑤] 其他一些学者也在论述人文交流机制建设时讨论了中印尼人文交流机制的问题与改进建议。[⑥]

---

① 陈文妍：《中英高级别人文交流机制研究》，硕士学位论文，北京外国语大学，2017。

② 曹静：《中欧关系框架内人文交流机制研究》，硕士学位论文，山西大学，2016。

③ 许利平：《新时期中国与印尼的人文交流及前景》，《东南亚研究》2015 年第 6 期。

④ 许利平：《中国与周边国家的人文交流：路径与机制》，《新视野》2014 年第 5 期。

⑤ 许利平：《新时期中国与印尼的人文交流及前景》，《东南亚研究》2015 年第 6 期。

⑥ 王晓玲：《"周边命运共同体"构建与人文交流思路的转换》，《现代国际关系》2015 年第 5 期；乌兰图雅：《"一带一路"背景下中国与周边地区的人文交流机制》，《东北亚学刊》2016 年第 5 期；张骥：《何以交流：中外人文交流的三大源流》，《世界知识》2017 年第 23 期。

在相关学者的研究中，中印尼人文交流机制的基础、现状部分的内容比较容易取得共识，在论述中有趋同现象，但对研究中存在的问题，专家学者的看法有很大分歧，与此相联系的是，专家学者提出的对策建议也有很大差异。整体而言，大部分学者同意：中印尼人文交流机制建设的顶层设计已经制定妥当，后续的重点应该是政策的具体落实。但在不同领域何者为重的关键点上，专家学者的观点歧异很大。有主张重点推进教育的，有主张重点发展新兴领域的。就政府与民间在双边人文交流机制中的地位，各位学者的意见也不一致。因而，在未来的研究中，对中印尼人文交流机制存在的问题进行深入探讨仍然是研究的重点，提出切实可行的对策建议也仍然是学者关注的重中之重。

本文的主要研究目标是为中印尼人文交流机制的完善提供切实可行的对策建议，其内在包含的问题是：中印尼人文交流机制是在什么样的背景下确立的，其目的何在？中印尼人文交流机制现存的主要问题是什么？并据此提出有针对性的对策建议。

二　中印尼人文交流机制的历史梳理

中国与印尼的人文交流有着悠久的历史。一些学者认为在早中国汉代，中国与印尼的人文交流就已经出现[①]。值得注意的是，在早期的中印尼人文交流中，宗教发挥了极为重要的功能，甚至可以说，宗教是当时中印尼人文交流的主要形式，僧侣与穆斯林传教士的身影在中印尼人文交流中频频出现。在漫长的殖民统治时期，印尼与中国的人文交流受到很大影响，但是并没有中断，大量中国华人流入印尼，对印尼的经济社会发展发挥了重要作用，人员交流成为中印尼人文交流的重要特色。印尼独立后，其与中国的关系一度比较亲密，周恩来总理在参加万隆会议时提出“求同

① 孔远志：《流光溢彩的中国印尼文化交流》，载何芳川主编《中外文化交流史》，国际文化出版公司，2008。

存异”的口号，这与印尼“殊途同归”的观念极为契合，中国文化也在印尼获得较大的认同。[①] 其后，由于政局变动，印尼一度断绝了与中国的外交关系，中印尼人文交流受到致命影响。但从20世纪90年代中、印尼外交关系恢复以来，中印尼人文交流取得的成就是极为明显的。中印尼副总理级人文交流机制就是中国与发展中国家确立的第一个人文交流机制，地位极为特殊。什么因素使得印尼成为中国与他国确立高级别人文交流机制的第一个发展中国家？又是什么因素使中国在2015年决定与印尼确立这样的高级别人文交流机制呢？简言之，中国这样做的动机以及目的是什么？

印尼作为中国选择的特殊对象与其在中国未来战略中的地位有关。习近平主席根据中国发展的新形势提出了“一带一路”倡议，值得注意的是，习近平主席是在印尼提出“21世纪海上丝绸之路”倡议的，这足以证明印尼在中国“一带一路”倡议中的特殊地位。习近平主席在提出人类命运共同体的理念时，特别强调要首先建设周边命运共同体，[②] 周边外交在中国外交中的地位迅速上升。中国外交部部长王毅则清晰地说明，周边外交将是中国未来外交的优先方向，而东盟更是中国周边外交的重点。[③] 印尼是东盟中最核心的国家之一，甚至可以说是东盟中最重要的国家，基于印尼在东盟的这种重要地位，印尼在中国未来外交中的地位也将是极其重要的。此外，中国与印尼的关系也存在不少问题，需要花大力气加以处理。就此而言，启动中印尼人文交流机制对推动中、印尼关系的良性发展具有特殊意义，对中国确立亲诚惠容的和睦周边关系意义重大。

2015年也是一个很值得探究的年份。2012年11月，在中国共产党十八大报告中明确提出建设海洋强国的战略。2013年10月，习近平主席

---

① 许利平：《新时期中国与印尼的人文交流及前景》，《东南亚研究》2015年第6期。

② 《习近平：中国始终将周边置于外交全局的首要位置》，新华网，2015年11月7日，http：//www. xinhuanet. com/politics/2015－11/07/c_ 1117070341. htm。

③ 《王毅：坚持正确义利观　积极发挥负责任大国作用》，《人民日报》2013年9月10日；《王毅：共同促进和保护人权　携手构建人类命运共同体》，《人民日报》2017年2月27日。

又提出建设“21世纪海上丝绸之路”的倡议，而提出的地点正是在印尼。有趣的是，此倡议刚刚提出，佐科就成为印尼的新总统，他上任伊始也提出以“全球海洋支点”为核心的海洋强国战略，“21世纪海上丝绸之路”与“全球海洋支点”有很强的契合性。换句话说，印尼在中国“21世纪海上丝绸之路”的倡议中发挥着极其重要的角色。这就使早先中、印尼零零碎碎的人文交流难以满足新时代的需要了，中、印尼的关系需要深入发展。而为了推动中、印尼关系的深入发展，我们必须夯实中、印尼关系的民意基础，实现民心相通。这正是此时此刻中国决定与印尼确立高级别人文交流机制的原因。

根据习近平主席与佐科总统的建议，2015年5月27日，刘延东副总理与印尼人类发展与文化统筹部部长布安共同启动中－印尼副总理级人文交流机制，并共同主持首次会议。这样，通过官方的正式文件，确定了中印尼人文交流机制的方式，确保了中印尼人文交流在未来的岁月里不会因为一时一地的矛盾而搁浅，中、印尼民众之间的民心相通切切可期，中、印尼关系的深入发展有了更坚实的民意基础。换言之，中印尼人文交流机制建设的目的是明确的，即通过人文交流，助力中国特色社会主义新时代的大国外交，推动中国梦更好实现。

三　中印尼人文交流机制建设中存在的问题

自2015年中印尼副总理级人文交流机制首次会议召开以来，双方已经召开了三次相关会议，第四次会议也即将召开。双方合作的领域涵盖了教育、科技、文化、卫生、媒体、青年、旅游和体育等8个领域。双方探索建立了印尼－中国技术转移中心，中、印尼针对两国企业发展需求，继续举办技术对接活动、技术培训班并开展技术示范项目等。中、印尼加大了两国科研人员往来，共同实施印尼杰出青年科学家来华工作计划，同时积极探讨组织科学家互访团组，开展研讨会等活动。整体而言，中印尼副总理级人文交流机制建设取得了很大成就。但是，中国特色社会主义已走入新时代，中华民族的伟大复兴正在加速推进，人类命运共同体的建设也在有序推进，这些都要求中国外交、中国对外人文交流取得更大进步，就此而言，中国对外人文交流的现状已经不能满足新时代的要求，它需要加速前行。而这就需要对中国对外人文交流机制进行创新发展，中印尼人文交流机制也同样如此。

如果要对中印尼人文交流机制创新提出有创见性的建议，我们必须从整体上分析中国的对外人文交流机制建设，从中发现需要进一步完善的内容。因而，从整个中国对外人文交流机制方面进行分析就是必不可少的。到目前为止，我们已经与九个国家和地区确立了高级别的人文交流机制，交往的领域涵盖教育、文化、青年等多个领域。仔细分析就会发现，我们的人文交流呈现出一些弱规则性（参阅表1）。

表1　中外高级别人文交流中各领域出现的频次

国家 领域	中　俄	中　美	中　英	中欧盟	中　法	中-印尼	中　德	中南非	中印度
教育	■	■	■	■	■	■	■	■	■
文化	■	■	■	■	■	■	■	■	■
卫生	●	●	●		●	●		●	
体育	◆	◆	◆		◆	◆	◆	◆	◆
科技		●	●	●	●	●		●	
媒体	◆		◆	◆	◆	◆	◆	◆	◆
旅游	●		●		●	●		●	●
青年	■	■	■	■	■	■	■	■	■
妇女		□		□	□			□	
地方合作			□		□				
电影	□								□
智库								□	
学术								□	□

■ 全部国家 ◆ 八个国家 ● 六个国家 □ 四个国家及以下

资料来源：作者根据官方有关数据自制。

表1展示了中国对外人文交流机制的基本格局。它清晰地告诉我们，在过去的人文交流中，教育、文化、青年是中国与他国人文交流的主要领域，体育与媒体次之，卫生、科技与旅游处于第三等级，妇女、地方合作、电

影、智库等处于边缘地位。

这种人文交流格局的效果如何？由于中国与某些国家建立的高级别人文交流机制时间不长，客观评价似显仓促。但在大胆假设与实际求证的基础上，我们还是可以得出某种结论。一个关键的问题是，如果与中国确立人文交流机制的国家出现大的政局变动，人文交流机制的前景将会如何？其结果大致可以分为两类。

第一类：在诸如中美、中英、中法、中欧盟、中德这一类型中，人文交流机制受到的影响有限。因为这些国家政体变动的可能性小，政策的连续性也比较强，例如，美、英等国的政党轮替并未改变双方人文交流机制的连续性。

第二类：在诸如中、印尼，甚至中俄之间，情况可能会有所不同。一旦这些国家政局发生变动，双方之间的人文交流机制能否顺利延续就会成为问题。在我们私下与俄罗斯留学生的交谈中，感到他们对中俄之间的人文交流印象并不深刻。[①] 这意味着，一旦他们的政府终止了与中国的人文交流机制，其在社会中引起的反响会很微弱，这种反响不足以影响政府的决策。

具体到中印尼人文交流机制上，我们通过私下与印尼留学生接触，发现他们对中印尼人文交流机制的印象也不是特别深刻。[②] 我们2018年8月在印尼的实地调研也发现印尼的普通民众很少从中印尼人文交流机制建设中获益。[③] 在政府层面，印尼政府多次声称中国与印尼的交流需要更多照顾印尼的需求，换言之，印尼认为，中印尼人文交流机制并没有照顾印尼的需求。

---

① 课题负责人与中南财经政法大学国际关系专业俄国籍硕士留学生 Anastasiia、华中师范大学国际关系专业俄国籍硕士留学生 Aleksei Chesnokov 访谈所得。Anastasiia 是本人在中南财经政法大学指导的硕士留学生，Aleksei Chesnokov 是本人在华中师范大学指导的硕士留学生。

② 课题负责人 2018 年 3 月至 6 月在学习印尼语过程中与华中师范大学印尼籍硕士留学生 Gerard Ertandy、Yuliannova Lestari 访谈，此两名学生目前正在华中师范大学政治与国际关系学院攻读硕士学位；课题负责人 2018 年 8 月到印尼调研过程中与 Muhammad Arief Zuliyan 座谈，该学生目前正在华中师范大学政治与国际关系学院攻读硕士学位。

③ 课题组成员 2018 年 8 月 18 ~ 26 日在雅加达的印度尼西亚大学、万隆的 Maranatha Christian University 孔子学院等单位与印尼教师座谈结果。印度尼西亚大学的座谈对象为社会与政治科学学院院长 Arie Setiabudi Soesilo、政治学系主任 Julian Aldrin Pasha、教学主任 Meidi Kosandi，以及该学院 Hariyadi Wirawan、Panji Anugrah Permana、Dra Nurul Isnaeni 等博士。Maranatha Christian University 孔子学院的座谈对象是印尼方院长 S. Septerianie 博士等。

整体而言，中印尼人文交流机制的成效仍然需要进一步提高。一个迫切需要回答的问题是：为什么中印尼人文交流机制效果欠佳？我们认为，效果不佳既与中国对外人文交流的顶层设计有关，也跟其具体执行有关。

（一）顶层设计

第一个需要注意的问题是，我们的对外人文交流机制设计中缺少一种关爱弱者的思维。上文的人文交流领域图表隐含着某些关键内容。其中，妇女合作在整个人文交流格局中处于边缘地位，中国体制性的妇女交流对象几乎全是发达国家或组织，即美国、法国、欧盟以及南非。由此产生的关键问题是：为什么只有发达国家才强调妇女合作在人文交流中的角色？这种局面是由中方推动，还是西方国家推动的呢？其背后的动因是什么？我们没有直接接触人文交流机制的设计，无法准确断言。但推断告诉我们，在这方面，西方国家的推动应该起了重要作用。因为，如果是中方主动，其实施范围不会只是集中在这些发达国家。后续的问题是：为什么西方国家着力推动这个看似跟人文交流无关的妇女交流？答案是：它看似无关，实际上却关涉重大。一位白人牧师在公开演讲中宣称，当国家开始关注弱者的时候它将会变得强大，当国家开始关注穷人的时候它将会变得富裕，当国家关注易受伤害者的时候它将变得坚不可摧。话音未落即获得全场经久不息的掌声。这位牧师的话实际上揭示了政治传统中的一条隐线，那就是政府对弱势群体的一种义务。也正是这条隐线赋予政府以最深厚的合法性与合理性。而在大部分西方国家，女性一直被视作弱势群体。西方国家强调妇女交流正是其关爱弱者的思维体现。我们认为，中国对外人文交流机制效果欠佳的一个重要原因，是我们的人文交流机制缺少对国外弱势群体的关注。教育、体育、旅游、电影等交流充满利益因素，科技、文化、智库等交流更多体现了追求实用性的思路，青年交流体现了追求持续性的功利性，媒体交流则体现积极铺设交流载体的迫切性。统而言之，我们的对外人文交流机制建设体现的是效益性与功利性，而忘记了人文交流的核心在于实现民心共鸣。在现有的人文交流格局中，卫生交流在许多时候可以体现政府对弱势群体的关注，但它在整个框架中地位有限，而更能体现关注弱者思维的妇女交流在中印尼人文交流中缺位了。症结的核心正在于此，由于我们的对外人文交流机制设计与执行缺少一种关爱弱者的思维，中印尼人文交流机制才在印尼普通民众中印象不深，不能引起他们的共鸣，也不具有震撼人心的效果。

顶层设计中第二个需要注意的问题是，我们的人文交流太强调单向输出文化，而忽视了认识与了解对方的文化。孔子学院、媒体国际化等都是这种思维的体现。2018 年 11 月 24 日，华中师范大学的中印尼人文交流研究中心召开了 2018 年度中国 – 印尼高校人文交流国际论坛，来自中国与印尼高校的 16 位校长和副校长、印尼佐科总统顾问与高教部前副部长法斯里·贾拉勒（Fasli Jalal）、望加锡市副市长黎萨尔·马祖基（Syamsu Rizal Marzuki Ibrahim）、各高校国际合作处的负责人及 40 多位中、印尼专家学者参加了会议。在会议的讨论过程中，不少专家都指出中国对外人文交流过度强调单向度地对外输出，而没有足够重视吸取对方文化中的有益因素。[①] 这就使未来的中印尼人文交流在印尼方面容易出现一种消极态势，不利于双方人文交流的持续展开。在后续的人文交流机制建设中，我们需要强调深入了解印尼民众，加大力度培养深晓印尼文化的“印尼通”，使中国的对外人文交流取得更大成效。

（二）执行方面

中印尼人文交流机制建设的最大问题在具体执行层面。在执行层面，中印尼人文交流机制建设存在的问题主要有三。首要也是最大的问题是中印尼人文交流机制建设中整体协调性不足，部门争功思想明显。自中印尼副总理级人文交流机制确立以来，双方合作的领域涵盖了教育、科技、文化、卫生、媒体、青年、旅游和体育等 8 个领域。这么多的交流领域表明人文交流是多个部门的事务，因而特别需要在各个部门之间进行协调。但在现实中，

---

① 《中印尼高校校长学者齐聚江城　共绘两国高校人文交流新篇章》，中国网，http：//news. china. com. cn/2018 – 11/26/content_ 74210023. htm。

这些不同部门有不同的领导，在绩效思维的引导下，各个部门都希望彰显自己单位的交流成果，各个部门之间很容易出现争功思想。而且各个部门对自身业务也有一个统筹规划，这就使中印尼人文交流的某些领域有可能在其整体规划中处于边缘地位。实际上，在我们2018年8月到印尼的实地考察中，印尼的一些学者与机构也曾经向我们含蓄地表达过中国在中印尼人文交流机制建设中确实投入了不少资金，但除了中印尼副总理级人文交流机制会议是整体性的外，中方各个部门对印尼的人文交流交叉重叠，许多时候让印尼方感觉无所适从。[①] 如果没有一个常态性、强有力的协调机构，中印尼人文交流机制建设的效果有可能大打折扣。

其次，年度抓手项目具有随机性，缺乏长期的战略规划。为了使中印尼人文交流取得更大效果，中国政府推出了年度抓手项目。在2015年的首次中印尼副总理级人文交流机制会议上，我们特别强调了教育合作交流：第一，中方决定在未来三年每年向印尼增加提供100个政府奖学金名额；第二，中国政府向印度尼西亚大学捐赠价值50万元人民币的教学设备；第三，孔子学院总部邀请100～200名印尼的大学生来华参加2015年“汉语桥”夏令营；第四，鼓励两国大学建立沟通平台，完善智库合作机制，促进非政府组织、社会团体等交流往来。2016年，中印尼副总理级人文交流机制第二次会议决定以“互联互通互信·相知相识相亲”为主题，基础设施的交流与合作占据了重要地位。2017年，在中印尼副总理级人文交流机制第三次会议上，科技交流部分地位明显。然而，这些年度抓手项目之间有什么内在关联，它们如何从整体上服务于提升中、印尼人民之间的民心相通，这一点是不清晰的。相反，这些年度抓手项目似乎呈现了部门与机构轮流上阵的意图。这种缺乏长期规划的年度抓手项目设计有可能影响中印尼人文交流机制

① 课题组成员2018年8月18～26日在雅加达的印度尼西亚大学、万隆的Maranatha Christian University孔子学院等单位与印尼教帅座谈结果。印度尼西亚大学的座谈对象为社会与政治科学学院院长Arie Setiabudi Soesilo、政治学系主任Julian Aldrin Pasha、教学主任Meidi Kosandi，以及该学院Hariyadi Wirawan、Panji Anugrah Permana、Dra Nurul Isnaeni博士等人。Maranatha Christian University孔子学院的座谈对象是印尼方院长S. Septerianie博士等人。

的深入发展。

最后，中印尼对外人文交流中政府角色太明显，而民间参与力度不够。[①] 中印尼人文交流机制首倡于中国政府。2013 年 10 月 3 日，习近平主席对印尼进行国事访问期间，提出“携手建设中国 - 东盟命运共同体”的倡议，强调要坚持讲信修睦、合作共赢、守望相助、心心相印、开放包容。[②] 在随后发布的《中国与印度尼西亚全面战略伙伴关系未来规划》中，两国元首认为人文交流对加强和扩展双边关系至关重要，同意进一步深化人文交流，扩大民间往来，增进两国人民之间的了解和友谊。2015 年 3 月 25 ~ 28 日，印尼新任总统佐科访问中国，两国元首决定建立中印尼副总理级人文交流机制，由中国负责人文交流事务的副总理和印尼人类发展与文化统筹部部长共同牵头。2015 年 4 月 22 日，习近平主席与佐科总统一致同意继续加强和完善两国各领域合作机制建设，将现有的中印尼副总理级对话、高等经济对话和即将建立的副总理级人文交流机制打造成引领两国政治安全、经贸、人文领域合作的“三驾马车”，这才有了中印尼副总理级人文交流机制会议。换句话说，中、印尼官方极具战略眼光，对双方的人文交流做出了重大贡献。然而，在后续的发展中，政府的角色过度明显，中、印尼双方的民间机构介入不足，这就使得中印尼人文交流难以从点到面，难以从星星之火变成燎原之势，不利于中印尼人文交流机制的持续发展。

这三个重要问题使得中印尼人文交流机制的发展存在极大的不确定性。正如上文所言，由于中国对外人文交流过度强调单向度地对外文化输出，印尼方有时会呈现消极被动的态势，而印尼大部分的普通民众似乎与中印尼人文交流的建设联系不密切，这就使中印尼人文交流机制的持续展开动力不足。后续的建设必须确保中印尼人文交流机制建设不会因为中、印尼一时一地的政治与经济矛盾而受到影响，甚至停摆。

---

① 王勇辉：《当前中印尼人文交流的机遇、问题与政策思考》，〔印尼〕《国际日报》2018 年 7 月 6 日，http：//www. guojiribao. com/shtml/gjrb/20180706/694254. shtml。

② 《习近平谈治国理政》，外文出版社，2014，第 292 ~ 295 页。

四 未来中印尼人文交流机制的创新

针对上文归纳的中印尼人文交流机制建设问题，本文提出如下建议供相关决策部门进行参考。

首先，针对顶层设计中缺乏关爱弱者的问题，本报告提出以增加妇女交流为契机，把关爱弱者的思维贯穿于中印尼人文交流的未来设计与执行中。当其他列强贪婪地要求清政府赔付庚子赔款时，美国政府决定用这些赔款资助到美国留学的中国学生，这体现了对弱势群体的关爱。也许有人会说，留学基本都是富人的事情，这与关爱弱者无关。但在当时，清朝的大部分权贵阶层缺乏留学意识，大部分庚子赔款实际上都被一些中下层孩子使用。这种关爱弱者的思维收获的益处是难以衡量的，中国翻译家把一个与“美”毫无联系的英文翻译为“美国”，体现了当时中国人对美国的多少好感，这种好感甚至延续至今。在印尼，妇女占总人口的约1/2，大约有1.3亿人，在伊斯兰教的影响下妇女地位仍然不高，她们正是印尼典型的弱势群体。随着民主政治的推进，大部分伊斯兰教国家的妇女地位在提升。如能强化妇女合作，彰显中国对弱势群体的关爱，中印尼人文交流机制将更容易在普通民众心中引起共鸣。在可能的妇女交流中，我们要特别重视全国妇联的地位，把其确立为中国与印尼妇女交流的主体执行机构。与此同时，在日益增多的交流领域切不可冲淡中国对外人文交流中关爱弱者的思维，而应该把这种思维贯穿于未来的整个人文交流中。凡与这种思维相左的，要慎而又慎，凡符合这种思维的，宜大胆推进。

其次，针对顶层设计中表现的人文交流单向输出文化问题，本文提出在中国高校或相关智库中尝试建立实体性的印尼研究中心，着力培养“印尼通”，为深入了解印尼的真实需求打下坚实基础。到目前为止，中国已经在印尼开设了7所孔子学院，但孔子学院主要致力于为印尼培养“中国通”。一个想当然的想法是印尼会为中国培养对等的“印尼通”，但这一点是不切实际的。2018年8月18~26日，华中师范大学的中印尼人文交流研究中心人员到印尼进行了实地调研。调研发现，印尼社会的上下分层是极为明显的，上层精英具有国际视野，英语水平良好，但大部分的下层民众英语会话都有问题，更遑论民众的中文水平。[①] 印尼精英有成为“中国通”的主要潜力，但印尼精英的目光一直是瞄准欧美的，他们对中国的兴趣并不如我们想象中那么高。[②] 由于语言方面的障碍，中国的不少学者对到印尼访学与调研心存畏惧，而中国国内每年培养的印尼语学生数量并不是很多。特别值得注意的是，国内通晓印尼语的学者许多时候没有把语言优势与印尼的专业研究结合在一起，这就使中国的印尼研究很难有足够的深入，离培养“印尼通”还有很大差距。本项报告建议在中国建立相应的实体性印尼研究机构，建立类似于南开大学的 APEC 研究中心，为中国政府制定与印尼相关的政策贡献智慧。在实体研究机构确立后，我们就可以把专业研究的优势贯穿于“印尼通”的培养过程中，最终为深入了解印尼、为构建中国与周边国家的命运共同体献智献力。

在执行层面，最重要的改进内容是从整体上协调中印尼人文交流机制（鉴于此问题的极端重要性，我们将在后续的研究中专门对此问题进行探讨，并将于2019 年提出较为系统的政策建议，现在仅做简要论述）。我们提出的首要建议是，主管人文交流事务的中国副总理应该从整体上协调中国对外人文交流，一切疑虑与争端皆在副总理主持的各个部门领导协调会议上最终拍板。然而，由于主管该项事务的副总理事务万端，这一会议也不是一个常设的办公机构，中印尼人文交流协调有可能无法落到实处。本报告的建议是，设立中国副总理级人文交流机制会议办公室，办公室主任级别定为国务院常务副部长的正部级（便利其召集人文交流的各个部门），由其专门处理中国对外人文交流事务。办公室下面设立 8 个司级部门，分别负责 8 个高级

① 课题组成员 2018 年 8 月 18 ~26 日在印尼的雅加达、万隆等地实地调研的结果。

② 课题组成员 2018 年 8 月 18 ~26 日在印度尼西亚大学实地调研与访谈的结果，印度尼西亚大学的座谈对象为社会与政治科学学院院长 Arie Setiabudi Soesilo、政治学系主任 Julian Aldrin Pasha、教学主任 Meidi Kosandi，以及该学院 Hariyadi Wirawan、Panji Anugrah Permana、Dra Nurul Isnaeni 博士等人；课题组成员与到华中师范大学访问的荷兰学者 Julie Frazer、美国学者 D. Ba. Alice 等人交流的结果。

别人文交流机制会议，8 个部门下面再设置一些办事人员。办公室主任领导的部门不需要太多专职人员，在事务繁忙时可以从相关研究机构抽调人员处理事务，从而真正做到专家建议进决策，相关决策经验又可以丰富专家的建议水平。上文提出的中印尼人文交流年度项目安排随机、缺乏整体统筹的问题也可以通过这一常设机构的工作加以解决。

在执行层面，年度抓手项目既要顺应时代潮流，又要以民心相通为统帅，在协调两者的基础上建设“中印尼民心桥”的人文交流国际知名品牌。在前三次的年度抓手项目上，我们更多考虑了顺应时代的要求，教育交流、基础设施交流、科技交流都与中国当年的发展形势有关。然而，我们较少关注这些年度抓手项目之间的内在关联，或者说，年度抓手项目之间的内在关联不清晰。在 2017 年发布的《关于加强和改进中外人文交流工作的若干意见》中，深改组特别提出要打造人文交流的国际知名品牌。我们建议推动成立一个“中印尼民心桥”的人文交流品牌，这一品牌的核心是实现中、印尼民心相通，8 个领域的人文交流都要以民心相通为灵魂并实现整体布局。根据这一思路，我们提出的年度抓手项目整体布局为：教育——精英担当与平民关怀；卫生——重心下沉，帮扶弱者；青年——为生民请命，为世界求和平；体育——实现强健的国民体魄；旅游——普罗大众的人际交流；科技归宿，全民福祉；媒体为桥，民心通达；文化互鉴，美美与共。在这一框架中，所指各异的 8 项领域都以普通民众（特别是下层民众）为关注的焦点，将提升普通民众的福祉作为统御年度抓手项目的灵魂。这 8 个领域的年度交流可以根据每年的实际情况加以调整，但关爱民众的终极关怀始终是中印尼人文交流的灵魂，最终使年度抓手项目围绕此灵魂形成“中印尼民心桥”的人文交流国际知名品牌，更好地服务于中印尼人文交流，实现民心相通。

在执行层面，另外一项改进意见是要特别强调民间的人文交流，把中国对印尼的人文交流机制确立为政府搭台、民间主演的模式。欧美国家在进行对外人文交流时，政府总是隐藏在后台，人文交流的建设更多强调其民间特性，这种模式在现实中取得了良好效果。英国的“英国理事会”（British Council）就是一个典型代表。这一机构是英国对外人文交流的主要机构，它在对外交流时总是宣称自己是民间机构，通过这一民间机构，英国的文化传播在很多国家取得了很好的效果。[①] 我们可以参考欧美国家通过民间主演的方式推进人文交流。但同样需要注意的是，民间背后的政府角色也不可错位。英国理事会就是这种情况，虽然它宣称自己是民间机构，但其成立是与政府推动紧密联系在一起的，英国外交部的新闻司是这一机构成立的主要推动者，在英国理事会的后期发展中，英国政府也总是默默地为其提供资金。此外，在中印尼人文交流机制建设中，我们可以尽力争取中国第一夫人的支持，在机会合适时由第一夫人带领中国代表团参与对印尼的人文交流，为中国的对外人文交流确立良好的示范效应。

最后，在处理与印尼的人文交流时，我们要特别注意伊斯兰教与印尼本土的风俗习惯，注意印尼民众的真实需求。在 2018 年度中国 – 印尼高校人文交流国际论坛上，一些学者指出，他们在印尼的调研过程中，发现印尼民众总是迫切想知道中国穆斯林的生存状况，他们总担心中国穆斯林的生活条件落后、宗教活动受限。[②] 实际上，随着中国经济的快速发展，中国穆斯林的生存状况远远好于印尼本土的穆斯林。但印尼民众的这种关切表明，我们对印尼民众的需求了解与重视不够。在后续的中印尼人文交流中，负责具体执行的机构宜多向国内伊斯兰教与印尼研究者咨询，以建立良好的政学互动模式，确保中印尼人文交流机制建设不触犯印尼民众的禁忌，并且能够让他们更加乐于了解中国。

习近平主席在提出人类命运共同体的理念时，特别强调要首先建设周边命运共同体。也是在习近平主席的推动下，印尼成为与中国确立副总理级人文交流机制的第一个发展中国家。我们应不负厚望，借鉴经验，总结教训，把中印尼人文交流机制建设得更好。

---

① Frances Donaldson, *The British Council: The First Fifty Years* (London: Jonathan Cape Ltd, 1984).

② 《中印尼高校校长学者齐聚江城　共绘两国高校人文交流新篇章》，中国网，http://news.china.com.cn/2018-11/26/content_74210023.htm。

B.13

中国 - 印度尼西亚经济合作中的人文交流：机遇与挑战

〔印尼〕帝尔达（Tirta Nugraha Mursitama）*

摘　要： 随着中国在印度尼西亚投资额度和力度的逐年加大，中国与印尼政府间经济合作关系变得日趋稳固。然而，两国的经济关系却并非一帆风顺，在印尼的中国投资者依然会面临一些困境和难题，尤其是企业文化和民众思维定式上的差异。要摆脱困境，中国和印尼要在政府、民间及研究学者等各个层面上增进双边交流及合作，为提高两国人民的福祉、促进双方经济发展做出应有的贡献。

关键词： “一带一路”倡议　投资活动　经济合作

作为在多极化世界中正在崛起的第三世界国家，中国在工业和贸易等多个领域已经具备与美国和日本相媲美的强大实力。根据 2018 年度福布斯数据统计，在全球 2000 家大型公司中，有 291 家中国企业和公司位列其中，并且在全球排名前 10 位的公司中就有 5 家中国公司上榜。其中，中国工商银行和中国建设银行分别列第 1 位和第 2 位；农业银行排名第 5 位；中国银行和平安保险集团分别列第 9 位和第 10 位。美国的 5 家公司则占据前 10 强中剩余的席位，分别占据排行榜的第 3 位、第 4 位、第 6 位、第 7 位和第 8 位。

* 帝尔达，印度尼西亚建国大学国际关系学院教授，大学副校长。

这些数据充分表明，美国企业在世界经济格局的主导地位正受到中国公司的强势挑战。这 291 家中国公司的总资产为 360857 亿美元，业务涵盖银行、金融、建筑、科技、电子商务、服务、保险和化工等各项领域。与之相比，日本企业却日渐衰落。三菱 UFJ 金融集团（Mitsubishi UFJ Financial）和软银集团（Softbank）仅在 2000 强企业中列第 37 位和第 39 位。

一 中国在印尼的投资概况

由于中国经济增长势头强劲，中国在世界各国特别是在印尼的投资也在不断地扩大和增长。中国在印尼的投资涉及多个领域，并着重在采矿、运输、建筑、地产、种植园及发电厂等项目上加大了投入力度。以下是 2015 年 1 月至 2016 年第一季度中国在印尼投资的情况（见图 1）。

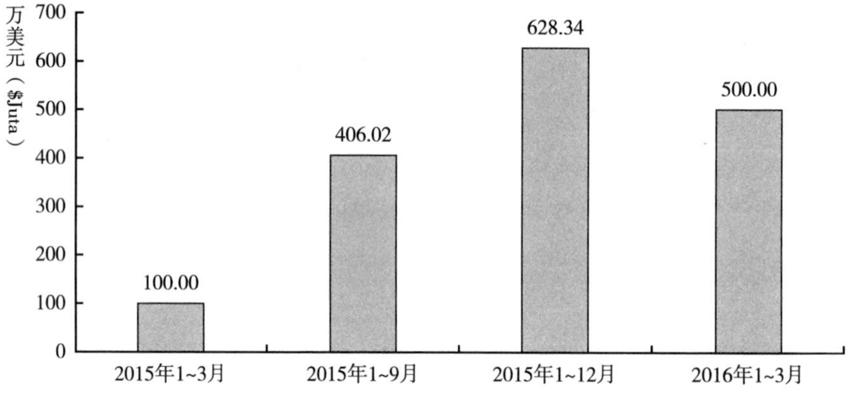

图 1 中国在印尼投资情况统计

资料来源：https：//www. bareksa. com/id/text/2016/04/26/investasi - china - di - indonesia - naik - 400 - apa - penyebabnya/13195/news。

2011 ~2014 年中国对印尼的投资呈持续增长的态势。而 2013 年中国国家主席习近平提出在 21 世纪重建和延伸“一带一路”的愿景，进一步促进了中国在印尼投资的增长。“一带一路”倡议旨在增进贸易、发展和国际合作，预计到2030年，中国将投入总计多达6万亿美元的资金；投资的重点是交通、能源和基础设施等战略性项目，这些项目主要沿着中国通往中亚、中东、欧洲、东南亚和非洲的多条经济走廊展开。虽然中国政府提供了大量的项目启动资金，但从长远来看，这种大规模的投资如果仅由政府提供资金来源，则难以起到持续的推动作用。因此中国政府必然会借力于民间资本，以为“一带一路”项目提供资金保障（见图2）。

“一带 路”倡议在印尼建设的主要项目

项目	建设状况	费用（单位：10亿美元）	
雅万高铁	准备阶段	（预计）费用	6.00
万比高速公路	建设中	（预计）费用	0.37
Sumsel-5电站	已竣工	费用	0.31

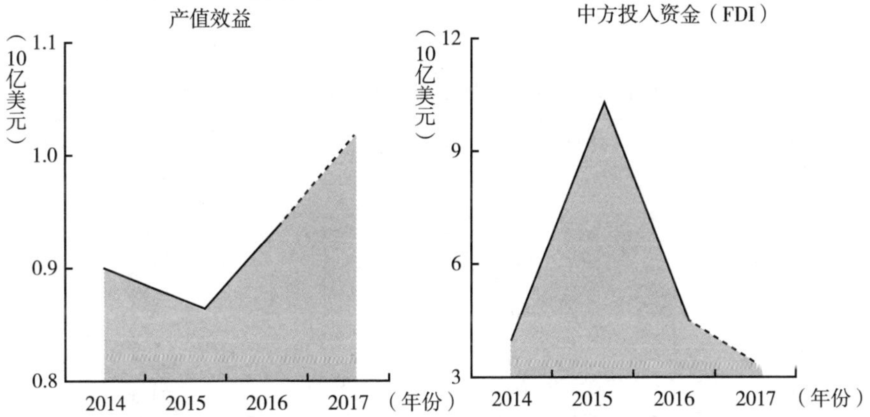

图2 “一带一路”建设在印尼项目及投入

资料来源：https：//asia. nikkei. com/Spotlight/Cover－Story/Is－China－s－Belt－and－Road－working－A－progress－report－from－eight－countries。

2018年5月6~8日，中国总理李克强在对印尼进行友好访问时表示，中国愿意与印尼一道将“一带一路”倡议和东南亚国家的发展战略联系起来。中、印尼经济互补性强，经贸合作潜力巨大。中国希望同印尼及东盟其他成员国一道，为地区的和平、稳定、发展和繁荣做出贡献。李克强总理还表示，中国愿意与印尼在高层交往中密切合作，使“一带一路”倡议更好地与印尼的发展战略相契合，今后将在基础设施等关键领域开展更多合作，为中国与印尼关系的友好发展注入新的活力。

2018 年 5 月 7 日，印尼的投资协调委员会（BKPM）与中国国家开发银行（CDB）签署了谅解备忘录，进一步加强投资领域合作平台的建设。截至 2018 年 5 月，两国已在基础设施、工业、农业、电信和数字经济等领域达成了投资合作协议。2018 年 7 月 9 日，印尼投资协调委员会与中国银行（香港）雅加达分行签署谅解备忘录，旨在架设合作桥梁，深化投资合作。

印尼投资协调委员会的数据显示，2018 年第一季度（1 月至 3 月），中国大陆对印尼的投资达到 6.762 亿美元，占外商投资总额的 8.3%（见表 1），比 2017 年同期 5.995 亿的投资增长了 11.79%。2017 全年，中国投资达到 33.6 亿美元，比 2016 年增加了 26.6 亿美元。中国在印尼的投资增速明显。

表 1　2018 年第一季度印尼接受外资数据统计

国　家	投资额(百万美元)	在外资中所占百分比(%)
新加坡	2648.2	32.6
日　本	1362.0	16.8
韩　国	940.0	11.6
中国大陆	676.2	8.3
中国香港	516.1	6.3
其他国家	1988.3	24.5
总　计	8130.8	100.0

资料来源：https：//www.bkpm.go.id/images/uploads/file_ siaran_ pers/Narasi_ Indonesia_ TW_ II_ 2018_ Final.pdf。

在 2018 年第一季度印尼的外资排名中，前 5 位均来自亚洲国家或地区，新加坡、日本、韩国、中国大陆及中国香港分别列第 1 位至第 5 位。此外，截至 2018 年第一季度，中国是印尼非石油和天然气产品出口的主要目的地，出口额为 63.435 亿美元。印尼非石油天然气类产品的对华出口同比增长 35.1%，增幅居世界首位（见表 2）。同时期，印尼同类产品的第二大出口目的地是美国，商品出口总额为 44.22 亿美元。

表 2　近年来印尼对华进出口贸易额及类别统计

单位：百万美元

印尼对华进出口产品交易额及类别	2016 年交易额	2017 年交易额	2013～2017 年年均涨幅（%）	2017 第一季度交易额	2018/2017 第一季度交易额同比统计	增幅（%）
出口	16790801	23049296	0.1	5172182080	6786149028	31.2
油气产品	1672753	1727408	9.6	475045250	442603824	-6.8
非油气产品	15118049	21321888	-0.8	4697136831	6343545204	35.1
进口	30800493	35766832	3.7	7840276607	10244703068	30.7
油气产品	110953	254887	-5.5	85695443	81911650	-4.4
非油气产品	30689540	35511945	3.8	7754581164	10162791418	31.1
贸易顺逆差	-14009692	-12717537	12.7	-2668094527	-3458554040	-29.6
油气产品	1561799	1472521	12.3	389349807	360692174	-7.4
非油气产品	-15571491	-14190057	12.5	-3057444333	-3819264214	-24.9

资料来源：https：//www. bkpm. go. id/images/uploads/file_ siaran_ pers/Narasi_ Indonesia_ TW_ II_ 2018_ Final. pdf。

二　中国投资者在印尼的困境及难题

中国投资者在印尼各领域投资过程中遇到了各种障碍和困境。笔者根据对在印尼从事物流、采矿、电子商务和高速铁路等行业相关人员的调查和访问，发现中国投资者遇到的困难和阻碍主要有如下几种情况。

（一）文化差异

表现在两个方面：一是在宗教信仰上，印尼工人特别是从事采矿业的工人，一般都是穆斯林，他们有着一天做五次礼拜的习惯，而且在星期五做礼拜的时间比其他日子要长。而中国投资者及工人则崇尚天道酬勤的企业文化，除了午餐时间，没有时间休息和做礼拜；二是在对待家庭亲情上，与中国人不同的是，印尼工人非常重视与家庭相处的时间，所以他们不愿意加班，而是希望在完成小时工作制后回家与亲人团聚。

（二）职业习惯差异

印尼工人没有加班和赶工的职业习惯。那些在矿区工作的人不喜欢加班加点赶工作，只愿意接受法定的工作时长。对他们来说，工资收入能满足日常生活开支即可。他们更乐意享受生活，认为过分的勤勉毫无意义。此外，当地工人的随意性较强，不会在规定工期之前付出更多的努力。他们的原则是，如果还有明天，这些任务大可留待明天完成。印尼宏发伟力铝业制造公司（Well Harvest Winning Alumina）根据项目运营部门的评估发现，中国工人的存在使该公司在西加里曼丹省肯达旺分区（Kendawangan Subdistrict）的冶炼厂和发电厂建设项目得以提前竣工。该项目本身是印尼宏发公司（PT Chinna Hongqia）和印尼当地的哈立德集团公司（Harita Group）的子公司——芝特拉矿业投资公司（PT Citra Mineral Investindo），与中国的伟力铝业集团（PT Winning Investment）三方共同开发的两个合作施工项目。这座建设中的铝土矿冶炼厂预计每年将生产400万吨的氧化铝；而发电厂建成后发电装机容量则将达到160兆瓦。该项目建设方认为，中国工人具备极高的职业道德和业务素养。以150米高的大型主烟囱的建设为例，在短短两个月内，中国工人就已将烟囱建到129米高。该公司的人力监督发展处处长解释说，引进中国工人就是为了加快建设进度，以确保项目按预计目标顺利进行。

（三）语言障碍

在职场中，语言差异难以避免地会影响沟通和工作的效率。在印尼的中资项目的承包人来自中国，不会讲印尼语，而雇用的印尼工人不会说中文，双方交流困难重重。因此，对于中国投资方而言，雇用中国工人会使沟通更为顺利。如果全部雇用印尼当地的工人，则极可能会因沟通不畅等问题导致项目的进度难以在合同规定的时间内完成。以中国东方电气集团公司（Dongfang Electric Corporation）为例，这家集发电机供应商和电站建造于一身的大型企业一贯遵循严谨的施工目标计划，不希望其在龙湾、丹朗、帕坦和东爪哇的投资项目因语言障碍而影响施工进度。

（四）劳动力的优势与短板

出于对劳动力成本因素的考虑，中国投资者在主观上其实更愿意雇用印尼本地员工。中国大使馆代表王立平也表示，把中国员工带到印尼并不容易，除了每年多达数亿印尼盾的费用支出（主要用于支付中国员工的薪资、往返机票、住宿安排等，每人每年平均需要约30000美元）之外，在印尼办理外劳的相关手续和流程往往需要一年的时间。

然而，投资者在雇用印尼员工之后，往往发现他们的工作能力与预期不符。为此，投资者更倾向于在项目建设时期和业务拓展初期阶段，直接从中国引进工人和管理人员，并将这些外来员工派驻到中国公司的各个项目上。而且这些项目需要技术娴熟的工人，中国员工一般都具有极高的职业技能，能在市场拓展中大显身手，更重要的是不存在交流障碍。待工厂建成后，投资方则会将印尼的非熟练工人分配至各项目岗位上进行培训和锻炼，由少数中国员工参与业务指导工作。

（五）原料的供应及其瓶颈

印尼物产丰富，但原料的调集和开采及相关协调工作亟待强化。德龙镍业公司（VDNI）计划投资40亿美元，分阶段完成镍矿冶炼生产线的建设。仅在第一阶段，公司就投资10亿美元用于建设15台镍生铁炉（NPI），每年可生产60万吨镍硬铸铁产品。规划雄心勃勃，令人振奋，但在现实操作中遇到了始料不及的窘境——无法直接从南苏拉威西进口镍矿石原料。后经过协调，提出了暂时的解决办法，就是增加位于苏拉威西东南部的其他矿业公司的矿物原料供应，但这终非长久之计。因为该公司的主要业务集中在下游产业，因此必须由当地相关部门和机构出面，协调上游产业为其提供原料供应，最终必须形成长效的原料供应合作机制才能保障企业生产的稳定和发展。

（六）土地征收与安置中面临的困境

与中国土地的国有制属性不同，印尼实行土地私有制。土地征收进展缓慢使雅万高铁项目一再延期。根据一位参与过与当地土地所有者谈判的人士透露，双方的谈判和沟通并不顺利。中国人不会说印尼语，且请的翻译人员年龄偏大，在谈判和解释的过程中，没有很好地将发展高铁项目对于促进当地经济发展和改善民众生活福祉的积极作用和意义传达给对方。并且，由于前期用地规划不明确等，对于究竟需要征多少土地也存在争议。最后，当地居民最关注相关土地的补偿价格和标准，且对土地征用的确定性和相关补偿款的落实存在疑虑。

（七）印尼民众的思维定式及心理落差

外来员工和印尼员工之间薪资待遇的不平等是印尼工人产生不满情绪的重要原因。外国工人的工资往往是本地工人的3倍多，这使印尼工人出现了心理上的落差，处理不好会引起社会骚动。因此，在问题还没有出现之前，政府及雇主应协调意见，以便对工资待遇方面的较大差异做出合理的说明，让当地工人明白，双方工资的差异取决于外国投资者所处国家的汇率和工资标准。只有让本地人明白这些客观的差异才能逐步缓解双方的误解和矛盾。同时，印尼公众也应明白，这些外籍劳工来印尼工作，需要付出远离故土和家庭的代价，还得适应当地陌生的环境和迥异文化。如果拥有熟练技术的外国工人的工资只是等于甚至低于本国工人的工资，那么他们根本不愿意选择到印尼来工作。

三　中国投资者给印尼及民众带来的机遇

近年来中国在印尼的投资力度不断加大，为印尼当地拓展了广阔的合作空间和发展前景。中国企业雄厚的资金和宏伟的生产计划都将为当地民众带来宝贵的发展机遇。

（一）入驻的中国企业及其为当地创造的就业机遇

1. 青山实业集团

位于苏拉威西的莫罗瓦利青山工业园的青山实业集团（IMIP）是中国

青山集团与印尼八星集团建立的合资企业，主营镍矿物材料生产，兼营综合性工业地产开发项目，目前已雇用了21662名当地工人。该园区内的苏拉威西矿业投资公司（SMI）于2013年底开始建设，占地66公顷，规划每年生产30万吨镍生铁（NPI）产品，并于2015年1月开始运营。此外，该工业园区的配套设施中还有两座65兆瓦蒸汽发电厂（PLTU）。印尼关庆金属工业集团公司（GCN）也是中国投资的重要企业，其目标是计划建造年产60万吨镍及不锈钢产品的工厂和两座150兆瓦的发电站。

2. 德龙镍业公司（VDNI）

位于科纳威县莫洛西镇的德龙镍业公司除了有398名中国雇员外，还有2970多名印尼员工。在科纳威冶炼厂建设过程中，中国工人对建设项目如期完成作用明显。印尼能源与矿产资源部（ESDM）工作组对德龙镍业公司为当地创造就业岗位的贡献表示高度赞赏。该公司虽然没有镍矿开采特许权，但仍投资镍矿产开采上游产业。这无疑会为当地创造大量的就业机会，对当地民众收入的增加和地方经济的发展都发挥着积极的影响。

3. 维沃移动通信公司（Vivo）

2017年，维沃通信（印尼）公司雇用了13000名当地工人，并计划在2018年再雇用20000名工人。该公司积极雇用当地劳动力，既是工厂准备进一步扩大产能的需要，也是为了更好地使产品开发接近目标消费者。总之，Vivo手机及其工厂有助于吸收当地潜在的劳动力，并降低当地的失业率。

4. 奥戈瑞集团（O'Green）

位于西爪哇加拉璜的奥戈瑞集团东方公司是一家轮胎制造企业，由印尼Vorich公司与中国山东的奥戈瑞集团（O'Green）联合投资建设。该公司于2016年开始运营，在雇用的2000名工人中，大部分是当地劳动力。

（二）为印尼民众打开一扇了解中国文化和职业精神的窗口

以苏拉威西省中部莫罗瓦利县为例，在当地工作的中国工人大约有3000人，他们分别在青山工业园中的12家公司里任职。中国工人的职业素养很高，并且都是持证上岗，证件齐全，工作时间约6个月。在完成工作任务后，这些中国员工将陆续回国，由本地印尼工人接替他们的工作。这些中国工人原本就是技术专家，与印尼工人及当地居民的合作与互动，使双方有了解彼此文化的机会。在职业岗位上，当地工人通过培训与学习，最终掌握了必要的劳动技能及职业道德，能胜任岗位工作；而中国工人也在逐步学习、适应印尼的文化和习俗。

（三）促进了印尼当地经济的发展

大批中国企业和投资者的入驻极大地增加了本地政府和居民的经济收入，促进了地方经济的发展。在印尼投资的中资企业也提高了当地的就业率，使参加工作的劳动人口及其家属有了经济上的保障。因此，中国企业的投资增长能使相关区域的各项经济收入随之增加，这些都为当地经济的发展提供了有利的条件。

四　中国－印尼经济合作中存在的问题和挑战

中华民族与爪哇族之间迥异的文化和习俗往往使两国在经济领域的合作和交流面临不少挑战。中国人不惧艰辛，努力工作；他们非常惜时，认为时间就是金钱；在印尼的中国投资者之间也存在激烈的竞争。在中国，这些都是正常的表现，还会被冠之以优秀品质。因此，当中国投资者们发觉印尼人民的职业理念与中国社会格格不入时，会感到非常的惊讶。

由于印尼民众对中国文化缺乏了解，双方在沟通和互动过程中难免会产生一些误解。因此，中国投资者有必要入乡随俗，学会适应印尼人民的习俗和心态，而不是一味地要求印尼人民适应他们。毕竟对于中国投资者而言，如果想在印尼立足并长期发展，的确有必要了解印尼文化习俗，制定符合当地员工特点的规则并实现因材施用。

此外，语言不通也是造成双方沟通不畅的重要因素。大多数中国投资者既不能流利地掌握英语，也不会说印尼语。而中国方面的印尼语翻译人员尤其是愿意接受工作分配的译员更是数量稀缺，弥足珍贵。缺少有效的沟通手段，往往对投资者与当地工人和当地社区之间交流和互信产生不利影响。最后，由于生产线上有相当一部分机器和设备产自中国，其按键和使用规程的汉字标识让当地工人在实际操作中往往感到困惑不解，而这些都会影响工作效率，从而给投资者造成不必要的损失。有的投资者因此不得不直接从中国雇用工人来操作这些设备，而这种做法又容易造成新的问题，如当地社会认为中国劳工挤占了他们的就业空间，从而排斥中国劳工，甚至以此制造政治事件，扰乱两国间的互信关系。由此可见，语言差异已经成为影响企业生产的一个不容忽视的重要问题。

五　结论

综上所述，中国在印尼的投资为印尼人民提供了大量的就业机会，有效降低了企业所在地的失业率。然而，由于民族习俗和职业文化的差异，印尼当地员工的表现和业绩往往难以达到中方投资者的预期要求，这迫使中国投资者出于沟通的便利等原因而不得不直接从中国本土雇用员工。而中国员工的语言障碍和短暂的工作签证期限也同样给企业长期的发展造成了不利的影响。为妥善解决两国在投资合作中面临的种种问题，两国在“中印尼人文交流”和“印尼来华留学生教育专项资金奖励”等方面进行了合作。预计未来将会有越来越多的印尼人能够流利地使用汉语，从而为两国经济及人文交流合作架设起便捷的沟通桥梁。

由于两国人民在文化习俗，尤其是在职业认知和生活方式上有着显著的差异，增进双方交流和互信的工作亟待加强。中国和印尼通过举办各种交流和培训活动，使双方能在相互学习过程中理解和包容彼此间的文化差异。首先，中国工作人员可以在印尼工作和生活过程中逐渐适应当地社会和文化环境，在闲暇之余享受当地的慢节奏生活。而印尼工人则可以通过在合资企业工作的机会，改变固有的工作心态以应对各种较为复杂的任务，以便在从事高风险及有挑战性的工作过程中不断取得更多的成就和突破。其次，为防止双方员工在合作过程中因沟通不畅而出现不必要的误解，印尼政府需要及时解决中资企业在建设和生产过程中出现的问题，积极回应来自中国投资者的诉求，认真贯彻落实各项工作规划，以便使中资企业能够果断地采取行动，找到解决问题的方法，而不是把时间耗费在与当地各机构的复杂协调和冗长的会议上。

一言以蔽之，印尼和中国必须齐心协力，研究和破解中国投资者在印尼当地面临的难题和挑战。通过共同解决各种问题，增强双方的合作与互信，争取为两国的经济发展带来更为丰硕的成果。此外，印尼和中国大学及相关研究中心之间学者的交流互动也变得越来越重要：印尼和中国所建立的各种合作机制及定期活动本身就是增进双方沟通和互信的友谊之桥，双方可以使之成为两国间重要的合作机制和沟通平台，在此基础上促进“民心相通”。

参考文献

[1] “The World’s Largest Public Companies,” https://www.forbes.com/global2000/list/#tab:overall.

[2] “Investasi China di Indonesia Naik 400%, Apa Penyebabnya? Kuartal I – 2016, Investasi smelter jadi tujuan utama investor China,” bareksa, April 26, 2016, https://www.bareksa.com/id/text/2016/04/26/investasi-china-di-indonesia-naik-400-apa-penyebabnya/13195/news.

[3] “China keen to work with Indonesia on BRI,” The Straitstimes, February 10, 2018, https://www.straitstimes.com/asia/east-asia/china-keen-to-work-with-indonesia-on-bri.

[4] “Indonesia poised to benefit as China’s Belt and Road turns green,” The Jakarta Post, June 22, 2018, http://www.thejakartapost.com/academia/2018/06/22/indonesia-poised-to-benefit-as-chinas-belt-and-road-turns-green.html.

[5] “Is China’s Belt and Road working? A progress report from eight countries,” Nikkei Asian Review, March 28, 2018, https://asia.nikkei.com/Spotlight/Cover-Story/Is-China-s-Belt-and-Road-working-A-progress-report-from-eight-countries.

[6] Ibid.

[7] 中国－印尼经贸合作网，http：//www. cic. mofcom. gov. cn/article/doublecooperation/201807/402120. html。

[8] "Realisasi Investasi Triwulan Ⅱ—2018 Sebesar 176，3 T，Naik 3，1% Dibanding Triwulan II—2017，" https：//www. bkpm. go. id/images/uploads/file _ siaran _ pers/Narasi_ Indonesia_ TW_ II_ 2018_ Final. pdf.

[9] "Ini Kelebihan Buruh Cina Dibanding Buruh Lokal，" Tempo. co，August 31，2015，https：//bisnis. tempo. co/read/696427/ini－kelebihan－buruh－cina－dibanding－buruh－lokal.

[10] "Perusahaan China Klaim Lebih Pilih Tenaga Kerja Lokal Ketimbang Datangkan dari China，" KOMPAS. com，July 17，2017，https：//ekonomi. kompas. com/read/2017/07/17/211138926/perusahaan－china－klaim－lebih－pilih－tenaga－kerja－lokal－ketimbang.

[11] "KEIN：TKA China Dibutuhkan untuk Kebut Proyek Smelter Nikel di Konawe，" *Kumparan*，May 6，2018，https：//kumparan. com/@ kumparanbisnis/kein－tka－china－dibutuhkan－untuk－kebut－proyek－smelter－nikel－di－konawe.

[12] "Ada Sekitar 3. 000 Tenaga Asing Kerja di Morowali，" Republika. co. id，Apirl 13，2018，http：//nasional. republika. co. id/berita/nasional/daerah/18/04/13/p74p5u377－ada－sekitar－3000－tenaga－asing－kerja－di－morowali.

[13] "KEIN：TKA China Dibutuhkan untuk Kebut Proyek Smelter Nikel di Konawe，" *Kumparan*，May 6，2018，https：//kumparan. com/@ kumparanbisnis/kein－tka－china－dibutuhkan－untuk－kebut－proyek－smelter－nikel－di－konawe.

（译者：王勇辉，华中师范大学中印尼人文交流研究中心研究员；陈俊宏，华中师范大学政治与国际关系学院2017级硕士研究生）

B.14

中国职业道德对印度尼西亚当地员工工作道德的影响

〔印尼〕林雪莹（Liem Yi Ying）

〔印尼〕汉尼·利安妮（Hanny Liany）

〔印尼〕凡妮莎·洛伦（Vanessa Loren）*

摘　要： 伊尔格鲁数创责任有限公司（PT Ieglo Digital Kreasi，以下简称伊尔格鲁数创公司）是一家中国初创公司。它虽然是一家新公司，但该公司拥有不少大公司客户，并在短时间内取得了巨大的成就。公司取得如此成就，与印尼员工良好的职业道德有极大的关系。本研究的目的是确定哪些因素会影响员工的职业道德，他们的职业道德及职业道德对公司绩效的影响。本研究采用描述性定性方法，对该公司的12名印尼员工进行访谈。该公司员工具备勤奋、以工作为中心、富有生产力和高尚的职业道德。职业道德的积极影响是该公司每年客户数量显著增加，团队内部的责任感和凝聚力不断增强；负面影响则是员工没有私人时间及工作成瘾。

关键词： 伊尔格鲁数创公司　职业道德　公司业绩

2015年12月31日，东盟宣布东盟经济共同体（AEC）正式建立。东盟国家之间产品、服务、投资、资本和专业人员等将更自由地流动，

---

* 林雪莹，印度尼西亚建国大学中文系主任；汉尼·利安妮，印度尼西亚建国大学中文系教师；凡妮莎·洛伦，印度尼西亚建国大学中文系教师。

各国的竞争更为激烈。AEC 的存在改变了印尼经济发展，也影响到其他领域，如使外国更便捷地在印尼投资。随之，中国在印尼各个领域的投资呈上升趋势。[①] 根据投资协调委员会（BKPM）的数据，2012～2017 年，中国是印尼的第七大投资国，投资项目 5365 个，实际投资额 78 亿美元；中国投资涉及领域广，包括运输、采矿、出口和进口贸易、发电、制造业、食品和自动化等。中国驻印尼大使馆的代表解释说，印尼的投资便利化程度高，营商环境日益优化，因此中国将印尼作为重要的投资目的地。

伊尔格鲁数创公司就是中国投资建立并采用中国自主系统的一家研发公司，拥有先进的数据服务中心。凭借大数据技术和对数字广告的深入理解，该公司在印尼赢得了信誉，已经与印尼的数字营销生态系统建立了全面合作关系。目前，雅加达伊尔格鲁数创公司拥有 23 家大客户，包括印尼电信公司、联合利华（Unilever）、圣彼得纳公司（PT Sampoerna）、亚洲航空、三星、中国银行、银联国际和京东等。

伊尔格鲁数创公司的首席运营官（COO）和首席技术官（CTO）虽然都是中国人，但该公司的所有 12 名员工都是印尼人。伊尔格鲁数创公司虽然建立时间短，员工数量少，只能算是一个小科技公司，但其赢得了很多知名跨国大公司的青睐，可见其自有独特之处。本文尝试回答以下问题：为什么这个小科技公司能取得骄人的业绩？公司中印尼员工的职业道德究竟是什么？它们是如何促进员工在短期内创造出如此大的业绩？对印尼员工而言，这些职业道德带来的都是积极结果吗？

一　调研对象及结论

（一）受访者的背景

12 位受访者的受教育程度都为本科学历，其中 4 人 20～25 岁；3 人

① Ying Y., Mursitama T. N. and Mariana T., "Welcoming Chinese Investors in Indonesia: Improving the Competency of Professional Indonesia-Mandarin, Translator," *IOP Conference Series: Earth and Environmental Science*, 126 (2018).

26~30岁，5人30~35岁。年龄范围显示，所有在雅加达伊尔格鲁数创公司工作的印尼员工都处于黄金时代。他们思维活跃，创造力强，正值走出大学校园急于将所学用于实践的激情阶段。这个年龄也是积极参加社交的阶段，他们乐于建立自己的社会网络，朋友圈广，资讯发达。受访者中有7名女性，这表明妇女社会地位的提升及具有独立创造价值的能力。受访者中有5人的工龄是1.5年，这表明他们自公司创立始就加入其中了。此外，大多数受访者是穆斯林，他们的工龄都比基督徒受访者要长。

从公司的招聘条件来看，公司不会对宗教信仰设限，任何应聘者都有加入公司的平等机会。

（二）影响职业道德的因素

1. 宗教

在12位受访者中，91%的受访者承认宗教哲学影响他们的职业道德。对于他们而言，工作就是敬拜。崇拜是基于宗教规则奉献真主的行为，最终的精神目标是去天堂并获得善行的奖赏。宗教哲学使受访者以诚意和感恩之心工作，并相信自己的虔诚工作最终会使他们在天堂得到奖赏。只有1名受访者认为，宗教哲学不影响职业道德，因为其父母传授给他的成功之道是一个人形成的职业道德与人与人之间的关系密切相关，在人与人之间的关系中，存在内在的价值观，这些价值观成为一个标准或规范，然后成为一个人的职业道德。①

2. 薪水

多达67%的受访者（8名）承认，薪水/工资会影响他们的职业道德；另外33%的受访者（4名）受访者却认为薪水/工资不会影响他们的工作。受访者提供了这样的理由：能力应该与工资成正比；收获与付出呈正相关关系；努力工作应该获得经济利益。② 而且，薪水/工资也影响员工对命令和

---

① 孙春晨：《市场经济伦理辨析》，《道德与文明》2003年第6期。

② Weeks K., *The Problem With Work: Feminism, Marxism, Antiwork Politics and Postwork Imaginaries* (Durham and London: Duke University Press, 2011).

权力的态度。如果一个人的工资很高，他们就会勤奋工作，并完全遵照老板意愿去完成任务。工资能影响一个人职业道德的原因在于，工资/薪水间接地迫使某人服从命令和权力。

3. 文化

所有受访者都认为文化因素对他们的职业道德产生了重大影响。员工内部的文化价值观是纪律、及时、合作、诚实和负责任；文化价值观影响员工的工作。此外，心理态度、决心、纪律和士气也被称为文化伦理，它在操作上被称为职业道德。职业道德的质量取决于文化价值的定位系统。[①] 文化价值观是特定国家或社会的特征，包括思维方式和社会或国家的行为方式。[②] 童年时代的文化成为习惯，形成一个人的品格。[③]

二 雅加达伊尔格鲁数创公司员工的职业道德

雅加达伊尔格鲁数创公司的员工职业道德是以工作为中心、独立、勤奋、延迟满意和富有成效。

（一）以工作为中心

共有10名受访者（83%）认同并遵照“工作中心性”。工作中心性是对工作性质和工作重要性的信念[④]。受访者解释说，他们觉得，能够随时随地的工作非常重要，因为工作令他们感到满足。对他们来说，工作是一件很有趣的事情，要比待在家里有趣得多；工作不只是为了赚钱，还能使自己有

① Li J. and Madsen J., "Chinese workers' work ethic in reformed state-owned enterprises: implications for HRD," *Human Resource Development International* 12 (2009): 171–188.

② Luthans F., *Organizational behavior* (New York: McGraw Hill/Irwin, 2006).

③ Ihromi, *Pokok-Pokok Antropologi Budaya* (Jakarta: Yayasan Obor, 2006).

④ Owen R. J. and Kemp D., "Corporate Character Formation and CSR: The Function of Habit and Practice in the Mining Industry," *American Journal of Industrial and Business Management* 4 (2014): 223–233.

团队归属感，所以他们并不介意加班或工作到深夜。工作的中心性与工作中的独立性有某种关联。

（二）独立

在12位受访者中，有2位受访者认为个人工作比团队工作更有成效；但来自人力资源开发部门和其他IT开发部门的员工则认为，团队协作优于个人工作。大多数受访者意识到，要实现公司目标，必须与同事建立和谐关系并共同努力。

（三）努力工作

努力工作是员工通过努力实现目标并取得成功的行为。通过对受访者的深入访谈可知，100%的受访者都有努力工作的道德观。受访者认为，一个成功的人是努力工作的人；努力工作令人愉悦、满足。从他们热衷于寻找客户和不知疲倦地工作行为中，可以看出勤奋的职业道德。

图1显示，公司客户（右边柱状）的逐年增加就是对员工辛勤工作的回报，两者呈正相关关系。客户数量每年都在增加，其中，2016年格鲁数创公司的客户比上一年增加了48%。目前，伊尔格鲁数创公司拥有23

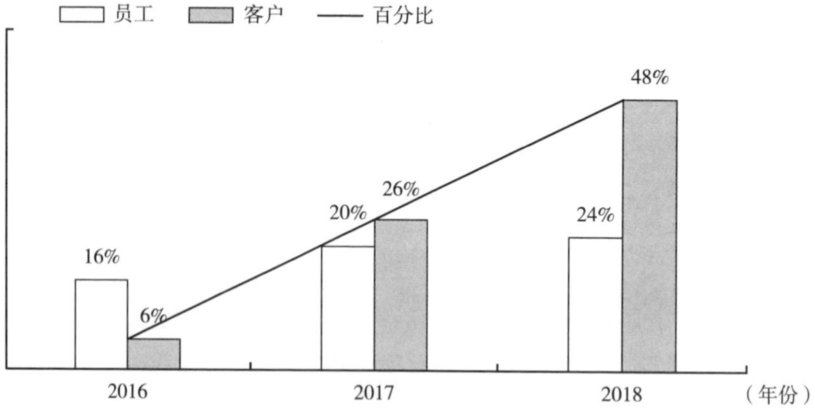

图1　员工和客户的增长

资料来源：作者根据调研数据整改的结果。

家大客户。公司业务拓展了，公司的员工却没有显著增加。这足以证明，员工工作努力且高效。在印尼，努力工作、勇敢和勤奋是伟大国家的灵魂。①

（四）有道德标准/道德规范

被访者承认道德标准或道德规范在工作环境中很重要。与道德标准或道德相关的职业道德意味着，在与他人打交道或对他人的行为负责时是平等的。② 在工作环境中，应人人平等，以诚相待。当一个人有羞耻感时，他们就不会违反道德/道德规范。而且，当人们有羞耻感时，他们会做得最好。③

（五）延迟满意度

共有33%的受访者在延迟满意度方面存在职业道德。满意度的延迟反映了放弃短期奖励习惯以获得未来收益的能力。④ 受访者认为长期奖励比直接奖励更令人满意，因此延迟满意度是合理的。但多达67%的受访者不喜欢延迟满意度，他们更加赞同及时获得满意。一个人如能及时从上级或任何其他人那里获得奖励，他就会继续坚守自己的职业道德。例如，如果员工获得直接奖励，或老板直接称赞已完成的工作，员工会立即感到高兴并感到满意。许多受访者认为，上级的认可对他们全力投入工作很重要。⑤

---

① Miller M. J. W., David J. and Hudspeth N., "The Meaning and Measurement of Work Ethic: Construction and Intial Validation of a Multidimensional Inventory," *Journal of Vocational Behavior* 59 (2002): 1-39.

② Lishiquwen:《孔子的道德思想核心是什么——孔子的政治思想主张》, July 28, 2018, http://www.com/news/542_ all.html.

③ Van Ness R. K., Melinsky K. Buff C. L. and Seifert C. F., "Work Ethics: Do new employees mean new work values?" *Journal of Managerial Issues* 22 (2010): 1-22.

④ Sinamo J., *8 Etos Kerja Profesional* (Bogor: PT Grafika Mardi Yuana, 2011).

⑤ 蔡践:《公务员职业道德：基础知识》，国家行政学院出版社，2015。

（六）富有成效

所有受访者的工作效率都较高，他们不喜欢浪费时间。受访者即使没有主管的督促监督，也能很好地规划时间，将工作安排得有条不紊。受访者解释说，如果他们不积极地工作、太轻松、不真诚地工作，他们就感到不舒服，这是职业道德使然。因此，勤奋工作者会尽可能精确、高效地利用时间。

三　伊尔格鲁数创公司员工的职业道德的影响

职业道德可以带来积极的和消极的影响。积极影响可以是自我发展和公司发展；消极影响可能与员工的日常生活和健康有关。

（一）积极影响

1. 公司发展

该公司成立于2016年，目前伊尔格鲁数创公司正在迅速发展。根据研究人员的观察，影响该公司发展的一个因素是其员工的职业道德。尽管顾客数量逐年增加，员工的人数却没有显著增加，这说明员工的工作量增加了，且效率高。正是员工的勤奋和创造性劳动促进了公司迅速发展。企业文化和职业道德使员工数量不再是公司发展的关键。

2. 责任

每个员工都对自己和公司负责。受访者理解他们应该做的工作，并能按时完成工作任务。即使他们不得不在法定假日继续服务客户或完成额外工作，他们也愿意按时和愉快地接受任务。受访者以不能为公司分担责任而感到羞耻和尴尬；他们会按时上班，专注于自己的工作，几乎没有迟到或匆忙下班回家。

3. 团队合作

受访者更喜欢团队合作。比如他们愿意在非工作日（周六/周日）工作，他们也愿意工作到深夜或加班加点赶任务。只有在工作时间之外，他们才会视频通话或更好友联络。他们说，如果工作环境友好而有趣，所有的工作时间都不会成为心理负担，也不会将工作看作累赘。积极的职业道德将建立可信度，给予个人信任感。①

（二）消极影响

最大的消极影响就是员工没有闲暇时间。努力工作和以工作为中心的职业道德的消极影响之一是员工不关心他们的个人生活。例如，在 2018 年的开斋节假期，从家乡或度假地回来的员工仍在一起讨论公司业务，并为自己规定任务完成的期限。调查还发现，受访者并没有度假的规划。这证明了勤奋的职业道德会使他们缺乏闲暇时间，对员工个人生活、身心健康及家人“亲情”等或许会产生消极影响。

四　结论

根据研究结果，可以得出结论，宗教、工资和文化影响着伊尔格鲁数创公司员工的职业道德。员工固有的宗教哲学观使他们视工作如“敬拜”。它使受访者以诚意和进取的方式工作，以达到宗教的目的，即获得奖赏或上天堂。薪水是有影响力的，因为它可以使员工服从命令或权力。此外，文化因素也影响受访者的职业道德，受访者的文化价值观是纪律、合作和负责任。

雅加达伊尔格鲁数创公司员工的职业道德是以工作为中心、努力工作、有道德标准和规范，以及追求高效工作。以工作为中心意味着受访者相信工作的本质和重要性，因此他们乐于随时随地工作；努力工作意味着员工在工作时感到满意，而不会在工作时间偷懒；与道德标准相关的职业道德意味着

① Zreda Z.，Dorota B. S. and Makuch W. M.，“Work Time Control and Mental Health of Workers Working Long Hours：The Role of Gender and Age，” *International Journal of occupational safety and ergonomic* 18（2012）：311 - 320.

受访者相信与同事平等相处和负责任的重要性；与高效工作相关的职业道德意味着受访者不喜欢浪费时间。

员工职业道德的积极影响是公司发展向上、责任意识强和团队的凝聚力大；职业道德也会带来消极影响，比如缺乏闲暇时间和工作上“瘾”，以“人”为中心变成了以“工作”为中心，娱乐、社交活动少了，家庭亲情淡薄了——这应该不是受访者工作的初衷。

经验借鉴篇

Experiences and Lessons

B.15
美国对印度尼西亚的文化外交：类型与行动

薛　松*

摘　要： 文化外交是提升国家软实力的重要手段。文化外交研究的一个缺陷是理论化不足，为成效评价和政策比较带来困难。本文尝试基于文化外交的价值观念、资源来源和行动维度三个因素将文化外交分为六种类型。基于上述框架，分析了 20 世纪 50 年代至奥巴马政府时期美国对印尼的文化外交。20 世纪 50 ~ 60 年代至奥巴马时期的文化外交效果比较突出，其共同点是由政府资源主导、非政府资源支持，并且日常、战略和深入交流三种行动维度设计全面。本研究对我国文化外交顶层设计的参考意义是：文化外交的价值观念应概念清晰、

* 薛松，博士，复旦大学国际问题研究院中国与周边国家关系研究中心助理研究员。

与外交行动一致且能被印尼社会接受；重视动员非政府领域的资源；外交行动的设计维度要多样化。

关键词： 文化外交　公共外交　印度尼西亚　美国

印度尼西亚是21世纪海上丝绸之路的支点国家，是开展“一带一路”倡议的重要伙伴。[①] 印尼与中国的民间人文交流源远流长，中国古籍中关于印尼古代王国的记录可追溯到《后汉书》。但是如果以2010年中国在印尼建立第一家孔子学院为标志，将中印尼文化交流提升到文化外交的层次还是一个较新的议程。在党的十九大提出建设人类命运共同体的背景下，中国在努力打造与周边国家之间“亲诚惠容”的关系，由此文化外交被提到更重要的地位，他国的文化外交经验对我国文化外交顶层设计有参考意义。

然而，文化外交研究的一个弱点是理论化程度不足，难以找到政策分析和比较的基础。本文基于文化外交的价值观念、资源来源和行动维度三个因素建立分析框架，划分出六种文化外交的类型，并基于此框架分析美国从20世纪50年代到奥巴马时期对印尼的文化外交政策和行动。

美国是较早在对外战略中实践文化外交的国家，对印尼的文化外交始于20世纪50年代初期。20世纪50～60年代，美国以国家资源为主导，整合社会资源，以反共为价值进行高强度的快消文化输出并支持深入的人员交往。冷战结束后到“9·11”事件之前，美国文化外交整体收缩，对印尼文化外交的主动权和资源转移到非政府部门。小布什时期，对印尼文化外交建立在全球反恐和重塑美国形象的价值之上，政府主导的文化外交有单边主义色彩，外交行动以单向宣传为主，人员交流规模缩小。奥巴马时期，美国对印尼的文化外交以多元文化和宽容为价值指导，政府设计了多边主义和去中心化的文化交流项目，以美国政府资源为主导整合了非政府领域和国外资源

① 感谢 Pierre van der Eng 对本文提出的修改意见。

服务于美国文化外交政策。

美国经验说明，文化外交的效果与其价值观念的类型无关——无论价值观念是直接服务于国家安全，还是服务于某种普世价值或文化价值，重要的是价值观念的表述方式能被对象国社会接受。文化外交的效果与资源来源、行动维度的关系更大。政府资源占主导并整合其他资源渠道，且日常、战略和深入交流三种维度兼备的顶层设计有利于文化外交收获正面效果。

一　文化外交的类型：价值观念、资源来源与行动维度

文化外交有多种定义。在美国，文化外交是公共外交的一种类型。① 公共外交可以被定义为“政府通过资源动员与其他国家交流并吸引其他国家公众的工具”②，具有明确的国家利益导向。因此文化外交特指与文化传播相关的公共外交。美国外交史专家宁柯维奇（Frank A. Ninkovich）指出文化外交是在国际政治中运用文化影响的一种特殊政策工具。③ 在英国，公共外交与文化外交的概念没有被区分开，公共外交就被称作文化外交（cultural diplomacy）。④ 对文化外交的诸多界定方式罕有冲突，只是内容上各有偏重。衣远提出了一种值得借鉴的、较为全面的界定方式：“在主权国家政府的主导下，由政府、非政府组织、跨国公司、公众等行为体通过文化表演和展示、文教交流、语言推广、人员往来和文化贸易等方式，促进国家间和国民间的相互理解，以追求本国国家利益和战略目标的外交形式。”⑤

① Wallin, Matthew., *The New Public Diplomacy Imperative: America's Vital Need to Communicate Strategically*, American Security Project, 2012: 3.

② Nye Jr, Joseph S., "Public diplomacy and soft power," *The annals of the American academy of political and social science* 616 (2008): 95.

③ Ninkovich, Frank A., *The diplomacy of ideas: US foreign policy and cultural relations, 1938 - 1950* (Cambridge: Cambridge University Press, 1981), p. 182.

④ 赵可金：《美国公共外交的兴起》，《复旦学报》（社会科学报）2003 年第 3 期，第 87 页。

⑤ 衣远：《越南文化外交发展初探》，《南洋问题研究》2014 年第 1 期，第 41 页。

在讨论文化外交的定义时，需要区分其与“传统外交”和“文化交流”的概念差异。与公共外交相似，文化外交的对象主要是外交对象国的民众和非政府组织，[①] 这点不同于与国家代表或国际行为体打交道的传统外交。文化外交以对象国非政府个人和机构为目标，其理论基础是认为市民社会对国家对外战略和政策有越来越重要的影响。文化外交与文化交流的区别是，前者以实现国家外交战略为目的，而后者以文化影响范围的扩展和增进社会间了解为目的。文化外交的初期目标是在他国社会中形成针对本国的友好氛围，高级目标是使他国政府和社会与本国共享文化和思维模式，接受本国提出的外交战略目标并愿意主动促成该目标。文化外交是提升一个国家的整体形象和软实力的重要方式。

国内外对文化外交的研究往往偏重梳理政策和历史。因为缺乏理论框架，研究往往有材料零散且堆砌之嫌，缺乏横向或纵向比较的基础。在阅读相关文献过程中，三方面的内容最常见于纸面，即文化外交的价值观念、资源来源和行动维度。了解这三项内容，可以勾画出特定时期文化外交的概貌。这三项内容也是设计文化外交顶层战略时需要事先进行整体考虑的因素，可以基于这三方面建立起文化外交的类型化分析框架。

第一，文化外交中的价值观念是指国家定义几个关键概念作为本国文化外交活动中一以贯之的精神价值，如多元主义、自由和民主是美国文化外交的核心，“和而不同、多样共生”是印尼文化外交的核心价值。文化有物质性、精神性和价值性之分，对于国家形象建构起作用的恰恰是价值观。[②] 确定文化外交的价值观念应是制定对外政策的第一步，即未来所有的国家和非国家主体进行的文化外交行动应在同一个价值观框架之下展开，因此确定价值观念必然是顶层的国家行为。文化外交中的价值传播分为两个层次：第一个层次是令对象国清楚地了解本国的价值观念；第二个层次是使对象

---

① Melissen, Jan., *The new public diplomacy*: between theory and practice, *The new public diplomacy* (London: Palgrave Macmillan, 2005), p. 3.

② 张志洲:《文化外交与中国文化“走出去”的动因、问题与对策》,《当代世界与社会主义》2012 年第 3 期，第 15 页。

国认同和自愿追随本国的价值观念，即约瑟夫·奈提出的吸引力权力或软实力。

美国的文化外交与国家安全的关系极为密切。2005年，美国国务院文化外交顾问委员会在《文化外交：公共外交的关键》报告中写道："文化外交能以巧妙、大范围和可持续的方式提升我们的国家安全。"按照是否与安全目标直接相关，价值观念可以分为两类：当对外战略中有明确的安全敌人时，文化外交的价值观念是与安全目标直接相关的；否之，则为与安全目标不直接相关。

第二，一般而言，文化外交的资源来自国家，非国家机构、企业或个人起补充作用。这是因为国家提供的资源能够保障资源的流动方向与对外战略的设计一致，而且可以避免市场的趋利性质导致文化外交产生盲区。冷战后随着市民社会和电子信息科技的发展，非政府部门在文化外交中起到的作用快速扩大，有与国家资源比肩的趋势。因此资源来源分为两种：一种是政府资源主导；另一种是非政府资源主导。

第三，文化外交的行动维度。约瑟夫·奈提出公共外交有三个维度：日常交流、战略交流、深入交流。① 这三个维度也可以用于设计和分析文化外交行动：日常交流是指日常的、固定的信息传播和文化交往的渠道，如对外广播、电视节目等；战略交流指为了某些重要的战略或议题特别设定的文化交流活动，如主题展会、赛事等；深入交流即约瑟夫·奈所说的"长久而深入的关系"，是指通过长时间的交换学习、培训、会议等与外国关键人物建立稳固的联系。按照文化外交行动的维度多样性可以分为两类：一类是以单一维度为主的文化外交，如使用媒体宣传、文化快消等方式为主体；另一类是混合维度的行动，即包含多种维度类型的行动，如将媒体宣传、文化展演、教育交流结合在一起的综合性文化外交行动设计。

① Nye Jr, Joseph S., "Public diplomacy and soft power," *The annals of the American academy of political and social science* 616 (2008): 101－102.

不同的价值观念、资源来源和行动维度搭配后形成六种文化外交类型①（见表 1）。美国对印尼文化外交与其中四种类型对应。Ⅰ型对应反恐战争时期的文化外交，即针对恐怖主义安全威胁的、依赖政府资源的、以广告宣传式的媒体攻势为行动方式的文化外交行动。Ⅱ型对应美国在 20 世纪 50 ~ 60 年代的文化外交，即针对共产主义和苏联安全威胁的、以政府资源为主体整合了社会资源的、使用快消文化和人员交流混合方式的文化外交行动。Ⅳ型对应奥巴马政府时期的文化外交，目标是修复美国形象和提升美国在亚洲的影响力，政府拿出部分资源带动社会资源投入，设计了日常、战略和深入交流项目兼备的文化外交行动。Ⅵ型对应冷战结束到反恐战争之前这段时期的美国文化外交，目标是推广民主和自由价值观，对印尼的文化外交以非政府资源为主导，私人媒体的信息往来与公司、基金会等组织的人员交流形成对印尼的多维度文化外交。

表 1　文化外交的类型

价值观念	与安全目标直接相关		不与安全目标直接相关			
资源来源	政府资源主导		政府资源主导		非政府资源主导	
行动维度	单一	混合	单一	混合	单一	混合
	Ⅰ型 小布什政府	Ⅱ型 50 ~ 60 年代	Ⅲ型 —	Ⅳ型 奥巴马政府	Ⅴ型 —	Ⅵ型 冷战后至“9 · 11”以前

二　美国对印尼的文化外交

讨论文化外交，不可能不讨论美国的角色和经验。美国是文化外交的早期倡导者，美国的创立者们在建立共和国初期已经关注文化外交的作用。托马斯 · 杰弗逊在 1785 年给詹姆斯 · 麦迪逊的信函中写道：“如你所见，我对文艺十分狂热。但是我不为这种热情感到羞耻，因为它的目的是提升我国民

① 表中没有与安全目标直接相关且资源主要来自非政府部门的类型，因为这种情况不合乎现实逻辑。

众的品位，提升他们的名声，使他们被世界接受并被赞许。”[1] 当代文化外交的概念、实践和议题在很大程度上是由美国经验塑造的，但美国的外交工具袋里有太多选项，以至于文化外交在没有迫近危机的时刻往往被轻视，导致美国对印尼文化外交政策的断续性。美国对印尼的文化外交始于20世纪冷战时期的反共需求，在20世纪50~60年代异常繁荣。60年代中后期亲美的苏哈托上台，70年代越战结束，80年代末苏联解体，这些历史事件一步步地使美国的关注点远离印尼和东南亚。进入21世纪，美国对印尼的文化外交在全球反恐中提升了重要性。在美国相对衰落和中国崛起的背景下，对印尼的文化外交在奥巴马时期复兴。下文将分别从各个时期的价值观念、资源来源和行动维度三个方面分析美国对印尼的文化外交。

（一）20世纪50~60年代：反共防苏、公私整合、多维行动

20世纪40年代美国制定了“不管而治”（rule without managing）和“全面美国化”的对外政策，将其作为替代殖民主义进行全球治理的方案。[2] 冷战时期是美国文化外交的快速扩张期，美国与苏联进行文化输出的竞争。美国国务院、中央情报局等部门定制了以反共和防止苏联影响力扩张为目标的文化外交项目，通过电影、广播、音乐等文化快消品输出以及文化展演、教育交流等全方位多维度的文化外交，向全世界推广“美国梦”、自由市场经济、民主制度的价值观。

印尼是美国在亚洲争取的重要对象。50年代美国在印尼做了大量的文化外交工作，但美国的战略渗透起到了反作用，险些将印尼推向共产主义阵营。1950~1957年，印尼尝试了议会民主制度，但民族主义、伊斯兰主义和共产主义三派政治势力无法相互妥协，军队叛变、地方和宗教分离主义层出不穷。1955年召开的万隆会议虽然强调印尼保持中立，不加入美国或苏

① Kaminski, John P. Citizen Jefferson, *the Wit and Wisdom of an American Sage* (Wisconsin: Madison House, 1994), p. 6.

② Hart, Justin., *Empire of ideas: The origins of public diplomacy and the transformation of US foreign policy* (Oxford: Oxford University Press, 2013), p. 18.

联阵营，但印尼国内政治力量四分五裂，无法抵挡美国和苏联的渗透，国内三股势力相互牵制的平衡状态随时可能被打破。1959 年，苏加诺结束了议会民主制，代之以“有领导的民主”，即苏加诺领导的威权体制。此后印尼加速“左”倾，高潮是 1963 年的对抗马来西亚运动。因马来西亚的建立受美国支持，在印尼国内掀起了反美浪潮，美国的新闻处和图书馆等受到攻击。1965 年 2 月，印尼接管了美国在印尼的石油公司和种植园等企业资产。1965 年 8 月 17 日，苏加诺成立了“雅加达 - 金边 - 河内 - 北京 - 平壤”轴心，印尼共产党和印尼陆军、伊斯兰阵营的矛盾白热化，当年 9 月 30 日发生了军人政变，苏加诺失去领导权并结束了印尼共产主义化的趋势。苏哈托上台之后，美国成为印尼的主要贸易伙伴和经济援助来源，但在政治和安全上，印尼保持表面上的独立。

20 世纪 50 ~ 60 年代（约对应艾森豪威尔政府），正是印尼被两大阵营争夺的“危险年代”[①]，美国在印尼的文化外交活动非常活跃，以国家机构支持的反共宣传为主体，社会组织也积极贡献资源，实现了国家与社会资源的整合。1953 年，艾森豪威尔政府建立了美国新闻署（USIA），成为美国推动文化外交的核心部门。[②] 美国新闻署使用“美国之音”广播、宣传册、图书、报纸、电影和杂志等手段向印尼传播美国自由资本主义和民主的优越性。据美国大使馆估计，仅在 1953 年就约有 1000 万印尼人观看了美国新闻署流动放映车播放的美国电影。美国中央情报局资助的文化自由大会（Congress for Cultural Freedom）在印尼设立了常驻机构，翻译了乔治 · 奥威尔的《动物农场》、米洛凡 · 吉拉斯的《新阶级：对共产主义制度的分析》和著名的反共文集《毁灭了的上帝》等书籍并在印尼传播，帮助印尼作家、苏加诺的批评者穆赫塔尔 · 卢比斯（Mochtar Lubis）出版了小说《雅加达的

---

① 苏加诺在 1964 年印尼国庆日发表演讲中使用意大利语的“危险年代”（tahun vivere pericoloso，缩写为 tavip）作为演讲标题。Christopher Koch 以此为标题在 1978 年出版了小说 The Year of Living Dangerously，描写了 1965 年“9 · 30”事件之前风谲云诡的印尼政治。

② 唐小松、王义桅：《试析美国公共外交及其局限》，《现代国际关系》2003 年第 5 期，第 27 页。

黄昏》。[①]

从20世纪50年代起，美国的社会机构积极参与教育和人员交流项目。福特基金会对塑造印尼国家发展道路的作用最为显著。美国与印尼的高等教育人员互相派遣始于20世纪50年代，福特基金会在1956~1962年建立了印度尼西亚大学经济学系与加州大学伯克利分校联合培养项目，也为该校经济学系研究生在麻省理工学院、康奈尔大学等机构深造提供资金。这些美国培养的毕业生回校执教后，使印度尼西亚大学经济学系成为美国学派的大本营，被戏称为“伯克利黑手党”。苏哈托上任后急于寻求专业人士设计稳定经济的规划，召集印度尼西亚大学经济学教授维佐约·尼蒂萨斯特罗（Widjojo Nitisastro）、阿里·瓦达纳（Ali Wardhana）、萨迪利（Sadli）、埃米尔·萨利姆（Emil Salim）和苏布罗（Subroto）组成了“经济和金融领域专家小组”。在整个新秩序时期，这批经济学家和相关人士制定了印尼经济的大政方针并塑造了经济部门技术官僚结构的日常工作惯例。[②]

另一个知名的教育交流基金是富布赖特项目，该项目从1951年起资助印尼和美国人互到对方国家学习和研究。1961年美国通过了富布赖特-海斯法案，扩大了富布赖特项目的资金来源。1960~1991年，富布赖特项目资助了79名美国人到印尼学习。[③] 在各类美国基金会的资助下，1951~1955年，约有900名印尼学生前往美国留学。福特基金会、洛克菲勒基金会还与美国新闻署合作，向印尼的大学、图书馆、阅读室提供了大量社会科学和比较政治的基础性读物，宣传民主制度和自由市场理论。此外，美国劳工联合会-产业工会联合会（AFL-CIO）和福特基金会联合美国政府出资扶植与亲共产主义劳工组织对抗的商人联合组织。[④]

---

① Simpson, Bradley R., *Economists with guns: authoritarian development and US-Indonesian relations, 1960-1968* (California: Stanford University Press, 2008), pp. 29-30.

② Marks, Daan, and Jan Luiten van Zanden., *An economic history of Indonesia: 1800-2010* (London: Routledge, 2013), pp. 168-169.

③ 数据来自福布赖特学者项目官网，https://www.cies.org。

④ Simpson, Bradley R., *Economists with guns: authoritarian development and US-Indonesian relations, 1960-1968* (California: Stanford University Press, 2008), p. 30.

20世纪50~60年代，美国积极培养了解印尼国情的专家。1958年的《国防教育法》资助了百所美国大学的地区研究项目，1965年的《高等教育法》为美国研究生提供了区域研究和高等语言培训专项款[①]（Title Ⅵ grants 和 Fulbright Hays），在多所知名大学中成立了“国家资源中心”，作为外语培训和地区研究的机构。康奈尔大学、密歇根大学、加州大学伯克利分校、威斯康星大学-麦迪逊分校等知名学校成为印尼研究重镇。正是企业资助、国家支持和大学自由多元的弹性管理系统令美国的印尼研究学科得以发展。[②] 但冷战时期印尼文化进入美国则仅限于少数懂得当地语言和国情的精英范围内，贝叶经基金会创始人之一麦克格林（John McGlynn）曾说，截至1986年翻译成英文的印尼文学作品不到5部[③]，可见美国对印尼的文化外交具有单向性。

约瑟夫·奈指出，冷战期间的美国文化外交形成两派：一派倡导通过人员交往，以及书籍、艺术的输出进行滴定式的文化外交；另一派倡导通过电视、电影等文化快消品达到立竿见影的效果。[④] 20世纪50年代，文化快消品的大量输出对印尼大众产生了即时性的影响。1955年，印尼人在黑市中可以花上20美元巨款购买西尔斯公司（Sears）的邮购目录和产品。[⑤] 2012年的纪录片《杀戮演绎》显示，在“9·30”事件之后组织屠杀印尼共产党的主人公和其同伴深受美国西部牛仔片的影响。他们自称为“Preman”，其词源来自英语的“freeman”。“Preman”犯罪群体仍是左右当今印尼地方政治的不可忽视的力量。[⑥] 美国的文

---

① King, Charles., “The Decline of International Studies,” *Foreign Affairs* 94 (2015): 88.

② Rafael, Vicente L., “The cultures of area studies in the United States.,” *Social Text* 41 (1994): 91.

③ 贝叶经基金会（Lontar）成立于1987年，是致力于将印尼语文学和文化作品翻译成英文并传播的出版社。这句话来源于2004年7月18日伊巴拉（Michael J. Ybarra）发表在洛杉矶时报上的文章。

④ Nye Jr, Joseph S., “Public diplomacy and soft power,” *The annals of the American academy of political and social science* 616 (2008): 98.

⑤ Simpson, Bradley R., *Economists with guns: authoritarian development and US-Indonesian relations, 1960-1968* (California: Stanford University Press, 2008), p. 30.

⑥ Wandita, Galuh, “Preman Nation: Watching the act of killing in Indonesia,” *Critical Asian Studies*46 (2014): 167-170.; Lindsey, Tim, “From Soepomo to Prabowo: law, violence and corruption in the Preman state,” in Charles A. Coppel, ed., *Violent Conflicts in Indonesia* (London: Routledge, 2006), pp. 39-56.

化产品在印尼如此受欢迎，以至于印尼民族主义者担忧印尼民众对美国产品的痴迷会削弱脆弱的印尼经济，连英国和荷兰也认为美国的文化快消品输出政策起到负面作用。[①]

（二）冷战结束至“9·11”事件：自由人权、社会资源、潜移默化

冷战一结束，美国文化外交的重要性立即下降，资源也迅速减少。冷战刚结束时，文化外交仍被视为美国安全战略的一部分，[②] 头号安全劲敌苏联的解体使文化外交失去靶心，令其加速失去支持资源。1999 年，美国新闻署并入国务院，从此新闻署受到国务院机构规则的限制，难以像从前那样自由地从内阁其他部门获得信息，也不能随意接受社会捐款，施展能力的空间被压缩。美国新闻署的取消象征着文化外交不再是美国外交政策的一部分。在信息时代，美国以“信息资源中心”取代了在其他国家的部分美国文化中心和图书馆，美国使馆的文化宣传作用也有所下降。新闻署和使馆作为文化外交的“双翼”被斩断。

除了苏联解体这一主要外部原因外，美国文化外交影响力下降的背后也有其国内根源。文化外交一直有两个痛点：一是美国媒体爆出许多冷战时期的文化交流项目受中央情报局支持，有干涉别国内政之嫌，这在国际社会造成了负面影响；二是文化外交在官僚体系中缺乏适当的定位，似乎每一个有对外交往功能的国家机构都可以参与文化外交，但每一个机构对文化外交的整体结果又不负责任。

克林顿政府具有明显的自由主义倾向，在外交中推行自由和人权的理念，成为这一时期文化外交的核心价值。在美国政府后撤和公民社会日益成熟的背景下，社会资源开始在文化外交中占据独立的位置。美国新闻署的预

---

① Simpson, Bradley R., *Economists with guns: authoritarian development and US-Indonesian relations, 1960 - 1968* (California: Stanford University Press, 2008), p. 30.

② Schneider, Cynthia P., "Culture communicates: US diplomacy that works," in Jan Melissen, ed., *The New Public Diplomacy* (London: Palgrave Macmillan, 2005), p. 10.

算遭到腰斩，其在印尼的资源被砍掉一半。① 随着跨国媒体集团的发展，官方不得不依赖私人媒体公司进行文化宣传。②

20 世纪 90 年代，克林顿政府与晚期苏哈托政权保持整体较好的外交关系。美国时而也会在人权问题上挑战印尼，但为了维护美国对印尼的投资和贸易，美国无法坚持贯彻人权价值观。③ 美国的形象在印尼社会中趋向负面，因为美国公司通过苏哈托家族的私人关系获得了许多印尼的自然资源开发权，导致印尼官僚部门严重腐败，并使部分印尼政治精英和本土企业家不满。1998 年印尼民主化改革后，印尼在人权问题上继续遭到美国的苛责。1999 年东帝汶公投脱离印尼也被认为是受美国支持和澳大利亚怂恿的结果。印尼虽然追随了美国的民主化道路且接受了西方国家主导的世行和 IMF 的经济援助，但与美国的关系并未更加亲密。瓦希德总统为了避免美国继续扩大对印尼的影响，制定了"亚洲政策"，寻求与中国、印度、日本和新加坡的政治理解和更密切的经贸往来。

社会组织、基金会、企业等非政府部门在这一时期在文化交流方面发挥了更重要的作用。90 年代美国高校接受了大量印尼学生，1997 ~ 1998 年，这个数字达到历史最大值，即 13282 人。④ 在 1992 年，美国和印尼政府共同建立了非营利的"美国印尼交流基金会"（AMINEF），用于管理富布赖特项目和其他美国在印尼的奖学金项目。成立于 1994 年的美国 - 印尼协会（USINDO）是基于两国市民社会的文化外交代表性机构，由美国和印尼商界、外交界、学界等领域知名人士联合创办。该机构举办的开放论坛、立法机构伙伴项目、年会等活动推动了两国高层的二轨外交，设立的马斯特斯奖

① Johnson, Stephen, and Helle Dale, "How to reinvigorate U. S. public diplomacy," *The Heritage Foundation Backgrounder* 1645 (2003): 4.

② 周庆安：《超越有形疆界：全球传播中的公共外交》，中国传媒大学出版社，2018，第四章。

③ Kagan, Robert, "Clinton and Indonesia," *The Weekly Standard*, Feb. 19, 2006, www. weeklystandard. com/robert - kagan/clinton - and - indonesia.

④ Dessoff, Alan, "Building Partnerships between Indonesia and the United States," *International Educator* (*NAFSA*), May-June, 2011: 32.

学金（Edward E. Maters Fellowship）暑期研修等活动推动了两国的文化教育交流。该机构已经成为美国和印尼最重要的“二轨外交”平台。

（三）小布什政府：全球反恐、国家资源、单向宣传

2001 年“9·11”事件扭转了美国公共外交的惨淡前景，公共外交成为美国对外政策中最受人关注的主题。[①]“9·11”事件发生以后，美国才意识到反美主义在全球扩散范围之广：美国的形象不仅在中东伊斯兰世界不佳，而且在欧盟诸国也不受人欢迎。[②] 因此，小布什政府将公共外交定位于“赢得人心和思想的斗争”[③]，旨在通过改善美国的形象应对恐怖主义的威胁，减轻美国霸权的刻板印象，推行自由民主价值。美国增加了对公共外交的支持，在2001 年之后的两个财年，美国用于公共外交的资金大幅增加，在南亚和近东分别增长了63% 和 58%，但从公共外交行动来看，用于单边意识形态宣传即“广告宣传”[④] 的预算更多，而不是促进文化输出或文化交流的行动。

布什政府虽然要求文化外交要考虑对象国的需求和接受能力，但文化外交服务于反恐战争目标的价值观使其文化外交行动无法摆脱单边主义、先发制人和“美国例外论”的特点。2005 年 9 月，美国国务院文化外交顾问委员会发布了报告《文化外交：公共外交的关键》。国务卿赖斯在小布什政府时期提出“转型外交”，强调要重视文化因素在与发展中国家交往过程中的作用。[⑤] 然而事实上，小布什政府在对外宣传中重用保守派媒体，着力宣传美国的反恐战略和普世价值，甚至为了达到宣传效果不惜采用黑色宣传。[⑥]

---

① Melissen, Jan., Introduction, *The new public diplomacy* (London: Palgrave Macmillan, 2005): xix.

② 高飞：《公共外交的界定、形成条件及其作用》，《外交评论》2005 年 6 月，第 108 页。

③ 唐小松、王义桅：《试析美国公共外交及其局限》，《现代国际关系》2003 年第 5 期，第 28 页。

④ Hart, Justin., *Empire of ideas: The origins of public diplomacy and the transformation of US foreign policy*, Oxford: Oxford University Press, 2013, p. 13.

⑤ 胡腾蛟：《冷战后美国公共外交的转型与发展趋势》，《世界经济与政治论坛》2011 年第 3 期，第 52 页。

⑥ 周庆安：《超越有形疆界：全球传播中的公共外交》，中国传媒大学出版社，2018，第四章。

美国与印尼在反恐问题上形成了有限合作关系，但印尼不支持伊拉克战争。作为世界上穆斯林人口最多的国家，印尼成为美国全球反恐外交在亚洲的关键着力点。2002 年的巴厘岛爆炸案对印尼旅游经济和国家形象的恶劣影响也使印尼提升了文化外交的优先级，通过媒体抑制恐怖主义思想在国内蔓延，希望在国际上重塑印尼温和伊斯兰国家的形象，这促使印尼成为美国的全球反恐伙伴。然而印尼国内也有较强的反美情绪，认为美国企图利用反恐巩固霸权地位、削弱伊斯兰世界①，或认为美国对阿富汗和伊拉克的军事行动违背了其人权价值观②。

美国在印尼的文化外交行动被置于全球文化反恐的框架下。2003 年，美国－印尼关系委员会建议加强对印尼公共外交，如扩大富布赖特项目，加强与印尼媒体界人士的交往，加强与印尼教育机构间的关系等。美国重视通过广播、电视等日常交流媒介宣传反恐。2002 年的《自由促进法》拨款 1.35 亿美元用于扩大电视和广播宣传，其中 4300 万美元用于印尼语、马来语等东南亚语种的广播。③ 布什指派助理国务卿夏洛特·比尔斯重新向世界讲述美国故事。她编纂了关于“9·11”的宣传册，创办了“美国的穆斯林生活”（Muslim Life in America）网站，拍摄了美国穆斯林宣传美国宗教自由政策的视频并在斋月时期在印尼、巴基斯坦等国家的媒体中播放。④ 与反恐相关的文化宣传活动在印尼受到负面评价。拍摄穆斯林在美国幸福生活的电视广告在印尼没有产生预期效果。⑤ 2005 年，美国负责公共外交事务的副国务卿卡伦·休斯到各国演讲，所到之处无一例外受到批

---

① Smith, Anthony L., “A glass half full: Indonesia-US relations in the age of terror,” *Contemporary Southeast Asia: A Journal of International and Strategic Affairs* 25 (2003): 450.

② Richard C. Paddock, “Indonesia Sees the U. S. as a Tyrant,” *Los Angeles Times*, April 9, 2003, http://articles.latimes.com/2003/apr/09/news/war-indonesia9.

③ 仇朝兵：《九一一事件后美国对印尼的公共外交》，《美国研究》2007 年第 2 期，第 84、85 页。

④ Botes, Marina, The Public Diplomacy of the United States of America in the War on Terror (Master's thesis, *University of Pretoria*, 2007), p. 75.

⑤ Melissen, Jan, “The new public diplomacy: Between theory and practice,” *The new public diplomacy* (London: Palgrave Macmillan, 2005), p. 7.

评，在印尼也遭到冷遇。①

布什政府也针对缓和与穆斯林社会关系设计了新的教育交流项目，但从整体上看教育交流的规模萎缩。2002 年美国国会批准了“肯尼迪 - 路加青年交换学习”（Kennedy-Lugar Youth Exchange and Study）项目，邀请各国穆斯林高中生到美国生活和学习一年，印尼是从首届开始参加的 14 个国家之一，至今已有 1170 余名印尼学生参与了该项目。② 然而在小布什执政期间，美国与印尼的教育交流整体乏力（见图 1、图 2）。2003 ~ 2009 年，印尼到美国留学生人数（本科和研究生）呈下降趋势，而同在 2004 年，印尼到中国学习的人数已经达到赴美国学习人数的 2 倍。③

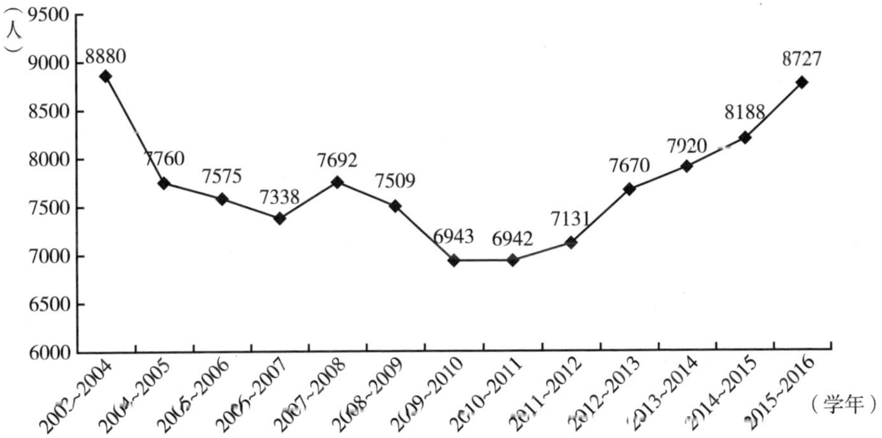

图 1　2003 ~ 2015 年印尼到美国留学生人数

资料来源：美国 - 印尼协会。USINDO，*U. S. - Indonesia Joint Council on Higher Education Partnership*，https：//www. usindo. org/assets/up/2018/03/Joint - Council - on - Higher - Education - Report - of - Activities. pdf。

---

① St. Antony's College（University of Oxford）. Middle East Centre，and Adham Center for Television Journalism（American University in Cairo），*The Real（Arab）World：Is Reality TV Democratizing the Middle East?：and Other Studies in Satellite Broadcasting in the Arab and Islamic Worlds*，No. 1，（Cairo：American Univ in Cairo Press，2006），p. 167.

② YES 项目介绍，http：//www. yesprograms. org/countries/indonesia。

③ Mauzy，Diane K.，and Brian L. Job，“US policy in Southeast Asia：Limited re-engagement after years of benign neglect，” *Asian Survey* 47（2007）：634.

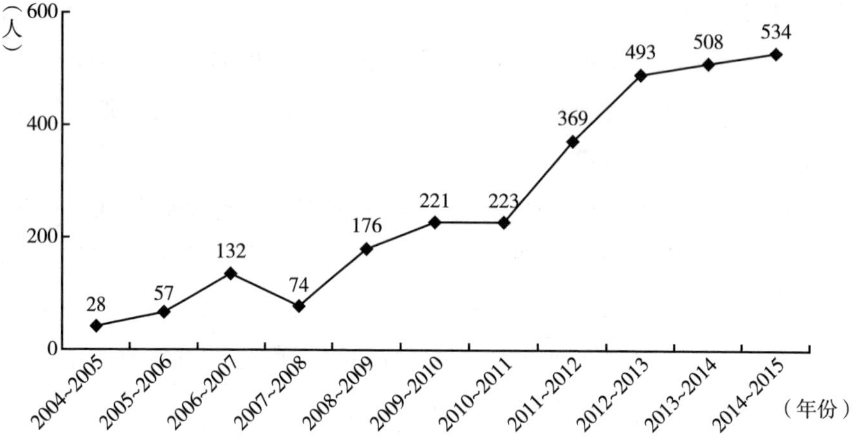

图2　2004~2014年美国到印尼留学生人数

资料来源：美国－印尼协会。USINDO，*U. S. – Indonesia Joint Council on Higher Education Partnership*，https：//www. usindo. org/assets/up/2018/03/Joint – Council – on – Higher – Education – Report – of – Activities. pdf。

（三）奥巴马任期：文化宽容、多元资源、多边主义

为了弥补小布什任期中美国与伊斯兰世界之间恶化的关系，奥巴马政府使用美国文化软实力作为沟通的工具。奥巴马政府重新定义了文化外交的价值观、资源来源和行动方式。这一时期文化外交的价值观是文化多元主义①和宗教宽容，以期与伊斯兰世界以及其他非西方文明和解。

奥巴马政府支持文化外交资源的来源多样化。他上任后立即提升了政府的文教预算。2010年教育和文化事务署获得6亿美元预算，比上一财年多出6200万美元。美国参议院拨款委员会另外还提供了6.352亿美元用于文教。②

① YU，Zhaohui，"Citizen Diplomacy – New US Public Diplomacy Strategy in the Middle East under the Obama Administration，" *Journal of Middle Eastern and Islamic Studies*（*in Asia*）9（2015）：37.

② Pleva，Lukas，"The Obameter：Promote Cultural Diplomacy，" www. politifact. com，April 23，2010，www. politifact. com/truth – o – meter/promises/obameter/promise/328/promote – cultural – diplomacy/.

奥巴马政府号召通过公私伙伴关系扩展全球文化和艺术交流，从民间汲取资源并最终形成市场化的、具有可持续性的文化交流项目。[①] 此外，美国也希望获得其他国家政府的资源支持和参与，构建双向的文化交流项目，而不是美国单向输出的文化外交，如印尼政府在2012年拨款14亿美元用于支持印尼研究生出国留学（LPDP）。这种多边伙伴关系的最终目标是使基金、机构、高校、公司和个人等非政府元素联合起来，培育不依赖国家资源的长远伙伴合作关系。

美国政府提出了一种多边的、去中心化的文教国际交流项目框架，即由国务院提出合作倡议，将设计和执行具体项目的权力下放给私营部门和国外合作方。美国国务院设计了一系列全球文化展演活动，例如美国国务院和布鲁克林音乐学院共同发起的“美国舞蹈韵律”（Dance Motion USA）全球项目。虽然这些项目由国务院出资并有许多美国驻外使馆参与，但与冷战时期不同的是，它们由企业界和社会组织而不是美国政府进行管理和设计。[②] 为了促进与其他国家的文化交流与人员交流，美国简化了国外文艺人士赴美访问的签证手续。[③]

奥巴马政府时期是美－印尼文化交流在冷战之后最密切的时期。素有温和伊斯兰国家之称的印尼是奥巴马“重返亚洲”和“亚太再平衡”战略在东南亚的着力点，也是缓和美国与伊斯兰世界关系的大门。2010年，奥巴马在访问印尼期间与苏西洛签署了全面伙伴关系协议并全面恢复了安全合作。2015年，奥巴马政府与佐科政府将两国关系提升至战略伙伴关系。

奥巴马最宝贵的资源来自他的多元文化背景和与印尼的深厚渊源。奥巴马拥有肯尼亚和美国白人血统，信仰基督教，中间的名字源于阿拉伯语，幼年曾在印尼生活四年。他与印尼政治明星、后来成为印尼总统的佐科相似样

① “Barack Obama and Joe Biden: Champions for Arts and Culture,” Obamabiden. com, http: //kulturekonomi. se/uploads/obama_ factsheet_ arts. pdf.

② Croft, Clare, *Dancers as Diplomats: American Choreography in Cultural Exchange* (Oxford: Oxford University Press, 2015), p. 156.

③ “Barack Obama and Joe Biden: Champions for Arts and Culture,” Obamabiden. com, http: //kulturekonomi. se/uploads/obama_ factsheet_ arts. pdf.

貌在印尼掀起了一股“奥巴马—佐科热潮”。奥巴马将自己的个人魅力和多元文化经历转化成文化外交的资本。2010 年，他在印尼的公开演讲中用印尼文说“我回到家了”，并深情地讲述了他在雅加达的童年经历，在印尼媒体和民众中反响甚好，奥巴马曾在雅加达就读的小学甚至竖起了奥巴马小时模样的雕像。奥巴马可能是迄今为止最受印尼人喜爱的美国总统。根据皮尤中心调查，奥巴马任职期间印尼人对美国人的好感度要远高于小布什任期。①

美国在对印尼的日常文化外交项目设计中重视推广宗教容忍、和解的理念。2012 年 10 月 1 日，美国驻印尼大使斯科特·马谢尔在官邸接见穆斯林学生组织代表，讨论电影《穆斯林的无知》以及宗教宽容和言论自由问题。2010 年和 2012 年，两国在雅加达主办了有多国代表参加的“不同信仰者会议”②。美国－印尼协会在 2016 年建立了印尼－美国宗教和多元主义委员会，受到佐科和奥巴马总统的支持。③

战略项目是奥巴马政府对印尼文化外交的一个亮点。2010 年，奥巴马政府与苏西洛政府签署高等教育伙伴协议，美国在此后五年内为该计划拨款超过 1.65 亿美元。在此框架下的战略项目包括 2011 年首届美国－印尼高等教育峰会和 2012 年富布赖特印尼项目 60 周年暨美国－印尼交换学习基金会（AMINEF）成立 20 周年的系列庆祝活动。2011 年，美国使馆和两国合作伙伴在雅加达建立了@ america 美国文化中心，这个平台既具有提供美国文教信息的日常交流功能，也具有主办知名人士讲座等战略活动的功能，成为美国在印尼首都进行文化传播的阵地。

扩大与印尼互派留学生深入交流的项目是该时期文化外交的核心。2010 年，美国和印尼承诺在五年之内使派遣到对方国家高校学习的人数翻一番，得到资助的项目包括富布赖特印尼科研和技术项目（FIRST）、高等教育领

---

① Pew, Global Indicators Database, “Pew Research Center's Global Attitudes Project,” Pew Research Center's Global Attitudes Project, April 22, 2010, www.pewglobal.org/database/indicator/2/country/101/.

② 仇朝兵：《奥巴马政府对印尼的公共外交》，《太平洋学报》2015 年第 11 期，第 47 页。

③ USINDO, *USINDO Profile*, https://usindo.org/assets/up/2018/11/USINDO－Profile_November－2018.pdf.

导力、管理和政策项目（HELM）、PRESTASI 奖学金项目等[①]。此外，自 2013 年起 500 多名印尼学者和专业人士参加了美国政府主办的“青年东南亚领导人倡议”（YSEALI）[②]。这些项目不仅延续了以获得学位或研究为目标的传统留学项目，而且增加了职业教育和高校管理类的短期培训，对印尼高等教育的影响更加全面。美国和印尼的大学建立了 11 对合作关系。2010 年后，印尼到美国留学人数开始回升，美国到印尼的留学生数量较之前增长略快。在 2015 年两国战略伙伴关系共同宣言中，文化外交的重点仍是以“人与人之间的沟通”[③] 为主题的深入交流行动，尤其支持旅游业和教育业的合作，以及联合科研和高等教育伙伴关系。

（四）美国对印尼文化外交小结

通过阶段性回顾美国对印尼文化外交，可知价值观念类型与文化外交成效没有直接关系。20 世纪 50～60 年代与小布什时期的文化外交都直接服务于国家安全战略，前者比较成功，对印尼军政领域的关键人物和社会产生了“全面美国化”的影响，而后者失败，“美国例外论”和单边主义的形象没有得到扭转。可见价值观念直接服务于国家安全利益不一定被他国反感；价值观念服务于所谓的“普世价值”也未必受他国社会的欢迎。卡特和克林顿推行人权价值观，在印尼精英阶层中形成了紧张氛围，在市民社会中也未产生大范围影响。价值观念从何种角度切入、话语如何被塑造更为重要。小布什政府与奥巴马政府的文化外交目的都是修复美国与伊斯兰世界的关系，奥巴马将价值观念定位于宗教平等和文化多元，而小布什将价值

① “Fact Sheet：US-Indonesia Education Partnership，” Office of the Press Secretary of the White House，November 18，2011，https：//obamawhitehouse. archives. gov/the－press－office/2011/11/18/fact－sheet－us－indonesia－education－partnership.

② Young Southeast Asian Leaders Initiative（YSEALI），U. S. Embassy & Consulates in Indonesia，www. id. usembassy. gov/education－culture/yseali/.

③ “Joint Statement by the United States of America and the Republic of Indonesia，” The White House，October 26，2015，https：//obamawhitehouse. archives. gov/the－press－office/2015/10/26/joint－statement－united－states－america－and－republic－indonesia.

观念定位于反对宗教极端主义，显然后者容易产生理解上的分歧，在穆斯林群体中产生反感。可见在制定文化外交价值观念时，“怎么说”与“说什么”至少一样重要。

文化外交的效果与资源来源、行动维度的关系更大。政府资源占主导并整合其他资源渠道是较理想的模式。节省政府预算是一个原因，更重要的原因是政府的投入为其他渠道的资源投入指出方向。冷战后美国政府削减文化外交投入，非政府资源主导对印尼的文化外交，导致对文化外交行动与政府制定的价值观念不完全贴合。此外，在网络媒体快速发展的背景下，以单向宣传为主的日常交流行动已经不能满足文化外交的客观需要，小布什政府的反恐战争媒体宣传是一个失败的案例。日常、战略和深入交流三种维度兼备的顶层设计有利于文化外交收获正面效果。从美国经验看，促成与印尼精英长期、深入交流的行动从长期来看收效最大。

三　对中印尼文化外交的参考意义

中国与印尼的文化交流历史悠久，但为了提升国家软实力而系统地进行中印尼文化外交是个较新的议题，如果从在印尼设立第一家孔子学院算起，只有不到十年的经验。悠久的人文交流历史和相似的社会文化特征是中印尼人文交流的有利客观条件，[①] 但两国人文交流仍存在不足，如政府与民间发挥作用失衡、交流主体和对象错位、人员投入不足、评估机制缺位。[②] 中国正处在对印尼文化外交的顶层设计和“试水”阶段，考察美国、日本[③]、澳大利亚[④]等国家对印尼文化外交的政策沿革对我国有一定的借鉴意义。美国对印尼文化外交对当前中国设计和实施文化外交政策有一些启示，体现在价

① 许利平：《新时期中国与印尼的仁恩交流及前景》，《东南亚研究》2015 年第 6 期，第 36 ~ 37 页。

② 许利平、韦民：《人文交流与经略周边》，《世界知识》2016 年第 1 期，第 18 页。

③ 潘玥、罗津：《日本对印尼的公共外交及启示》，《南亚东南亚研究》2018 年第 3 期。

④ 潘玥、张自楚：《澳大利亚对印尼的公共外交及对中国的启示》，《战略决策研究》2018 年第 6 期。

值、资源和行动三个方面。

第一，应把握住文化价值观念的三个要点。中国在进行文化外交时往往重视物质性和精神性的文化传播，忽视价值观传播。国外社会提升了对中华文化的熟悉度，却对改善中国国际形象的作用不大。[①] 在进行文化外交顶层设计时，第一步应该树立起核心价值观作为文化外交的纲领性内容。制定文化外交价值观应把握三个要点，即概念清晰、与外交行动一致、能被印尼社会接受。

首先，文化价值观在概念上要清晰、简洁且内在逻辑自恰。美国围绕民主和自由建构了一套完整的对外文化宣传的价值观，间接推动了第三波民主化浪潮，是文化外交价值观推广的成功案例。中国也提出了外交的核心价值观。党的十九大报告提出“人类命运共同体”的概念，体现了在全球化趋势下世界各国的发展息息相关、“牵一发而动全身”的格局。报告中提出的五个“要”是中国在外交行动中自我约束的准则，也是希望在全球推广的价值观[②]，其中包括尊重多样性和秉承对话的方式，即一些专家提倡的以“和而不同”为中国文化外交的理论内涵[③]。

其次，核心文化价值观应原原本本地体现在外交行动中。美国的外交行动经常与核心文化价值观不符，导致美国的文化外交说辞不被其他国家信服。美国口头上支持民主、自由和人权，但是在现实中则支持如苏哈托那样的“友好的独裁者”，容忍印尼在东帝汶犯下严重的人权罪行，令人感觉美国说一套、做一套。[④] 比核心文化价值观宣传更重要的是在外交行动中贯彻价值观的要求，否则文化外交的效果会适得其反。另外，还需要考虑文化价值观与对象国的匹配问题。如果一个国家对外输出文化产品，但体现的核心

---

① 张志洲：《文化外交与中国文化“走出去”的动因、问题与对策》，《当代世界与社会主义》2012 年第 3 期，第 15 页。

② 冯颜利、唐庆：《习近平人类命运共同体思想的深刻内涵与时代价值》，人民网，2017 年 12 月 12 日。

③ 鲁世巍：《我国文化外交的机遇、挑战与战略思考》，《公共外交季刊》2012 年第 4 期，第 51 页。

④ 赵可金：《美国公共外交的兴起》，《复旦学报》（社会科学报）2003 年第 3 期，第 87 页。

价值观不能被对象国公众接受，文化外交也会起到反向作用。[①] “人类命运共同体”提倡的平等协商和尊重文明多样性的价值观在印尼传统文化中有对应的概念，即“协商一致”（musyawarah mufakat）和“存异求同”（Bhinneka Tunggal Ika）。这两点也是1955年万隆精神的延续和东盟价值观的体现。在中国对印尼文化外交的实践中，应注意突出与印尼相似的这两点文化价值观。

第二，非政府部门对文化外交有重要补充作用。文化外交通常由中央政府组织，突出政府在对外政治关系中的重要作用。[②] 但中国文化外交体制中政府主导比例偏大，企业和民间参与不够，导致文化外交政治色彩重、公信力低。[③] “9·11”之后美国的公共外交已经逐渐向“去中心化”和“扁平化”方向发展，非政府组织、跨国公司、私人团体、高等院校和个人的作用越来越强。[④] 尤其是企业长期在国外社会中扎根，不仅与对象国的政府和社会各界建立了深厚的关系，能够在文化外交中起到重要节点的作用，而且企业的利益同时植根在母国和对象国中，其活动要考虑在两个国家的社会影响，因此企业牵头的文化活动政治中立性更强，更容易被对象国社会接受。在中国与印尼的文化外交中，可以考虑将文化外交设计与企业在国外的社会责任义务联系到一起，形成一种国家、企业、社会三赢的模式。

第三，文化外交行动的三个维度要齐备，尤其要保障深入交流项目的延续性。美国的文化外交往往是在突发事件之后产生的补救型反应活动，如针对二战纳粹的宣传攻势、海湾战争和“9·11”恐怖袭击。一旦失去急迫的需求，美国立即削减文化外交的预算。正如《文化外交：公共外交的关键》所写：“当我们的国家处于战争之中，外交工具袋里的每一种工具都被启

① Nye Jr, Joseph S., Public diplomacy and soft power, *The annals of the American academy of political and social science* 616（2008）: 95.

② 赵洪波：《提升中俄文化外交战略的再思考》，《东北亚论坛》2013年第6期，第108页。

③ 鲁世巍：《我国文化外交的机遇、挑战与战略思考》，《公共外交季刊》2012年第4期，第49页。

④ 胡腾蛟：《冷战后美国公共外交的转型与发展趋势》，《世界经济与政治论坛》2011年第3期，第55页。

用，包括文化活动推广。然而一旦恢复和平，文化马上受到轻视，因为我们的传统中缺乏对艺术的公众支持。”这种短视的行为模式对建立固定的交流机制和培育长久而深入的关系是有害的，因此不妨回忆美国新闻局主任爱德华·默罗（Edward R. Murrow）的劝诫：公共外交应该用在政策起飞的阶段而不是只用在出事的时候。

B.16
20世纪40年代以来澳大利亚与印度尼西亚基于高校的合作研究

〔澳大利亚〕安彬锐（Pierre van der Eng）*

摘　要： 本文分析了20世纪40年代以来印度尼西亚与澳大利亚基于高校的合作。它旨在为印尼与中国大学间的合作提供一些启示。澳大利亚学术研究兴趣的日益浓厚、研究成果的积累以及澳、印尼两国之间日益增加的学术合作，这些因素使两国的总体关系出现了明显提升。自20世纪50年代以来，由澳大利亚政府提供的奖学金使在澳大利亚留学的印尼学生人数有所增加；20世纪80年代以来，澳大利亚大学向印尼学生提供全额奖学金后，印尼在澳的留学生人数大幅增加。虽然澳大利亚在印尼的留学生规模较小，但其人数在逐渐增加，他们在印尼从事研究，这在21世纪以来尤其明显。调查也揭示了印尼学生在澳大利亚学习期间和返回印尼后遭遇的困难。同时，调查也发现澳大利亚政府奖学金很难与澳大利亚对印尼援助计划的目标联系起来，也很难成为推动澳大利亚与印尼友好关系的“软实力”工具。

关键词： 印度尼西亚　澳大利亚　中国　国际关系　留学生

* 安彬锐，澳大利亚国立大学管理研究院和清华大学中国企业研究中心副教授。

与中国一样，澳大利亚与印尼的人文交流可以追溯到很久之前。在大学交流方面，伴随着1906年暨南大学成立与1921年厦门大学成立，印尼华人从20世纪20年代开始在中国的大学学习。[①] 直到20世纪50年代初，印尼人才开始前往澳大利亚的大学学习。20世纪50年代，当印尼华人学生到中国留学的兴趣减弱时[②]，到澳大利亚大学学习的印尼留学生人数增加。到2000年，约有17500名印尼学生在澳大利亚学习，这使澳大利亚成为拥有印尼留学生人数最多的国家。同是这一年，中国接纳了大约2000名印尼留学生。但到了2018年，在中国和澳大利亚的印尼留学生数量几乎相同——大约都为17000人。[③] 考虑到在中国的学习和生活成本较低，印尼学生在未来一段时间更可能在中国而不是在澳大利亚学习。[④]

随着越来越多的印尼学生在中国的大学学习，许多问题逐渐产生。例如，是否所有的中国大学都能够处理与印尼留学生相关的校内教育和生活问题？当印尼留学生远涉重洋来到中国时，他们将面临哪些具体的生活问题？中国相关机构期望通过向印尼学生提供奖学金促进印尼与中国的关系，这是否现实？澳大利亚自20世纪40年代以来与印尼大学的合作经验可能与中国现今的问题息息相关。对澳大利亚的印尼留学生的类似问题（以及其他问题），学者已经进行了相关研究，这些研究成果或许能够对中国与印尼的高校合作提供启示。

本文第一部分概述了过去70年来澳大利亚与印尼的关系发展。这为接下来的第二部分分析澳大利亚对印尼学术研究的发展提供了背景。第三部分评估了从印尼到澳大利亚的留学生的波动；其中一部分是澳大利亚政府提供

---

① Suryadinata, Leo, "Indonesian Chinese education: Past and present," *Indonesia* 14 (1972): 62 – 63.

② Godley, Michael R. and Coppel, Charles A., "The pied piper and the prodigal children: A report on the Indonesian-Chinese students who went to Mao's China," *Archipel* 39 (1990): 179 – 198.

③ 澳大利亚的印尼留学生数据来自DET（2018），参阅图表1：2018年在中国的印尼学生。图表的数据是根据Jia和Fang的2017年数据推断而出（2018：52）。

④ Fettling, David, "Australian universities are under threat from more attractive, cheaper Chinese competitors," *ABC News online*, August 16, 2018. https://www.abc.net.au/news/2018-08-16/australian-unis-biggest-china-threat-competition-chinese-unis/10117508.

奖学金的学生，但更多是私人资助的学生。第四部分讨论了数量较少的澳大利亚到印尼的留学生，他们主要是学习印尼语言和了解印尼社会，同时他们也是作为交换生去印尼学习的。第五部分分析了澳大利亚从鼓励印尼人到澳大利亚留学的工作中获得了什么益处。第六部分是结论。

一　印尼与澳大利亚的关系

虽然互为邻国，但印尼与澳大利亚在历史、语言、文化、地理环境、经济发展阶段以及人口数量方面存在巨大差异。例如，2018 年印尼人口达到 2.6 亿多，而澳大利亚只有 2500 万人。这种差距在 100 年前就是如此：1918 年，印尼有 5300 万人，澳大利亚只有 500 多万人。还有一个关键差异是，印尼曾经是荷兰的殖民地，而澳大利亚与英国关系密切。1918 年第一次世界大战结束成为两国之间频繁互动的开端。例如，澳大利亚和印尼政府对新几内亚岛的东西两端日益承担更多责任，这需要两国有更多互动。双边航运联系变得更加规范。印尼成为澳大利亚和英国之间通信连接的重要中间站。经济联系也愈来愈紧密，当前，澳大利亚成为印尼小麦粉的主要来源国，而印尼则成为澳大利亚石油及石油产品的主要来源国。

1939 年第二次世界大战爆发后，两国的人文交流得到加强。由于被切断了与荷兰的联系，印尼殖民政府增强了与邻近盟国的沟通与合作。1941 年 12 月日本对东南亚的军事进攻迫使澳大利亚军队经由马来亚和新加坡到达印尼，在那里他们与印尼殖民政府领导的军队并肩作战。1942 年，流亡的印尼殖民政府在澳大利亚建立基地，殖民政府的军队也在澳大利亚重新集结，而军队则由印尼人和荷兰人共同组成。殖民政府甚至将大部分印尼政治犯转移到澳大利亚并拘留于此。1944 年中后，澳大利亚武装部队和印尼殖民政府的军队合作，从日本手中夺回了印尼东部。

1945 年 8 月印尼宣布独立后，澳大利亚和印尼的关系出现了不同的变化。1947 年，澳大利亚是最早承认印尼独立的国家，这本可以成为双方在印尼独立后建立友好双边关系的基础，然而，双方之间的关系却长期处于紧张状态。[①] 首先，印尼反对荷兰在新几内亚西部地区继续进行殖民统治，而澳大利亚却支持荷兰在那里的统治；其次，澳大利亚对印尼总统苏加诺1957年3月发动政变废除议会民主表示严重关切。在印尼的经济形势每况愈下时，苏加诺支持印尼军队扩充军备，支持新几内亚西部地区的叛乱，也支持印尼共产党的活动。

1959年至1962年，印尼成功地说服美国向荷兰施压，要求后者交出新几内亚西部。这鼓励了苏加诺在1963年反对马来西亚建国。苏加诺发誓要“粉碎”他印象中的殖民主义在马来西亚的阴谋。澳大利亚却支持马来西亚的建国，甚至派遣军队保卫马来西亚。在1964年至1966年的“对抗”期间，澳大利亚武装部队在印尼与马来西亚的婆罗洲边境地区与印尼军队进行了一场隐秘的战争。

尽管双边关系不断恶化，澳大利亚依旧承诺根据《科伦坡计划》增加对印尼援助项目的资金。与日本和美国相比，澳大利亚是印尼较为次要的援助国。值得注意的是，印尼和澳大利亚并没有在“对抗”期间中止外交关系，澳大利亚也没有停止对印尼的援助项目。[②] 在提供外援的方式上，澳大利亚主要以经济援助中的捐赠形式为主（主要是通过粮食捐赠以缓解那里人民的饥饿），其次是向接受国提供技术援助并培训其学生。

1965年9月印尼军事政变后，印尼共产党遭到大规模清洗，1966年和1967年，印尼政府和总统同时更迭，但这并没有立即改善印尼与澳大利亚的关系。直到1967年印尼与马来西亚结束“对抗”，并与国际货币基金组织和一个外援组织集团就经济稳定达成协议后，澳大利亚与印尼的双边关系才得以改善。澳大利亚增加了对印尼的援助项目。首先，它捐赠了大量粮

① Adil, Hilman, *Hubungan Australia dengan Indonesia, 1945 - 1962* (Australia's relations with Indonesia, 1945 - 1962) (Jakarta: Djambatan, 1993).

② Van der Eng, Pierre, "*Konfrontasi* and Australia's Aid to Indonesia during the 1960s," *Australian Journal of Politics and History* 55 (2009): 46 - 63.

食，以缓解印尼严峻的粮食形势。[①] 自 20 世纪 70 年代初期开始，澳大利亚针对印尼经济的不同方面开展了一系列的援助项目。

到目前为止，双边贸易和投资在印尼和澳大利亚的占比仍然相对较低。主要原因在于，同澳大利亚一样，印尼长期以来主要是初级产品的出口国。两国的经济具有竞争性而非互补性，这限制了双边贸易的选择。印尼对农业贸易的高度保护也使澳大利亚农产品难以进入印尼市场。与印尼一样，澳大利亚也是外国直接投资（FDI）的净接收国，而不是对外直接投资的来源国。但在某些领域，双边贸易曾经意义重大。例如澳大利亚出口到印尼的牲畜，以及印尼向澳大利亚开放的出口旅游服务，主要形式是澳大利亚游客到巴厘岛旅游时可以享受的低成本日光浴和冲浪体验。但澳大利亚严格的签证制度和昂贵的旅游费用限制了印尼游客的数量。

两国的双边援助和贸易关系经常被意外事件打断，这些事件往往导致双方发生分歧，大使被召回、签证被拒签，双方须为解决问题展开新的商谈，最终和解，但随之又会出现另一个突发事件。有些评论家将澳大利亚和印尼的双边关系描述为“波动和麻烦点”的集合[②]或“过山车”[③]。[④] 但双方也有关系改善的高峰。例如 1989 年双方在堪培拉举行的第一次亚太经济合作组织（APEC）和 1994 年 APEC 茂物宣言中的密切合作；自 1994 年以来，印尼与澳大利亚建立了定期部长级论坛；1995 年双方签订安全互助协定；当

---

① Van der Eng，Pierre，“International food aid to Indonesia，1950s－1970s，in Touwen，Jeroen and Schrikker，” in Alicia，ed.，*Promises and Predicaments*：*Trade and Entrepreneurship in Indonesia*（Singapore：NUS Press，2015），pp. 244－258.

② Mackie，Jamie，“Australia and Indonesia：Current problems，future prospects，” *Lowy Institute Paper No. 19*（Sydney：Lowy Institute，2007），p. 43.

③ Roberts，Christopher B. and Habir，Ahmad Derry，“Indonesia-Australia relations：Progress，challenges and potential”，in Roberts，Christopher B.，Habir，Ahmad Derry and Sebastian，Leonard C.，eds.，*Indonesia's Ascent*：*Power*，*Leadership*，*and the Regional Order*（London：Palgrave McMillan，2015），p. 195.

④ 以下学者总结了战后印尼与澳大利亚关系的发展。黄恩浩：《二战后澳大利亚与印尼双边关系发展：澳大利亚地缘政治之视角》，《东亚研究》2012 年第 1 期，第 88～128 页；潘玥、张自楚：《澳大利亚对印尼的公共外交及对中国的启示战略决策研究》，《战略决策研究》2018 年第 6 期，第 22～45 页。

印尼刚刚经历2004年印度洋海啸后，澳大利亚支持亚齐的复苏；2006年，双方签订《龙目岛条约》；2012年，双方签订国防合作协定；2018年，印尼与澳大利亚就缔结全面经济伙伴关系协定展开融洽谈判。

澳大利亚与印尼动荡的双边关系一直是学术研究的热点。[①] 一些研究对未来不抱乐观态度。例如，沃德（Ward Ken）通过回顾过去得出结论说，澳大利亚必须承认，它与印尼的关系“被危机所诅咒”，很难确立稳定的根基。[②] 新近对这个主题进行研究的学者们仍然用一本模棱两可的书名来描述两国关系，即《隔壁的陌生人?》[③]，这一标题暗示，两国仍然认为对方是陌生人。但问号反映出这样的事实，其实也是书中某些章节所揭示的双边关系多样化的重要进展。无论双边关系如何艰难，双方目前在许多公共政策领域仍然存在各种形式的合作。例如：澳大利亚与印尼的财政部，澳大利亚联邦警察局和印尼国家警察部、边境管制和海关部门，澳大利亚和印尼的军队部门，澳大利亚统计局和印尼的统计部门，澳大利亚和印尼负责农业和海洋事务的各个机构等都在进行合作。此外，在很有代表性的社会和商业团体之间，双方也存在广泛的联系。而在50年前，这种双边关系是不可想象的。

几十年来，双边关系得以延续的一个要素是印尼和澳大利亚之间存在良好的人际关系（本文下 部分将对此展开讨论）。这正是澳大利亚外交部前

---

① 这些学术成果包括：Ball，Desmond and Wilson，Helen，eds.，*Strange Neighbours*：*The Australia-Indonesia Relationship*（North Sydney：Allen and Unwin，1991）；Mar'iyah，Chusnul，ed.，*Indonesia-Australia*：*Tantangan dan Kesempatan dalam Hubungan Politik Bilateral*（Indonesia-Australia：Challenges and opportunities in bilateral political relations）（Jakarta：Granit，2002）；Monfries，John，ed.，*Different Societies*，*Shared Futures*：*Australia*，*Indonesia and the Region*（Singapore：ISEAS，2006）；Mackie，Jamie，“Australia and Indonesia：Current problems，future prospects，” *Lowy Institute Paper No. 19*（Sydney：Lowy Institute，2007）；Purdey，Jemma ed.，*Knowing Indonesia*：*Intersections of Self*，*Discipline and Nation*（Clayton：Monash University Publishing，2012）；Chen，Jonathan et al.，*New Perspectives on Indonesia*：*Understanding Australia's Closest Asian Neighbour.* Perth（WA）：Perth USAsia Centre，2014.

② Ward，Ken，*Condemned to Crisis*?（Sydney：Penguin，2015）.

③ Lindsey，Tim and McRae，Dave，eds.，*Strangers Next Door*? *Indonesia and Australia in the Asian Century*（Oxford/Portland：Hart Publishing，2018）.

部长加雷思·埃文斯（Evans Gareth）在1988年对印尼进行正式访问时所界定的双边关系的“压舱石”①。压舱石能够确保双边关系的大船在偏离航向后再次进入正确的航道。埃文斯有理由用这种比喻描述双边关系，因为到1988年时，澳大利亚在与印尼建立人文交流关系方面拥有40多年的经验，而双方基于高校的合作是其中非常重要的一部分。

二 大学和人文交流：学术研究

澳大利亚与印尼于1941年首次讨论了大学交流事项（The Australasian，1943年9月11日）。澳大利亚博士生可以到印尼研究热带医学（Daily Mercury，1942年1月7日）。然而，进一步的创举要到第二次世界大战后才开始启动。在战争期间，澳大利亚面临着新的国际形势。1942年，新加坡的陷落表明澳大利亚不再能够依靠英国军队实现自己的安全目的，澳大利亚必须更好地了解亚洲邻国。还是在1944年，澳大利亚政府就已经在澳大利亚大学层面通过学术人员和学生交流活动来加深双方的了解，试图培育对亚洲社会的相关研究（The Argus，1944年9月7日）。

印尼和亚太地区的其他国家获得独立后，澳大利亚感觉到了考虑其在亚太地区地位的紧迫性。自20世纪40年代后期以来，澳大利亚对亚洲及太平洋地区社会和国家的学术兴趣逐渐增加。在不同学科领域，亚洲学者都被聘请到澳大利亚大学进行教学并开展研究项目，以帮助新一代澳大利亚人更好地了解亚洲国家。

20世纪50年代，澳大利亚的大学吸引了来自日本、中国、马来亚、泰国和缅甸等国的学者，这就补充了其大学中早先主要是英国外交部和殖民部公共服务领域学者的结构。但澳大利亚政府很少接收印尼荷兰籍管理人员到澳

---

① Evans, Gareth, “Australia's Relations with Indonesia,” Address by Senator Gareth Evans QC, Minister for Foreign Affairs & Trade, to the Australia Indonesia Business Cooperation Committee, Bali (Indonesia), October 24, 1988, http://www.gevans.org/speeches/old/1988/241088_fm_relations_singapore.pdf.

大利亚大学工作，印尼研究的教学工作仍然支离破碎。[①] 为了建立更多的印尼学者团队，澳大利亚采取的主要形式是派研究生到印尼进行研究并学习印尼语。

此外，澳大利亚全国大学生联盟在1951～1965年支持了澳大利亚毕业生到印尼就业的计划。[②] 它使大学毕业生能够自愿参加在印尼的公共服务工作。这些毕业生在印尼的医院、中学、大学、研究所等机构工作1～3年。该计划旨在增加跨文化理解，并提供技术援助，助力印尼的发展。年轻的澳大利亚参与者在回国后终身与印尼及其人民保持联系，并且往往对印尼面临的发展问题具有多学科的理解，这在很多时候是很有必要的。一些人则继续攻读博士学位，后来又在澳大利亚大学找到了工作。他们精通印尼语，虽然他们也经常对20世纪60年代初期印尼的政治和经济动荡感到困惑，但不管怎样，在澳大利亚的大学还是出现了一群"印尼通"学者。

20世纪60年代，澳大利亚与印尼的动荡关系推动新一代澳大利亚年轻学者学习印尼语，他们对研究20世纪70年代和80年代印尼社会所面临的问题兴趣浓厚。[③] 在澳大利亚政府奖学金的支持下，他们广泛地研究印尼的文化、法律、经济、人口、历史、人类学、地理和地质学，甚至热带医学。研究的主要形式仍然是他们在印尼进行实地调研以完成博士论文。这磨炼了他们的语言技能，使他们对印尼有了更深入的了解。这些毕业生后来进入澳大利亚的公共服务机构，包括外交部和澳大利亚国际发展署（AusAID，成立于1974年）；还有一些人则进入日益增多的澳大利亚高校，而高校的扩增主要得益于高等教育经费的改革使学生人数急剧增加。[④] 许多新生对澳大利亚北部国家的兴趣日增，与印尼研究相关的大学职位空缺很大。

---

① Bastin, John, "Indonesian and Malayan studies in Australia," *Bijdragen tot de Taal-, Land-en Volkenkunde* 113 (1957): 201－204.

② Viviani, Nancy, Australian Attitudes and Policies towards Indonesia 1950 to 1965 (Ph. D. diss., Australian National University, 1973), pp. 118－120.

③ Hatley, Barbara, "Encountering Indonesia as a student, then and now," *Review of Indonesian and Malaysian Affairs* 43 (2009): 95－103.

④ Abbott, Malcolm and Doucouliagos, Chris, "The changing structure of higher education in Australia, 1949－2003," *School of Accounting, Economics and Finance Working Paper SWP2003/07* (Burwood: Deakin University).

新近获得教职的活跃的学者拓展了与印尼研究相关的新志趣，为进一步研究争取到了研究经费，这些经费也便利了新的博士生在20世纪80年代和90年代前往印尼进行实地调研。因此，到20世纪90年代，澳大利亚出现了几个国际公认的印尼研究中心：墨尔本大学（法学研究），澳大利亚国立大学（历史、经济学、人口学、人类学、政治和国际关系），蒙纳士大学（经济学、政治与国际关系），悉尼大学（历史、劳资关系），阿德莱德大学（农业经济学）和新英格兰大学（农业科学）等。与荷兰、美国和日本一起，澳大利亚已成为印尼本土以外研究印尼的四个中心之一。越来越多的印尼研究生开始在澳大利亚寻找导师。招聘研究印尼专家的求贤榜也在澳大利亚媒体占据了一席之地。

在印尼进行持续的实地调研对在澳大利亚建立专业知识储存库至关重要。它迫使研究生使用印尼语，以便能够提出一些可以更深刻理解印尼社会各方面的问题，而不是远隔万里进行文本研究。实地考察不仅适用于博士生的研究，也适用于新的研究项目。使用印尼语的另一个好处是，它促进了与印尼同行的联系，从而可以实施新的研究项目。研究项目还允许印尼学者前往澳大利亚完成这里的研究项目，并在此过程中促进他们对澳大利亚学术界和社会的了解。

虽然各种形式的学术交流促进了澳大利亚大学及其学生对印尼的更深入理解，但对印尼有兴趣和/或有亲身经历的澳大利亚学者在学术界仍然是少数人。在澳大利亚的亚洲研究领域，来自日本和中国的学者总是比印尼人更多。在大多数以学科为归属的大学院系中很难找到印尼专家。

此外，澳大利亚学术界的一个新趋势是，从跨学科的地区研究转向以单一学科为基础的研究，而在以学科为基础的研究中，理论概念经常优于某一主题的国家和地区背景。另一个迹象是澳大利亚提供印尼语课程的大学数量从1988年的13所增加到2001年的28所，然而到2010年又减少到15所[①]。

---

① Hill, David T., *Indonesian in Australian universities: A discussion paper* (paper presented at the National Colloquium on the Future of Indonesian in Australian Universities, Murdoch University, Perth (Australia), February, 2011), https://ltr.edu.au/resources/ALTC_NTF_Discussion_Paper.pdf.

此后这种下降势头仍在继续。造成这种趋势的原因很难确定，但澳大利亚政府缩减高中阶段印尼语教学的补贴可能是其中的一个原因。[①] 此外，学生对亚洲社会跨学科研究的兴趣有所下降，他们现在更喜欢基于学科的学位课程，而这些课程较少考虑到国家背景。无论是哪种原因，这种变化使大学更难以维持跨学科的亚洲研究。注重亚洲研究的大学院系的学者往往关注亚洲较大的经济体——日本、中国和印度，而忽视了亚洲的其他地区。

更关注学科归属的澳大利亚学术界成为加强与印尼同事合作的基础。就印尼在国际出版方面与澳大利亚的合作而言，与澳大利亚同事的合作成果在2010年排名第四位，仅次于日本、马来西亚和美国。但就澳大利亚与印尼在国际共同出版而言，印尼同事并未跻身前30名合作者国度之列。[②] 这一有限合作的原因是那些期待在国际期刊上发表成果的、雄心勃勃的印尼同事经验有限，他们在方法论和理论方面功底不足。此外，不充足的资金资助也打消了与印尼同行的合作。因此，尽管与印尼的大学加强了基于单一学科的合作，但澳大利亚大学对其近邻印尼的语言和社会研究的边缘化地位并未得到改善。

然而万事总有例外。澳大利亚国立大学（ANU）的印尼项目继续专注于印尼的经济，其出版的《印尼经济研究公报》（BIES）广受好评，它自1964年出版以来已有50多年的历史。[③] 墨尔本大学于2013年成立了印尼法律、伊斯兰教和社会研究中心，重点研究印尼社会的立法问题。2014年，在澳大利亚政府的支持下，5所澳大利亚大学和7所印尼的大学合作建立了澳大利亚印尼中心。它鼓励澳大利亚与印尼共享研究新成果，特别是在应用科学

---

① Hill, David T., "Language, learning, and living together: Education as a bilateral barometer," in Lindsey, Tim and McRae, Dave, eds., *Strangers Next Door? Indonesia and Australia in the Asian Century* (Oxford/Portland: Hart Publishing, 2018), pp. 415 – 418.

② Brennan, Clare, *A Bridge across the Arafura: Growing Australian-Indonesian Research Collaboration in the Asian Century* (Research report, Australian National Internship Programme, Australian National University, Canberra, 2013), p. 14.

③ Brown, Colin, *Australia's Indonesia Project: 50 years of Engagement* (Manuka: Bobby Graham Publishers, 2015).; Van der Eng, Pierre, "Fifty years of the Bulletin of Indonesian Economic Studies: 1965 – 2015," *Bulletin of Indonesian Economic Studies* 51 (2015): 213 – 216.

方面。除了《印尼经济研究公报》之外，《印尼透视》（Inside Indonesia）杂志自 1983 年以来也连续出版，这主要得益于墨尔本学者的大量参与，这些学者对印尼政治和社会问题进行了直指人心的评论。[①]

三　大学和人文交流：澳大利亚的印尼学生

20 世纪 40 年代后期的殖民地时期，印尼建立了几所高等教育机构，特别是关于工程和建筑、法律和艺术、医学和农业科学的机构。许多印尼人和华裔学生毕业于荷兰的大学，许多荷兰籍毕业生还在印尼找到了工作。当荷兰外籍人士和许多华人在 20 世纪 50 年代离开这个国家时，情况发生了变化，经验欠缺的印尼毕业生取代了他们的位置。

印尼政府支持扩大中等职业和高等教育机构的数量。但是，由于没有充足的合格教学人员，印尼的教学质量在下降。到荷兰的交通和生活的高成本，使去荷兰学习的选择不再有吸引力。当印尼禁止荷兰语作为教学语言时，日益下降的荷兰语能力也使印尼人在荷兰进行研究变得更加困难。在这种情况下，受私人资助的会说英语的印尼学生认为澳大利亚是一种较便宜的留学目的地选择。虽然“白澳”移民政策歧视来自亚洲的移民，但来自亚洲的学生还是可以在澳大利亚公立大学和私立学校学习。1940 年，在澳大利亚有 225 名亚洲学生[②]，1947 年增加到 300 名[③]。学校和大学有完全的权力来确定候选人是否符合入学资格，大学也可以决定是否免除留学生的学费或向外国学生收取与当地学生相同的费用。平均而言，大学为来自亚洲的自

---

① Purdey, Jemma, "Inside Indonesia: Taking on Australia's disinterest, ignorance and isolationism," in Lindsey, Tim and McRae, Dave, eds., *Strangers Next Door? Indonesia and Australia in the Asian Century* (Oxford/Portland: Hart Publishing, 2018), pp. 345 – 361.

② Meadows, Eric, "From aid to industry: A history of international education in Australia," in Davis, Dorothy and Mackintosh, Bruce, eds., *Making a Difference: Australian International Education* (Kensington: University of New South Wales Press, 2011), pp. 54, 60.

③ Megarrity, Lyndon, "Regional goodwill, sensibly priced: Commonwealth policies towards Colombo plan scholars and private overseas students, 1945 – 72," *Australian Historical Studies* 38 (2007): 90.

费学生提供近80%的补贴①，学生和他们的父母只需要支付交通和生活费用。

大多数来自亚洲国家的自费学生是马来亚和香港的华裔。有些人在开始大学学习之前还在澳大利亚的高中学习过。一些印尼的华裔学生跟随前述华裔学生来到澳大利亚，特别是在20世纪50年代，当印尼政府限制并有效地禁止华人进入印尼公立大学学习时更是如此。

1949年10月31日，第一位在教科文组织框架下获得澳大利亚政府奖学金的印尼学生到澳大利亚学习。② 在1953年成为其成员之前，印尼就参加了科伦坡计划的奖学金项目。印尼的第一位科伦坡计划学生于1951年抵达澳大利亚。此后，更多的科伦坡计划学生抵达澳大利亚，其中大多数奖学金获得者来自锡兰和马来亚。澳大利亚对科伦坡计划奖学金项目的意图是：第一，表明澳大利亚愿意协助亚洲欠发达国家；第二，通过在澳大利亚的学习经历，在亚洲学生中培育善意，并鼓励他们采用“西方式的自由民主价值观”，推动他们在母国与家人和同事分享这一观念。③

并非所有获得澳大利亚政府奖学金的印尼学生都致力于完成三年制本科学位或多年制研究生学位。许多人只是短期学习职业科目或学习英语语言课程。对印尼学生数量、研究专业，以及学生来源地的多样化的信息仍然较少。到20世纪50年代中期，大约有250名来自印尼的学生在澳大利亚大学学习。此后他们的人数不断增加。在1964年至1966年的“对抗”期间，印尼学生仍被允许继续在澳大利亚学习，人数曾达到500人。到20世纪70年代中期，印尼留学生人数增加到750人，20世纪80年代中期增加到1500人。直到20世纪80年代中期，在澳大利亚的大多数印尼留学生是男性，且

---

① Oakman, Daniel, “Young Asians in our homes: Colombo plan students and white Australia,” *Journal of Australian Studies* 26 (2002): 90.

② Purdey, Jemma, “Investing in good will: Australia's scholarships programs for Indonesian tertiary students, 1950s – 2010,” in Missbach, Antje and Purdey, Jemma, eds., *Linking People: Connections and Encounters between Australians and Indonesians* (Berlin: Regiospectra, 2015), p. 115.

③ Oakman, Daniel, “Young Asians in our homes: Colombo plan students and white Australia,” *Journal of Australian Studies* 26 (2002): 90; Oakman, Daniel, *Facing Asia: A History of the Colombo Plan* (Canberra: ANU E – Press, 2010), pp. 182 – 183.

大多数人在攻读工程、科学和建筑学本科学位。其中有250～300人获得了澳大利亚政府的奖学金。

到20世纪50年代后期，在澳大利亚的印尼留学生数量足以让他们组织并建立起澳大利亚印尼留学生联合会。自1958年以来，该联合会在印尼大使馆的支持下每年都在堪培拉组织一次年度会议，就当前问题进行辩论，辩论主题包括澳大利亚与印尼的关系。[①] 该联合会于1981年改名为澳大利亚的印尼学生协会（Perhimpunan Pelajar Indonesia Australia，PPIA）。

20世纪70年代和80年代，澳大利亚的留学生政策发生了重大变化。1974年，政府取消了大学学费，但将私人资助的留学生总数限制在10000人。在澳大利亚大学的留学生不用支付学费，直到政府推出“海外学生付费”项目。费用最初设定为大学入学平均成本的1/3左右。到1986年，澳大利亚政府仍然资助留学生的学费，是留学生学费的45%～68%，具体数额则取决于学位的高低。[②] 同年，澳大利亚政府开始允许大学录取全额付费学生，对于现有留学生的政府补贴将逐步取消。到1992年，大学开始向留学生收取全额学费。

虽然自1986年以来澳大利亚大学对私人资助的留学生的收费增加，但他们的人数从1987年的16000人增加到1992年的33000人，到2018年甚至增加到382000人，其中包括职业教育、高中和英语语言学习的学生。澳大利亚的留学生总数从1987年的21000人增加到2018年的710000人。这种增长时有波动，并取决于：（1）澳大利亚移民政策的变化，它有利于在澳大利亚大学毕业的学生；（2）汇率波动，澳大利亚元相对于其他国家货币的涨跌；（3）英国、加拿大和美国更吸引留学生。

现在，澳大利亚的大学对招收更多自费留学生越来越有兴趣。1969年，澳大利亚的几所大学已经建立了澳大利亚－亚洲大学合作计划（现更名为

---

① Hutabarat，F. H. ed.，*Bersama：The Souvenir Book of the Indonesian Students of Australia*（Sydney：Federation of Indonesian Student Associations of Australia，1959）.

② DEET，“Programmes and policies for foreign students in Australia，” *Higher Education* 21（1991）：379.

国际发展计划，*IDP*），以协调与东南亚大学的合作。[①] 它最初安排澳大利亚学者到亚洲国家的大学和研究机构从事研究。但是从 1986 年开始，它在雅加达、马尼拉、新加坡以及其他一些亚洲城市设立了办事处，为前程远大的学生提供在澳大利亚学习的中介咨询。国际发展计划成为代表澳大利亚大学组织学生招聘和学生申请的重要组织。

随着澳大利亚留学生人数的增加，服务的规模和专业化程度也在提高。教育部在学生母国的主要城市建立了澳大利亚教育中心（AECs）。除了国际发展计划，中心还认可私人代理商协助学生申请赴澳大利亚学习。在该部门内，澳大利亚教育国际（AEI）便利了澳大利亚与相关外国政府的国际联系。中心还帮助调查毕业生在澳大利亚的学习经历。为了从法律层面保护留学生的利益，1991 年澳大利亚政府通过了《留学生教育服务法》，并实施了《海外学生教育和培训国家行为守则》。该法案规定了收费最低标准，提供财务保证，并向海外学生保证澳大利亚的教育服务质量。此外，大学通过重新组织和扩大校园内的学生设施，特别是学生宿舍，以及安排迎送和安置服务，期待更多的留学生来到澳大利亚。

图 1 显示，自 1985 年以来，澳大利亚的印尼留学生总数大幅增长，到 1999 年达到 19000 人。2003 年，来自印尼的大学生为 12000 人，这也正是澳大利亚元比较便宜的时候。2003 ~ 2008 年澳元升值，这成为留学生减少的主要原因。在澳大利亚，印尼留学生仍然是一个相对较小的群体。1964 年，他们占澳大利亚留学生总数的 17%[②]，到 2000 年降至 11%，2018 年降至 2.5%。但他们的绝对数字几乎保持不变。该份额的减少表明澳大利亚的留学生更多的来自其他国家，特别是中国和印度。

来澳大利亚留学的印尼学生仅占印尼大学生总数的很小一部分，2003

① Meadows, Eric, "From aid to industry: A history of international education in Australia," in Davis, Dorothy and Mackintosh, Bruce, eds., *Making a Difference: Australian International Education* (Kensington: University of New South Wales Press, 2011), pp. 59, 73.

② Oakman, Daniel, "Young Asians in our homes: Colombo plan students and white Australia," *Journal of Australian Studies* 26 (2002): 90.

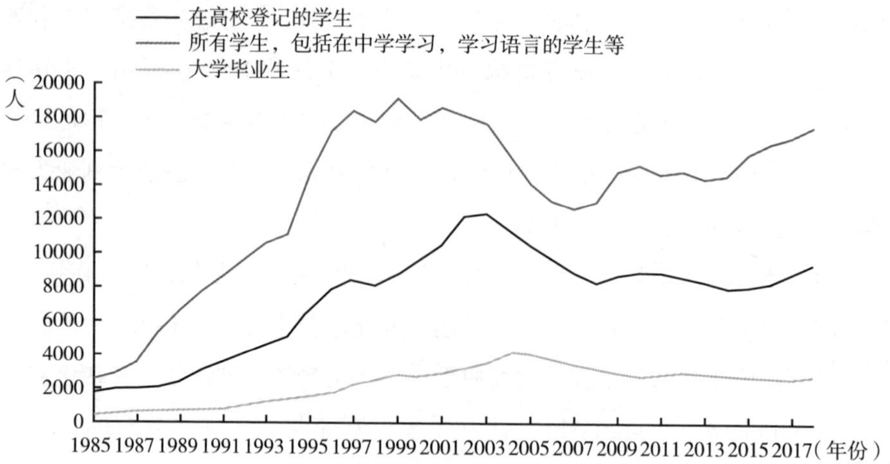

图1　1985～2018年澳大利亚的印尼留学生

注：通过使用1999～2003年印尼学生在1985～1998年澳大利亚留学生总人口中的平均比例，粗略估计的1985～1998年印尼学生。毕业率是根据3年前的新入学人数估算的。所有注册的学生都包括高中和英语语言学生，但不包括交换学生等“非奖学金”学生。

资料来源：1985～1993澳大利亚年鉴；1994～2018 DET，“Higher Education Statistics,” Department of Education and Training website，2018，https：//www.education.gov.au/higher－education－statistics.

年达到峰值0.7%，2018年降至0.2%。最近下降的主要原因是印尼大学本科教学的扩大①；其次是印尼教学和研究质量进步缓慢②。第一个变化解释了为什么在澳大利亚的印尼研究生人数在2018年增加了100%，这些印尼留学生靠澳大利亚政府奖学金攻读硕士或博士学位。第二个因素解释了为什么在澳大利亚学习的印尼申请者数量几乎不变，因为大多数申请人难以满足澳大利亚大学的入学要求。为国际学习筹集资金的困难是另外一个问题。这也正是2013年印尼政府为海外研究生启动印尼教育奖学金（Beasiswa Pendidikan Indonesia，BPI）的原因。2017年，有829名印尼教育奖学金获得者赴澳读研，这个数额超过了获得澳大利亚政府奖学金的印尼人（大约800名）。

① Hill，Hal and Thee，Kian Wie，“Indonesian universities in transition：Catching up and opening up,” *Bulletin of Indonesian Economic Studies* 48（2012）：229－251.

② Rosser，Andrew，*Beyond Access：Making Indonesia's Education System Work-Lowy Institute Analysis*（Sydney：Lowy Institute for International Policy，2018），pp. 9－12.

2017 年，这些奖学金获得者的人数占印尼在澳留学生总数的 18%。

在印尼，大学招生一般将重点放在印尼的主要城市，特别是爪哇地区。2007 年的一项调查发现，印尼在澳大利亚的留学生有 75% 来自爪哇地区。调查还发现，澳大利亚大学越来越受到马来西亚、新加坡和中国这些低成本国际竞争对手的挑战，这些竞争对手专注于招募印尼其他地区的学生。① 随着时间的推移，澳大利亚的印尼留学生开始多样化，女性比例越来越大，学习社会科学的学生在增多，研究生也越来越多。

随着澳大利亚与印尼关系的多元化发展，拿澳大利亚政府奖学金的印尼学生成为少数。现在，在澳大利亚的大多数印尼留学生都是私人资助的学生。但澳大利亚政府仍继续向印尼学生提供奖学金。1975 年，大部分奖学金来自新成立的发展援助机构，即著名的澳大利亚国际发展署。澳大利亚政府奖学金项目的动机从“软实力”转向“发展”，即期望印尼毕业生回国后能推动本国的可持续发展，减少贫困。

很长时间以来，这些奖学金几乎一直是澳大利亚对印尼援助计划中最重要的单一组成部分，在 20 世纪 80 年代和 90 年代，这些奖学金特别专注于人力资源开发。除奖学金外，澳大利亚的援助还支持印尼的中学和教育发展。在澳大利亚对印尼的援助预算中，教育和培训的总份额从 20 世纪 70 年代的平均 6% 增加到 20 世纪 80 年代初的 21%、80 年代后期的 40%、90 年代初的 37%。比例上升的主要原因是，越来越多的印尼学生通过澳大利亚的大学和学院的国际发展计划（IDP）和其他计划在澳大利亚进行研究生阶段的学习。该类别提供的大部分援助实际上主要与奖学金绑在一起。②

澳大利亚其他政府部门也资助印尼留学生，虽然并非全部与大学阶段的学习相关。例如，国防部有与印尼的防务合作计划，根据该都计划，印尼人员可以前往澳大利亚接受培训。1978 年，该项目在澳大利亚迎来了第 1000

① “Profiles of the International Education Markets in Selected Indonesian Provinces,” Australian Education International, Department of Education, Science and Training, 2007, pp. 11 ~ 12.

② AusAID, *Commercial Benefits from Development Cooperation with Indonesia* (Canberra: Australian Agency for International Development, 1995), pp. 51 ~ 58.

名印尼留学生，这些人中有些在澳大利亚国防学院学习。政府的某些部门还与印尼有关部门交换工作人员。例如，财政部与印尼财政部进行了人员交流。虽然这种交流不一定涉及正规的大学教育，然而，有些内容涉及了澳大利亚和印尼之间的高校互动。

澳大利亚国际发展署经常更改奖学金的名称，并随着时间的推移引入了其他类型的奖学金。到 2010 年，最常见的奖学金是澳大利亚发展奖学金。澳大利亚国际发展署还为某些学生设立了特别奖学金，根据是认为这些学生有在本国成为领导人的潜力。澳大利亚国际发展署还为大学教职员工设立了奖学金。当澳大利亚国际发展署在 2013 年被裁撤后，其职能被外交与贸易部（DFAT）接收，但奖学金的门类延续了下来。现在，澳大利亚的整个奖学金项目被统一称为领袖奖学金（AALP），其中，印尼学生获得最多的奖学金是澳大利亚助学奖学金。

四　大学和人文交流：在印尼的澳大利亚留学生

上一部分曾指出，澳大利亚的一些研究生从 20 世纪 50 年代开始到印尼游学，其中大多数人回国后终其一生与这个国家保持联系。20 世纪 60 年代至 70 年代，澳大利亚学生对亚洲语言和社会的兴趣有所增加。由于印尼语是比较容易掌握的语言，而且是邻国，在 20 世纪 80 年代至 90 年代，澳大利亚大学生对学习印尼语言和了解印尼社会的兴趣激增。为了促进语言学习，澳大利亚大多数大学允许澳大利亚学生到印尼实地锻炼语言技能，并作为他们学位考核的一部分。

1994 年，澳大利亚多所大学合作建立了澳大利亚国内印尼研究协会（ACICIS），以整合相关工作，帮助在印尼学习的澳大利亚大学生修满足够学分以获得澳大利亚的大学学位。[①] 该项目的一个关键方面是实地调研，澳

① Hadiwinata, Bob Sugeng, "Reciprocity and relationship building through education: The ACICIS field study program in West Java," in Missbach, Antje and Purdey, Jemma, eds., *Linking People: Connections and Encounters between Australians and Indonesians* (Berlin: Regiospectra, 2015), pp. 143 – 147.

大利亚学生在印尼大学的导师指导下完成学业。目前有25所澳大利亚大学参与了该项目。现在，它为在印尼学习的澳大利亚学生提供了各种各样的学习体验，特别是在雅加达、万隆和日惹的大学。ACICIS最初专注于学习印尼语的澳大利亚学生，如今为涵盖来自澳大利亚的非印尼语学生，ACICIS提供了多样化的服务。

1997～1998年的经济危机导致印尼大规模的示威游行、暴力骚乱和印尼华人被屠杀事件。ACICIS在保障学生安全和维持人际交往方面发挥了非常重要的作用，包括后来在2002年和2005年发生的巴厘岛爆炸案、2003年的马里奥特爆炸案、2004年的澳大利亚大使馆爆炸案，以及2009年的雅加达酒店自杀式炸弹袭击和其他与极端组织有关的暴行。家长和大学管理人员担忧在印尼学习的澳大利亚学生的安全问题，ACICIS则通过加强在印尼学习的澳大利亚学生的安全预防措施减轻了这些担忧。1996～2009年，ACICIS平均每年为在印尼学习的83名澳大利亚学生提供为期一年的学习机会①。2010～2017年，这一数字增加到每年105名学生。

20世纪90年代，越来越多的澳大利亚大学与外国建立了互惠的大学生交流项目，允许他们的本科学生在海外学习半年，并获得澳大利亚学位。② 由于北美和欧洲大学的英语课程与澳大利亚相类似，澳大利亚大学通常与北美和欧洲的大学达成这方面的协议。与亚洲大学建立此类协议则较为缓慢，因为东道国很少有英语课程可以让澳大利亚学生分享学习经历。

从2000年开始，更多的澳大利亚大学与印尼的大学签订了交换协议，但这主要限于聘用了会说英语的印尼研究人员（通常是外国大学的研究生）的大学。这意味着交换协议往往限于著名的国立大学，例如雅加达的印度尼

① Hanson, Fergus, *Indonesia and Australia: Time for a Step Change - Lowy Institute Policy Brief* (Sydney: The Lowy Institute for International Policy, 2010), p. 10.

② Olsen, Alan, "International mobility of Australian university students: 2005," *Journal of Studies in International Education* 12 (2008): 365.

西亚大学（University of Indonesia）、日惹的加扎马达大学（Gadjah Mada University）和万隆的帕德加德加兰大学（Padjadjaran University）及创业型私立大学，例如雅加达的印尼建国大学（Binus University），许多地方大学不在合作的范围之内。

这些安排使澳大利亚学生越来越国际化。① 自2000年以来，长达一年（但通常是一个学期）的可选择的国际交换经历成为澳大利亚大学提供的学习课程标准特征。拥有国际学习经历的学生人数从2005年的7000人增加到2009年的15000人和2016年的44000人（DET 2014－2018）。图2显示，澳大利亚具有国际学习经历的毕业生比例从2005年的4%多增加到2016年的18%。显而易见的是，大多数学生无法参与其中。② 2009～2016年，平均30%的人去了讲英语的国家（美国、英国、加拿大、新西兰、南非），25%的人去了欧洲其他国家，9%的人去了中国。图2显示，赴印尼留学的学生比例仅为2%～3%，且这一比例一直变化不大，虽然到印尼的人数从2009年的300人增加到了2016年的1400人。

澳大利亚政府于2014年实施了“新科伦坡计划”奖学金项目，这是2013年以来对外交流学习人数增长的一个重要原因。该项目的目标是让更多的澳大利亚学生到包括印尼在内的亚太地区的40个“寄宿地点”学习临时性课程。该计划在2018年提供了120个奖学金和13000个短期“流动项目”。它包括在当地印尼大学学习和在东道国的澳大利亚公司实习，但主要是对东道国的短期访问。截至2018年底，约有5300名澳大利亚本科生在2014～2018年在印尼参与了该项目。③

---

① Olsen, Alan, “International mobility of Australian university students: 2005,” *Journal of Studies in International Education* 12 (2008), pp. 364－374.

② Jones, Benjamin T. et al., “If you build it, they may not come: Why Australian university students do not take part in outbound mobility experiences,” *Journal of University Teaching & Learning Practice* 13 (2016): 1－15.

③ “The New Colombo Plan,” Department of Foreign Affairs and Trade website, 2018, https://dfat.gov.au/people－to－people/new－colombo－plan/pages/new－colombo－plan.aspx.

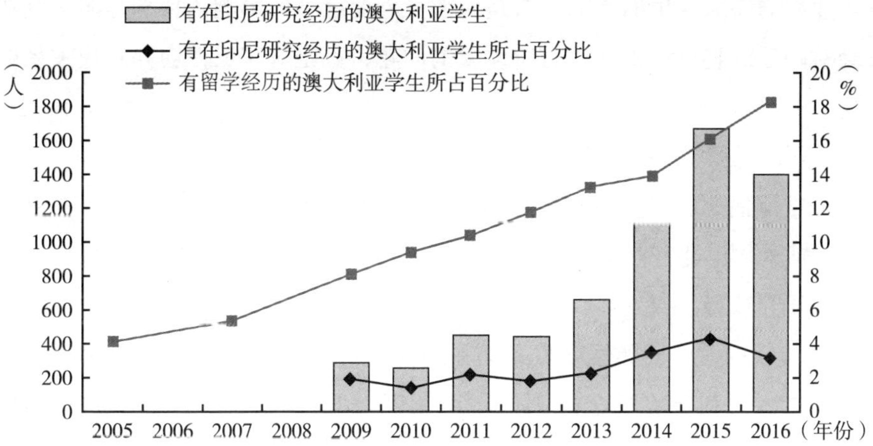

图 2　2005～2016 年有在印尼学习经历的澳大利亚学生

注：2005～2016 年毕业生估计占国内本科生的 1/3。

资料来源：2005 年、2007 年和 2009～2016 年 DET（2014～2018 年）；2009～2016 年国内学生总数来源于 DET，“Higher Education Statistics，” Department of Education and Training website，2018，https：//www. education. gov. au/higher－education－statistics.

虽然这种增长非常显著，但目前还不清楚在印尼学习半年或更短时间的英语授课课程以及在印尼的澳大利亚公司实习的经历在多大程度上促进了该项目的目的。特别是，批评短期学习经历的人认为，只有语言研究才能促进跨文化理解，才会增进澳大利亚人和印尼人之间的人际关系。虽然大多数印尼学生在澳大利亚学习期间注意到了这一点，但很少有澳大利亚学生在印尼交流期间有机会这样做。①

五　澳大利亚与印尼大学合作的影响和后果

现有的研究使我们能够从广义上衡量日益增加的澳大利亚与印尼大学间互动的影响和后果。现有文献集中在三个方面：一是对在澳大利亚学习期间

① Welsh，Alistair，“Transforming Australian students' intercultural understanding，” in Antje Missbach and Jemma Purdey，eds.，*Linking People：Connections and Encounters between Australians and Indonesians*（Berlin：Regiospectra，2015），pp. 168－169.

及毕业后的印尼学生的影响；二是对澳大利亚社会的影响，特别是澳大利亚社会对印尼的整体认识是否有所改善的问题；三是对印尼社会和双边关系的影响。

1. 对印尼留学生的影响

很难评估50多年来在澳大利亚的学习经历对印尼学生的影响。在对福利建设或外国学生产生兴趣之前，信息一直是有限的，这也产生了各种基于调查的研究项目。

2014年的一个回顾性项目采访了自20世纪50年代以来在澳大利亚留学并获得澳大利亚奖学金的大量印尼学生。① 总的来说，回忆是非常积极的。这一结果可能并不令人惊讶，原因有二：其一，无论在印尼或其他地方，特别是在大学里，任何人都会认为成年初期是他们性格形成的最重要时期；其二，访谈是在积极经验可能淹没了消极经历之后进行的，而且随着年龄的增长，强烈的感情已经消磨殆尽。然而，对于印尼学生来说，在澳大利亚学习的经历是不同的，尤其是在20世纪90年代互联网通信革命之前。许多受访者表达了一种置身于两个世界的感觉，他们能够认识到母国和东道国各自的局限性和优势，意识到文化的相对性，同时沉浸在自己的学术兴趣中，并学习如何提升自己。

除了这项回顾性调查外，有关在澳大利亚学习的亚洲学生的信息也很有限。在20世纪50年代，澳大利亚报纸采访了一些印尼学生，他们普遍对他们所受到的款待表示赞赏，但进一步的调查表明并非一切都很顺利。例如，1954年，亚洲学生提到澳大利亚人一些无礼的举止、对亚洲和亚洲文化的无知、寻找合适住宿的困难，特别是种族偏见令人不安（*Sydney Morning Herald*，1954年1月19日）。一些印尼学生最初在住宿、食物、英语、辨别

① Purdey, Jemma, "Investing in good will: Australia's scholarships programs for Indonesian tertiary students, 1950s – 2010," in Missbach, Antje and Purdey, Jemma, eds., *Linking People: Connections and Encounters between Australians and Indonesians* (Berlin: Regiospectra, 2015), p. 111 – 132; Purdey, Jemma, "People-to-people connections key to improving Australia – pindonesia understanding," *Asian Currents*, *2016*, http://asaa.asn.au/people – to – people – connections – key – to – improving – australia – indonesia – understanding/.

方向、孤独感、实现考试目标和澳大利亚的高生活成本方面遇到了重大困难。

在20世纪50年代早期的一些极端情况下，也有个别外国学生出现了精神崩溃或自杀。这些经历促使当局和大学尽可能采取预防措施。但在20世纪50年代，解决方案是零星的和临时的。① 例如，众多的欢迎委员会帮助解决住宿和对外联系；科伦坡计划的外交部联络官密切关注奖学金获得者；社会组织动员澳大利亚城市居民参与留学生的各种活动，让他们更熟悉澳大利亚人的生活；义务性的英语课程；鼓励成立基于国别的学生协会等。墨尔本大学于1957年建造了留学生公寓，以促进留学生和澳大利亚学生在校园内的更多联系。这是为留学生建造的许多住宅中的第一个，特别是自20世纪90年代以来。大学和其他机构帮助亚洲学生熟悉澳大利亚实践与学习相结合的方式增进了留学生们的福祉，因为在20世纪60年代早期，报道留学生感到被孤立和个人困难的案例很少。

亚洲学生的自我组织也有助于其向母国当局表达学生的不满。例如，来自澳大利亚大学的印尼毕业生就提请印尼政府尽快承认他们在澳大利亚大学获得的学历学位证书（*Canberra Times*，1962年1月3日）。

自20世纪60年代末以来，对学生调查的结果越来越多。其中大部分是非官方调查，由学术研究人员和研究生对在澳大利亚的亚洲留学生进行调查。有些调查只关注印尼学生。此外，由诸如澳大利亚教育国际等官方机构赞助的问卷调查结果显示，留学生对他们的学习经历感到满意。然而，阿尔库迪斯（Arkoudis）等人的研究表明（2018），此类官方调查结果与专业小组讨论结果存在显著差异。② 后者认为，由于与澳大利亚同龄人的交往有限且缺乏社会融合，以及随之而来的归属感缺失，留学生表现出不同程度的不

① Oakman, Daniel, "Young Asians in our homes: Colombo plan students and white Australia," *Journal of Australian Studies* 26 (2002): 92 – 95.; Oakman, Daniel, *Facing Asia: A History of the Colombo Plan.* (Canberra: ANU E-Press, 2010), pp. 183 – 190.

② Arkoudis, Sophie *et al.*, "International students' experience in Australian higher education: Can we do better?" *Higher Education*, 2018.

满。这与20世纪50年代初科伦坡计划中的留学生的抱怨相呼应。

其他非官方调查显示，学生们在诸如适应澳大利亚食物、文化差异、融入校园内更广泛的学生团体以及与澳大利亚学生建立友谊等问题上遇到了困难。与他们的科伦坡计划前辈不同，澳大利亚大学校园里的留学生越来越多。由于人数众多，亚洲学生往往更多地相互联系，而不是与澳大利亚社会中的其他社会组织联系。一方面，这促进了同伴之间的相互支持，但另一方面，它加剧了学生面临的与同化相关的问题。

基利（Kiley）在整个学习期间和返回印尼后每3个月采访33名印尼博士生。这个描述性的研究记录了学生遇到的许多困难和他们找到的解决方案。他将学生所处的阶段概括为三个阶段：第一阶段，焦虑阶段，即到来后的前3~6个月，面临调整语言、文化适应和学术要求的挑战；第二阶段，是接下来的18~30个月的生活和学习的阶段；第三阶段，准备返回时再次面临相当大的压力，以及返回后的初步经验。根据他们对所面临问题的反应，基利确定了三种类型的学生：第一类是“变形金刚”型，他们完全改变了看待世界和自己的方式，通常是“深度学习者”；第二类是“战略家”型，花时间研究主管和大学对他们的期望，然后专注于完成他们的学位；第三类是“保护者”型，他们不会在社交、情感或学术方面发生变化，而且通常是“表面学习者”。[①]

诺瓦腊（Novera）以25名印尼研究生为样本，调查了澳大利亚和印尼之间的文化差异，以确定印尼学生在澳大利亚遇到困难的原因。该研究发现，主要问题在于使用书面和口语的学术英语、澳大利亚大学的学术要求（特别是英语所需的阅读量），以及穆斯林学生缺乏特定的设施尤其是祈祷室的缺乏。[②]

冈萨雷斯（Gonzales）通过比较分析了277名新来的印尼学生和在澳大

① Kiley, Margaret, Expectations and Experiences of Indonesian Postgraduate Students Studying in Australia: A Longitudinal Study (Ph. D. diss., The University of Adelaide, 1999).

② Novera, Isvet Amri, "Indonesian postgraduate students studying in Australia: An examination of their academic, social and cultural experiences," *International Education Journal* 5 (2004): 475–487.

利亚的中国留学生，以及在本国上学的澳大利亚学生和161名印尼学生所经历压力的原因。研究发现，印尼学生抵达澳大利亚后很快就会感觉到压力增加，这与住宿困难、与当地人的交流不畅、乡愁以及上课的准备工作等有关。更好的英语语言能力，愿意寻求朋友、讲师或大学咨询服务的支持，以及与其他印尼人建立和保持友谊，这些方法有利于缓解这些压力。①

塞维尔（Sawir）等人重点调查了在澳大利亚的留学生的孤独感和应对策略，其中包括49名印尼人。他们的结论是，同一文化网络至关重要，但它不是所有问题的解决方案。大学生活服务设施的充足非常重要，大学提供了促进跨文化联系的制度化方式；应尽量减少留学生的孤独感，增强他们学习的动力。②

柏菲恩顿（Boveington）调查了24名印尼学生，证实大多数的学生都有兴趣与澳大利亚学生交往，但他们实际上大多与其他印尼学生或其他留学生交往。受访者还表达了大多数澳大利亚人不了解印尼文化的观点。③

麦迪卡（Medica）调查了在澳大利亚学习的41名印尼博士留学生的文化适应困难问题，包括在澳大利亚期间的文化适应和26名受访者返回印尼后重新的文化适应。她的结论是，之前在国外的研究创造了对澳大利亚生活和博士研究的美好现实期望，校园内学术和文化学习计划的可用性以及随行家庭成员的安置都促进了文化适应过程。在印尼，重新适应环境通常比预期要困难得多，特别是对陪同儿童而言。这种“反向文化冲击”表明，对准备回国和重新融入社会方面的指导可能是非常重要的，归国者发现同其他归国者联系是有帮助的。从专业上讲，归国者的经历表明，他们的同事拒绝根据他们在澳大利亚的经验和研究提出改变的建议。④

---

① Gonzales, Hugo, The Acculturative Stress Experience of Chinese and Indonesian International Students（Ph. D. diss., Macquarie University, 2005）.

② Sawir, Erlenawati *et al.*, “Loneliness and international students: An Australian study,” *Journal of Studies in International Education* 12（2008）: 148 – 180.

③ Boveington, Tristram, *Indonesian Student Perceptions of Australia*（Research report, Australian National Internship Programme, Australian National University, Canberra, 2008）.

④ Medica, Karen, Cultural Adjustment in the Context of an Aid-Funded Higher Education Sojourn: An Exploratory Case study that Examines Acculturation and Re-acculturation Challenges for Indonesian PhD Australian Scholarship Awardees（Ph. D. diss., Monash University, 2016）.

2. 对澳大利亚社会的影响

以彼此同意的方式评估大学交流对澳大利亚社会的影响也很困难。也许这在20世纪50年代和60年代是最深刻的，当时在大学校园里有更多的亚洲学生，这对澳大利亚来说是一个新奇的事物。亚洲学生数量增加与科伦坡计划的总体关联导致澳大利亚公众对“白澳”移民政策的支持度大幅减少，并且在20世纪60年代后期增加了对移民流动的更大支持。[①] 白澳政策在1966年基本被取消，并于1973年被废除。[②]

在20世纪60年代末70年代初，对曾在澳大利亚学习的亚洲毕业生进行的后续研究显示，他们中的大多数人与澳大利亚的熟人保持着联系。奥克曼（Oakman）的结论是，保持“个人关系是继续与澳大利亚保持更持久、更有意义的联系的基础”[③]。

虽然澳大利亚大学、社会团体和个人在20世纪50年代和60年代帮助科伦坡计划的资助学生与澳大利亚社会和人民建立了更好联系，但自20世纪80年代以来，澳大利亚的留学生人数大量增加，这种办法在操作上就变得困难了。另外，正如印尼生活水平显著提高一样，澳大利亚和印尼之间的交流也显著增强。因此，后来的印尼学生比他们的前辈更了解澳大利亚的生活。

此外，在20世纪90年代和21世纪初，由于移民更加多样化，澳大利亚社会也在迅速转型。澳大利亚城市的亚洲社区规模不断扩大，为亚洲留学生提供了减轻思乡之苦的环境。也有更多来自母国的学生出于同样的目的与他们交往。然而，这可能意味着越来越多的留学生放弃了在澳大利亚社会更

---

① Oakman, Daniel, “Young Asians in our homes: Colombo plan students and white Australia,” *Journal of Australian Studies* 26 (2002): 95 –96. ; Oakman, Daniel, *Facing Asia: A History of the Colombo Plan.* (Canberra: ANU E-Press, 2010), p. 211.

② Megarrity, Lyndon, “Regional goodwill, sensibly priced: Commonwealth policies towards Colombo plan scholars and private overseas students, 1945 –72,” *Australian Historical Studies* 38 (2007): 101 –104.

③ Oakman, Daniel, “Young Asians in our homes: Colombo plan students and white Australia,” *Journal of Australian Studies* 26 (2002): 96. ; Oakman, Daniel, *Facing Asia: A History of the Colombo Plan* (Canberra: ANU E-Press, 2010), pp. 203 –204.

广泛领域建立有意义的关系和友谊的机会。如前所述，几项针对留学生的调查发现，与澳大利亚社会的有限互动是一个重要问题。但人们可能并没有意识到的是，文化多样性正日益成为澳大利亚社会的特征，尤其是在大学所在的城市地区。

这可能不适用于持有澳大利亚奖学金的印尼学生，因为越来越多的研究生根据自己的研究兴趣建立了社会联系。此外，许多人是和家人一起来的，① 这为他们融入澳大利亚社会增添了新元素。例如，因为他们的孩子在澳大利亚上学，学校要求学生的家长与其他家长和老师互动。这种额外的互动为印尼人与澳大利亚人在其他方面的交流提供了机会。但显而易见的是，印尼学生人数太少，因而不足以期望澳大利亚公众对印尼的看法发生重大变化。

3. 对印尼社会的影响

澳大利亚政府从受援国的发展和澳大利亚软实力的可能性方面阐述了科伦坡计划中奖学金项目的动机，尽管其重点随时间而变化。

在发展方面，长期以来，澳大利亚政府期望返回本国的毕业生能够推动母国的发展。特别是在20世纪80年代和90年代，澳大利亚的对外援助计划强调减少贫困和促进可持续发展。澳大利亚国家审计署对奖学金计划进行了调查，注意到“奖学金获得者所在国家难以将个人努力与更广泛的经济和其他发展成果联系起来”，因为澳大利亚国际发展署还没有任何与奖学金计划使用相关的绩效指标。②

尼兰（Nilan）在对46名返回印尼的大学毕业生调查的基础上，发现奖学金的设立并没有达到预期广泛的发展目标，奖学金项目的好处只体现在被

① Purdey, Jemma, “Investing in good will: Australia's scholarships programs for Indonesian tertiary students, 1950s – 2010,” in Missbach, Antje and Purdey, Jemma, eds., *Linking People: Connections and Encounters between Australians and Indonesians* (Berlin: Regiospectra, 2015), p. 126.

② ANAO, Management of the Australian Development Scholarships Scheme, *The Auditor-General Audit Report No. 15 1999 – 2000* (Canberra: Australian National Audit Office, 1999), pp. 16 – 17.

接受者的个人发展上。[①] 波蒂（Purdey）公布了以20世纪50年代以来在澳大利亚留学并获得澳大利亚政府奖学金的印尼人为调查对象的大型回顾性调查结果。[②] 从本质上说，她的研究结果支持了尼兰的发现，她的结论是“奖学金项目为个人发展和生活中的真正改变带来了实实在在的结果”。因此，尽管这些项目对印尼奖学金获得者个人有很大价值，但并没有直接促成预期的更广泛的发展成果。

在20世纪90年代和21世纪初，澳大利亚对外援助计划的重点转向了治理问题。以印尼为例，几乎没有证据表明奖学金计划在促进公务员的研究生教育方面发挥了任何作用。按照国际标准，印尼公务员制度的效率仍然很低，原因是“印尼公务员制度的结构和人事政策陈旧，包括缺乏跨部门流动以及资历在决定晋升方面的关键作用”[③]。对于归国的毕业生来说，将所学付诸实践的机会往往很少。卡侬（Cannon）证实了这一点，他总结了对在印尼公共服务、学术和研究机构工作的拥有澳大利亚学位的印尼归国者的其他调查。卡侬对89名在雅加达工作的拥有澳大利亚学位的专业人士的调查结论是：“受访者更重视诸如智力、态度和文化观点的变化等结果，而不是更狭隘的职业优势，如工资和晋升，这可能是由于曾受国际教育的影响。”[④] 基利[⑤]

① Nilan, Pam, “The viability of aid scholarship-funded study in Australian universities: The case of Indonesia,” in Peter Ninnes and Meerie Hellstén, eds., *Internationalizing Higher Education: Critical Explorations of Pedagogy and Policy* (Dordrecht: Springer, 2005), pp. 159 – 180.

② Purdey, Jemma, “Investing in good will: Australia's scholarships programs for Indonesian tertiary students, 1950s – 2010,” in Missbach, Antje and Purdey, Jemma, eds., *Linking People: Connections and Encounters between Australians and Indonesians* (Berlin: Regiospectra, 2015), pp. 120 – 128.

③ Forrester, Geoff, *Staying the Course: AusAID's Governance Performance in Indonesia-Lowy Institute Perspectives* (Sydney: The Lowy Institute for International Policy, 2005), pp. 24 – 25.

④ Cannon, Robert, “The outcomes of an international education for Indonesian graduates: The third place?,” *Higher Education Research & Development* 19 (2000): 358 – 359.

⑤ Kiley, Margaret, Expectations and Experiences of Indonesian Postgraduate Students Studying in Australia: A Longitudinal Study (Ph. D. diss. The University of Adelaide, 1999), pp. 278 – 282, 291 – 296.

和麦迪卡[①]基于对在印尼学术界工作的拥有澳大利亚博士学位的印尼人员的调查得出了类似的结论。

1950～1970年，印尼教育部在很大程度上根据学术能力和印尼社会的要求来选择获取澳大利亚奖学金的印尼学生。候选人的选择越来越成为澳大利亚政府机构与印尼同行建立联系的优先事项，即希望通过向印尼官僚机构的未来领导人提供奖学金来吸引其到澳大利亚学习[②]。然而，印尼的制度限制了在澳大利亚毕业的印尼学生在本国实践其所学知识的行为，这明显抑制了澳大利亚奖学金计划中的软实力意图。

可能由于雅加达的不同观点，受澳大利亚大学教育并担任印尼政府高级职位的印尼毕业生比澳大利亚政府所希望的要少得多。此外，这些毕业生还面临着与更多来自印尼著名大学和其他海外大学等公立机构毕业生的竞争。一位退休的澳大利亚援助官员注意到了在雅加达以外地区的一种情况："然而，在这些地区，人们往往会惊讶地遇到他们（即澳大利亚大学的印尼毕业生）。他们自豪地谈到他们与澳大利亚的关系，并特别倾向于通过现有机构与澳大利亚进行其他形式的接触。"[③]

4. 对双边关系的影响

从一开始，澳大利亚参与科伦坡计划的目的就是把其作为软实力工具，以服务于澳大利亚的外交政策目标。[④] 这个想法使得澳大利亚对奖学金接受

---

① Medica, Karen, Cultural Adjustment in the Context of an Aid-Funded Higher Education Sojourn: An Exploratory Case study that Examines Acculturation and Re-acculturation Challenges for Indonesian PhD Australian Scholarship Awardees (Ph. D. Thesis, Monash University, Clayton, 2016), pp. 278 – 300.

② Purdey, Jemma, "Investing in good will: Australia's scholarships programs for Indonesian tertiary students, 1950s – 2010," in Missbach, Antje and Purdey, Jemma, eds., *Linking People: Connections and Encounters between Australians and Indonesians* (Berlin: Regiospectra, 2015), p. 119.

③ Davies, Robin, "The unexamined gift: Australia's aid relationship with Indonesia," in Lindsey, Tim and McRae, Dave, eds., *Strangers Next Door? Indonesia and Australia in the Asian Century* (Oxford/Portland: Hart Publishing, 2018), p. 463.

④ Megarrity, Lyndon, "Regional goodwill, sensibly priced: Commonwealth policies towards Colombo plan scholars and private overseas students, 1945 – 72," *Australian Historical Studies* 38 (2007): 94, 96.

国做出承诺。在1975年澳大利亚发展署负责奖学金管理之后，奖学金的援助和软实力动机之间的平衡已经是优先考虑事项；在2013年之前，奖学金计划再次与澳大利亚的外交政策目标紧密结合。

鉴于双边关系的变迁，这一软实力选择似乎自20世纪50年代以来并未确保澳大利亚与印尼之间的良好关系。虽然应该指出，其他因素也影响了印尼和澳大利亚的关系。例如，双边贸易和投资关系长期处于边缘状态的事实，意味着它不需要广泛的人文交流以及密切的跨文化理解。

这就是大学交流的局限。尽管在研究重点、奖学金项目和学生交流方面取得了成功，但实际参与人数非常有限，即使在累积意义上也是如此。例如，波蒂估计，2014年印尼约有1.8万名澳大利亚政府奖学金获得者。但相比之下，2018年包括私人资助的学生在内，共有12.5万名印尼人从澳大利亚职业学校和大学毕业。但这仅占印尼24岁以上人口的0.06%。[①] 类似的数据可以应用于澳大利亚大学“印尼文化”学者的数量以及在印尼进行部分学习的澳大利亚交换生的数量，结论是一样的：基于大学的人文交流所涉及的人员数量相对很小。

因此，仅仅基于大学之间有限的交流，分隔在阿拉弗拉海两岸的印尼和澳大利亚之间的相互认知不太可能随着时间的推移而发生很大变化。长期以来，澳大利亚的民意调查一直包含有关澳大利亚与印尼关系的问题。索博辛斯卡（Sobocinska）分析了自20世纪40年代以来的盖洛普民意调查以及自2005年以来洛伊研究所的民意调查，确定了一个彼此认可的因素：“许多澳大利亚人表达了与印尼建立更加密切关系的愿望，同时也有印尼对澳大利亚安全构成威胁的怀疑和焦虑，加上对印尼社会的漠视和广泛的（错误的）假设，即认为印尼是军国主义国家，是对外扩张主义国家。”[②] 澳大利亚印

---

① Purdey, Jemma, “Investing in good will: Australia's scholarships programs for Indonesian tertiary students, 1950s –2010,” in Missbach, Antje and Purdey, Jemma, eds., *Linking People: Connections and Encounters between Australians and Indonesians* (Berlin: Regiospectra, 2015), p. 111.

② Sobocinska, Agnieszka, *Australia-Indonesia Attitudes Impact Study – Historical* (Clayton: Australia Indonesia Centre, Monash University, 2015), p. 5, https://australiaindonesiacentre.org/app/uploads/2015/12/Australia – Indonesia – Attitudes – Impact – Study – %E2%80%93 – Historical.pdf.

尼中心的一项民意调查证实了这些观点：47%的受访者对印尼持“负面”看法。[①] 2018年的洛伊民意调查仍然发现：“只有24%的澳大利亚人同意印尼是一个民主国家。”他指出：“人们的态度表明他们对印尼文化和政治的某些方面缺乏了解。”[②]

没有迹象表明这在印尼有显著差异。例如，在2003年印尼外交部选拔有抱负的年轻外交官过程中，印尼驻澳大利亚大使沮丧地发现，6000名申请者中有95%的人持反澳大利亚的观点，因为“他们看到澳大利亚人如此傲慢，试图将价值观强加给我们”[③]。2012年的一项民意调查显示持此类观点的人已经有所减少。[④] 尽管如此，它仍发现印尼民意中存在一股顽强的反澳大利亚暗流，如果双边关系恶化，这股暗流可能会结出恶果。相比之下，2016年的一项民意调查发现，只有10%的印尼人对澳大利亚持有“不喜欢”的看法[⑤]。

总之，这些迹象表明，尽管两国以大学为基础的合作已经开展近70年，但印尼人和澳大利亚人在很大程度上彼此仍是陌生的。麦克雷（McRae）和张（Zhang）得出的结论是，直接改变相互认知是非常困难的，除非通过增加双边经济和个人关系，只有这些交流才能改善那些基于细微差别和现实的相互认知。[⑥]

---

① Purdey, Jemma, "People-to-people connections key to improving Australia-Indonesia understanding," *Asian Currents*, 2016, http: //asaa. asn. au/people – to – people – connections – key – to – improving – australia – indonesia – understanding/.

② Oliver, Alex, "Lowy Institute Poll 2018: Understanding Australian Attitudes to the World," 2018, https: //www. lowyinstitute. org/publications/2018 – lowy – institute – poll.

③ Reeve, David, "Strange, suspicious packages," in Monfries, John, ed., *Different Societies, Shared Futures: Australia, Indonesia and the Region* (Singapore: ISEAS, 2006), p. 77.

④ Hanson, Fergus, *Shattering Stereotypes: Public Opinion and Foreign Policy-The Lowy Institute Indonesia Poll 2012* (Sydney: Lowy Institute for International Policy, 2012).

⑤ Purdey, Jemma, "People-to-people connections key to improving Australia – Indonesia understanding," *Asian Currents*, 2016, http: //asaa. asn. au/people – to – people – connections – key – to – improving – australia – indonesia – understanding/.

⑥ McRae, Dave and Zhang, Diane, "Ignorant and ill-disposed?: Opinion polling and attitudes to the other between Australia and Indonesia," in Lindsey, Tim and McRae, Dave, eds., *Strangers Next Door? Indonesia and Australia in the Asian Century* (Oxford/Portland: Hart Publishing, 2018), pp. 77 – 78.

虽然通过学生和学者参与的、以大学为基点的交流活动很难对公众的意见产生重大影响，但这种交流仍可能会产生一些间接影响。尤其是具有澳大利亚教育背景的印尼人担任对印尼社会有影响力的职务时。除了奖学金校友在发展他们的职业生涯上取得的个人成就，以及他们对澳大利亚及其人民的积极态度之外，很难证实上述的重大影响。没有直接证据表明，这些印尼校友支持澳大利亚政府在关键问题上的观点，无论是公开的还是秘密的。

如果是这样的话，应该有一个长时间的跟踪，因为澳大利亚涉及印尼人的奖学金计划可以追溯到1949年。此外，澳大利亚的大学有很长一段时间给印尼学者提供奖学金，这些印尼学者有时是带着他们年轻的家庭成员接受奖学金的。学术研究奖学金与政治相关，印尼的政府部长通常是因政治忠诚而被任命，而不一定是政治家。许多政府部长因其学历和诚信而被选中担任高级职务，而部长们也向学者咨询以获得政策建议。

因此，自20世纪60年代以来，印尼的年轻学者一直向澳大利亚稳步流动，他们在澳大利亚待过很长一段时间，并经常与家人一起待在澳大利亚，这些人有些后来成为教授，有些成为政府部长。例如穆罕默德·萨德利（Mohammad Sadli）、埃米尔·萨利姆（Emil Salim）、威佐约·尼蒂萨斯卓（Widjojo Nitisastro）、阿里·瓦达纳（Ali Wardhana）、巴利·哈利姆（Barli Halim）和巴克迪尔·惹发德（Bachtiar Rifad）等。斯莉·穆尔雅妮（Sri Mulyani）和班邦·布洛佐尼格罗（Bambang Brodjonegoro）都在澳大利亚大学就读过。20世纪60年代中期，冯来金（Jusuf Pangestu，or Pang Laykim）与家人一起流亡到澳大利亚，他的女儿庞慧兰（Mari Pangestu）后来在澳大利亚国立大学学习。

也许从澳大利亚大学毕业的印尼学生的发展潜力在2004～2014年达到了顶峰，有4位印尼政府部长级别的人与澳大利亚存在这样或那样的关系：布迪约诺（Boediono）教授（1967年在西澳大利亚大学，1972年在蒙纳士大学，MEC），庞慧兰（Mari Pangestu）教授（ANU BEC 1979，MEC 1981），马尔迪·纳塔勒加瓦（Marty Natalegawa）博士（ANU PhD，1994），穆罕默德·查提卜·巴斯里（Muhammad Chatib Basri）博士（ANU

MEcDev，1996 和 PhD，2002），第五位印尼部长阿尔米达·阿里莎赫巴纳（Armida Alisjahbana）教授也与澳大利亚国立大学的印尼项目有着长期联系。所有这些人都是根据他们的学历而不是政治忠诚被赋予政府职位的。当然，也很难得出这有利于澳大利亚与印尼关系改善的结论。在印尼政党政治的背景下，这些部长可能会淡化他们与澳大利亚的关系。有时他们可能会阻止导致双边关系变得越来越糟的事件发生，或者可能有助于比原本更快地确定解决方案。

澳大利亚与印尼大学间交流的人数有限，因而可能以另一种方式，即通过公共媒体影响双边关系。在澳大利亚方面，媒体长期以来向澳大利亚和印尼的学者提供机会，将有争议的双边问题公布于众，从而有助于解决问题并减少分歧。这包括过去曾获得澳大利亚政府奖学金的印尼学者。学术界还通过在澳大利亚和印尼的媒体上发表意见以提请对他们观点的注意。虽然很难确定实例，但这基本上会对公众舆论和决策过程产生影响。然而，这显然也不足以防止双边关系“过山车”式的发展。

澳大利亚政府并没有忽视援助和奖学金计划等这些软实力的局限性。2013 年，澳大利亚国际发展署的职能被外交部合并后（后者与政府的外交政策目标更加接近），DFA 不再求助于奖学金计划的援助。该计划现在通常与改善澳大利亚与受援国关系的机会有关。数据表明，澳大利亚为 2016 ~ 2020 年的“校友参与”① 战略分配了相当大的精力和资金。作为该战略的一部分，AALP 在印尼经常组织校友活动。② 它的一个明确目标是“增强我们的外交影响力、拓宽外交渠道”，确定其服务于软实力的目的。但是，校友需要时间才能提升自己的社会影响力，因此这种强化可能需要更长的时间才能最终实现。如果把奖学金作为影响受援国发展的工具是目标的话，这种

① “Australia Global Alumni Engagement Strategy 2016 – 2020,” Canberra: Department of Foreign Affairs and Trade, 2016, https: //dfat. gov. au/people – to – people/australia – awards/Pages/australia – awards – alumni – engagement. aspx.

② “Aid Program Performance Report 2016 – 17: Indonesia,” Canberra: Department of Foreign Affairs and Trade, 2017, p. 8, https: //dfat. gov. au/about – us/publications/Documents/indonesia – appr – 2016 – 17. pdf.

目标可能仍然难以实现。

最后，澳大利亚与印尼的一些案例表明，建立良好的以大学为基础的人际关系与维持良好的双边关系之间没有直接的关联。学术合作的程度，以及在澳大利亚的印尼学生和在印尼的澳大利亚学生的数量根本不足以实现这一目的。此外，在学生或年轻学者之间建立有利于年轻人的人际关系需要时间。这种关系采取共享经验的形式，必然需要学生和学者有学术交流机会，以及基于实地考察和沉浸式的建设性学术研究的机会。这种专业关系需要时常更新和培养，以避免消散的风险。即使存在有利的人际关系，也不能保证它们可以维护两国友好的双边关系。

六 结论

在中国，与传统上专注于研究东南亚的大学相比，对印尼的学术兴趣正在加速增长。在中国学习的印尼留学生数量也在快速增长，它甚至比 1985 ~2000 年澳大利亚的印尼留学生增长还快。印尼学生被中国大学所吸引[①]，印尼的大学现在提供中文课程，为在中国进一步学习做准备，而且中国的学费和生活费用低于澳大利亚。在印尼，印尼华人身份的复兴使年轻的印尼华人对他们祖先的国度充满好奇。更重要的是，印尼的中国公司热衷于聘请说中文的印尼毕业生。中国政府的奖学金也是一种诱惑，尽管 2017 年只有 197 个这样的奖学金提供给希望在中国学习的印尼人。[②]

澳大利亚与邻国印尼建立以大学为基础的人际关系的经验如何为中国提供启示？澳大利亚与印尼双边关系时有波动，沃德得出结论认为澳大利亚与

① Gunawan, Elizabeth Susanti, "The growing interest of Indonesian students studying in China post Suharto era," *Journal of Chinese Overseas* 14 (2018): 115 – 132; Theo, Rika, "Student mobility in the rising peripheries," *Dinamika Pendidikan* 13 (2018): 14 – 29.

② Llewellyn, Aisyah, "What made Indonesian students forget the China taboo?," *South China Morning Post*, April 1, 2018, https://www.scmp.com/week-asia/society/article/2139714/whats-made-indonesian-students-forget-china-taboo.

印尼的关系“被危机所诅咒”，从来没有建立起稳定的双边根基①，这似乎过于悲观。尽管澳大利亚与印尼的双边关系出现波动，但以大学为基础的双边关系仍有所发展。自20世纪50年代以来，澳大利亚对印尼学术研究的兴趣渐浓，这促进了相互理解。一个重要的先决条件是，研究人员必须花费大量时间和精力学习印尼语言，以便在印尼进行实地考察。印尼和澳大利亚学生分别在澳大利亚和印尼的大学学习的双向流动增加，也有助于增进相互了解。

但是，正如本文第五部分所说，与澳大利亚维持良好双边关系对印尼发展的影响很难以得到证实。只有有限的证据表明澳大利亚能够将双边关系的改善建立在软实力选择之上，以减轻公开冲突或对印尼施加政治影响。唯一的共识集中在这样一个事实上，即受益于澳大利亚奖学金计划的印尼人提升了他们的个人经历并获得了巨大的个人回报。

本文主要讨论的是印尼研究生在澳大利亚学习经历的研究。在不久的将来，本文提出的每一个问题都将与中国的印尼学生以及中国国有企业的利益方相关。桑迪（Sandy，William）②和古纳万（Gunawan，Elizabeth Susanti）③调查了印尼学生在中国面临的问题以及决定印尼学生对中国大学满意度的因素。我们需要进行更深入的研究以证实其结果，并为进一步讨论中国如何最大化其与印尼大学互动的效果做出贡献。

（译者：刘明周，华中师范大学政治与国际关系学院副教授
中印尼人文交流研究中心研究员）

① Ward，Ken，*Condemned to Crisis*?（Sydney：Penguin，2015）.

② Sandy，William，“Factors influencing Indonesian students satisfaction during their studies in China，” *Asian Journal of Contemporary Education* 2（2018）：136－148.

③ Gunawan，Elizabeth Susanti，“The growing interest of Indonesian students studying in China post Suharto era，” *Journal of Chinese Overseas* 14（2018）：115－132.

附　　录

Appendix

B.17
中国与印度尼西亚人文交流大事记（2015年5月至2019年4月）

徐晓芳*

2015年5~12月

2015 年 5 月 27 日　上午，中国国务院副总理刘延东在印度尼西亚大学发表题为“深化人文交流　共育中印尼友谊常青树”的演讲。下午，刘延东副总理与印尼人类发展和文化统筹部部长布安，在雅加达正式宣布启动中印尼副总理级人文交流机制，并共同主持了首次会议。中国国家主席习近平和印度尼西亚共和国总统佐科分别向会议致贺信。本次会议发表了《中国－印尼副总理级人文交流机制首次会议联合公报》，确定两国将在公共卫

* 徐晓芳，华中师范大学政治与国际关系学院 2018 级硕士研究生，华中师范大学中印尼人文交流研究中心助理。

生，尤其在传染病防控、全民健康覆盖、卫生人力发展以及健康教育等领域继续加强合作。

2015 年 5 月 28 日 中国国务院副总理刘延东在雅加达出席印尼中国节目频道“嗨－印度尼西亚!”（Hi-Indo!）开播仪式。该频道由中国国际电视总公司与印尼艾奈特媒体公司以商业化及本土化合作模式在印尼开办，面向印尼观众播出中国影视节目。

2015 年 5 月 29 日 “2015 中国－东盟博览会旅游展”正式拉开帷幕，中国－东盟中心秘书长以及印尼、新加坡、泰国、缅甸、菲律宾、纳米比亚、南苏丹、坦桑尼亚、厄瓜多尔、巴哈马和多米尼加等国旅游部门和使领馆官员出席了本次盛会。

2015 年 6 月 9 日 印尼总统佐科正式签署实施对包括中国在内的相关国家和地区游客实行免签规则。

2015 年 6 月 11 日 印尼在南苏门答腊省巨港举办为期 4 天的“史利维查雅联欢节”，以吸引中国游客。

2015 年 6 月 13 日 印尼举办的“对外政策研讨会”除邀请印尼外交部部长、各国驻印尼大使、印尼退休驻外大使、智库专家学者与媒体人士参加外，还安排了约 1000 名大中学校学生到会旁听。会场外，各国使馆设置了推介本国情况的展台，其中中国展台最受欢迎。

2015 年 6 月 28 日 “‘水立方杯’青少年中文歌曲大赛”印尼赛区的比赛在雅加达慈育大学举行。

2015 年 7 月 1 日 中共湖北省委副书记张昌尔在武昌东湖会见来武汉参加“华创会”和“世界华文教育论坛”的印尼泗水新中三语学校董事长、印尼“金饰大王”何文金先生一行，双方就湖北省与印尼开展教育文化科技合作，推动双边深化交往进行了富有成果的会谈。

2015 年 7 月 2 日 第十五届“华创会”和第二届“世界华文教育论坛”在湖北武汉召开，印尼等海外专家学者与中国学者围绕“中华智慧的传承与创新——信息化时代的世界华文教育”主题展开深入讨论。

2015 年 7 月 7 日 中国文化部部长助理刘玉珠率中国文化部代表团一

行6人访问印尼－中国经济社会与文化合作协会，双方就加强中印尼文化交流与产业合作举行座谈。

2015年7月7日 2015年“华文教育·教师研习”印尼班在北京华文学院举行结业典礼暨汇报演出，来自印尼的140余名华文教师在北京参加了为期3周的培训，并顺利结业。

2015年7月23日 应中国侨办的邀请，陈秀华老师带领印尼东方民族舞蹈学校的15名学员启程赴中国，参加华南师范大学与首都师范大学共同举办的夏令营活动。

2015年7月24日 由《海南日报》与海南省外事侨务办联合主办的“丝路话古今 寻梦万里行”——《海南日报》“一带一路”大型采访报道团抵达印尼，在巴厘岛进行为期4天的采访。报道团深入报道了巴厘岛的先进旅游经验，传递海南省对巴厘省的友好情谊，加强与当地新闻媒体的沟通交流。

2015年7月26日 “‘水立方杯’海外华裔青少年中文歌曲大赛”初赛在中国音乐学院音乐厅落下帷幕，两位印尼选手晋级48强。

2015年7月26日 雅加达华文教师联谊会与慈育大学中文系合作举办“华文教学讲座”。来自福建师范大学，现任教于雅加达阿拉扎大学孔子学院的杨正超博士主讲了“汉语词汇及其教学技巧”。

2015年7月28日 由中国福建省旅游局主办、印尼新天地旅行社协办的“福建海外旅游合作推广中心”揭牌仪式在印尼雅加达婆罗浮屠大酒家举行。

2015年7月 南京大学范金民教授、夏维中教授应邀赴印尼演讲。演讲的主题是“郑和下西洋的历史”及“中国－印尼文化交流”。

2015年8月8日 印尼代表古椿晶在“2015年寻根之旅四海一家全球华裔青少年夏令营闭营大联欢暨‘水立方杯’华语歌曲大比赛”中荣获亚军。

2015年8月12日 “三保大人郑和南渡610周年纪念活动”在三宝垄龙目巷大觉寺拉开序幕。

2015年8月19日 中国中兴通讯公司参与建设的印尼首个4G LTE升

级版（LTE-A）网络在雅加达正式启用。

2015年8月21日 为期2天的印尼雅加达第五届“‘印华杯’华语歌曲公开大赛”在雅加达罗亚马拉卡（Roa Malaka）花园海鲜酒家隆重举行。

2015年9月3日 华中师范大学印尼研究中心主任韦红教授率中心代表团一行5人启程赴印尼访问。在8天的行程中，代表团拜访了印尼政、学、研等相关机构，增进了双方的了解与合作。

2015年9月30日 在印尼阿拉扎大学孔子学院建立5周年之际，阿拉扎大学孔子学院举办开放日暨中国美食节，吸引了阿拉扎大学校领导及学生共500余人参加。

2015年10月3日 为庆祝印尼建国70周年、中印尼建交65周年，世界榜书联合会印尼分会举办的“2015年榜书博览会”在雅加达隆重开幕。

2015年11月4日 中国华文教育基金会副理事长兼秘书长左志强一行7人访问印尼日惹圣道学校，并就加强华文教育合作进行交流。

2015年11月5日 甘肃旅游推介会在印尼首都雅加达举行。

2015年11月7日 由印尼北京学院主办的第21届“留学中国教育展”在雅加达拉开帷幕。来自中国的哈尔滨工业大学、吉林大学莱姆顿学院、北京航空航天大学、中国海洋大学、南京信息工程大学、上海理工大学中英国际学院、蓝山酒店管理学院、宁波大学、宁波至诚学校、重庆工商大学、广东工业大学和广东东软学院等十多所大学参加了此次教育展。

2015年11月9日 著名画家、广东画院副院长冯少协的“‘海上丝绸之路’油画作品世界巡回展”在印尼首都雅加达东盟总部开幕。此次画展展出了《回望·黄埔古港》《文明的见证·广州光塔》《1745年最后的航行·哥德堡号》等40幅大型油画，生动展现了丝绸之路沿线各地的风土人情及人文历史图景。

2015年11月13日 在北京举办的媒体会议上，印尼旅游部宣布了三项针对中国游客的优惠政策：一是自当年6月起，中国游客赴印尼旅游享受免签待遇，免签旅游签证不得超过30天，但不能延长与转换成其他停留身份；二是取消外国邮轮入境限制；三是取消外国邮轮沿海航行权限制。

2015年11月16日　由广东21世纪海上丝绸之路协同创新中心、印尼教育文化部和广州美术家协会共同主办的“印尼宝鹰中国书画展”在雅加达开幕。展品中，由岭南当代60位书画名家共同完成的60多米长的《客家山居图》最引人注目。

2015年11月18日　印度尼西亚大学国际部主任梅尔达·卡米尔·阿里阿德诺教授、国际合作交流处处长西西莉亚博士在大学行政楼会议室会见了广东外语外贸大学副校长何传添教授、21世纪海上丝绸之路协同创新中心秘书长李青教授、广东外语外贸大学印尼语专业蔡金城教授、宝鹰集团监事会胡兰萍主席和宝鹰集团古朴副总裁等一行。双方就共同培养中、印尼国际人才学者，携手推进两国人才文化交流以及加强与中国宝鹰集团、印尼宝鹰集团的校企合作等方面达成了共识。

2015年12月7日　由中国孔子学院总部、国家汉办主办，阿拉扎大学孔子学院承办的“中国－印尼人文交流暨孔子学院成果展”在雅加达国家博物馆隆重开幕。

2015年12月10日　携程旅行网、新加坡樟宜机场、印尼旅游局在沪签署三方合作协议，联合开发推广印尼的民丹、龙目、日惹和泗水4个新兴旅游目的地。

2015年12月10日　中国驻泗水总领事馆在泗水举行第二届“郑和书屋”捐赠仪式，向东爪哇和中爪哇的9所习经院、大清真寺和郑和清真寺捐赠电脑和图书。

2015年12月13日　印尼旅游部副部长尼亚·尼斯查雅在雅加达表示，印尼将采取多种措施吸引更多中国游客，以促进印尼旅游业发展。

2015年12月16日　中国香港特区政府教育局与印尼教育与文化部在雅加达签署教育合作谅解备忘录，以加强两地的教育协作。香港特区政府在备忘录签署后，随即公布了奖学金计划。

2015年12月18日　印尼旅游部主办的“郑和下西洋之路”旅游线启动仪式在亚齐省省府班达亚齐举行，希冀以此吸引更多中国游客。

2015 年 12 月 22 日 印尼东盟南洋基金会主席李卓辉接受中新社记者采访时表示，为迎接 2015 年底东盟三大共同体正式成立，印（尼）－中友好综合医院和东盟南洋大学海洋学院的建设在廖省群岛的民丹岛举行了奠基仪式。

2016年1～12月

2016 年 2 月 10 日 印尼旅游部和巴厘岛旅游企业在巴厘岛举办第一届中国春节联欢晚会。

2016 年 2 月 20 日 印尼旅游部国际交流与旅游推广司司长诺菲恩迪·马卡拉（Noviendi Makalam）在出席由印尼雅加达吉祥山基金会与中国驻印尼大使馆联合举办的“欢乐春节”活动时表示，中国已成为印尼最大的游客来源国。

2016 年 2 月 25 日 印尼旅游部在首都雅加达与中国百度签署战略合作协议，致力于将印尼旅游资源推向中国市场，以吸引更多中国游客前来印尼旅游。

2016 年 3 月 中国海南三亚南繁研究院与印度尼西亚梭罗大学签订合作备忘录。双方约定，共同推动三亚与梭罗大学在热带农业科学、现代农业技术、遗传育种、农产品加工等产业领域的科技合作与交流。

2016 年 3 月 5 日 印尼旅游部宣布，2016 年将开辟 18 条直通中国多个大城市的航线，目标是吸引 200 万名中国游客。

2016 年 3 月 12 日 印尼潮州国际潮团总会主席、印尼潮州总会理事会会长曾国奎一行到访深圳市侨商智库研究院，双方举行了经贸洽谈活动，并计划在印尼筹建侨商智库国际民间交流中心分中心。

2016 年 4 月 5 日 由环球网与印尼驻华使馆组织的第二届“中国网络名人印尼行”活动正式拉开帷幕。

2016 年 4 月 8 日 印尼阿拉扎孔子学院举办第二届中国电影展。此次中国电影展活动为期 7 天，将展映《捉妖记》《大圣归来》《真爱》《泰囧》

《狼图腾》《滚蛋吧，肿瘤君》等六部优秀中国电影。

2016年4月16日 第22届“留学中国教育展”在印尼雅加达、万隆、锡江和巴厘岛开幕。此次教育展由印尼北京学院主办，为期4天。

2016年4月25日 华中师范大学和中国东南亚研究会主办、华中师范大学印尼研究中心和华中师范大学政治学研究院承办的“21世纪海上丝绸之路与中国－印尼战略合作”国际研讨会在武汉开幕。

2016年4月30日 中国爱乐乐团在印尼首都雅加达举行“2016海上丝绸之路巡演”首场演出。

2016年5月11日 中国共青团中央书记处书记汪鸿雁率中国青年代表团一行97人访问印尼青年与体育部，并和印尼青年企业家举行了座谈。

2016年5月14日 广西师范大学国际文化节“印尼文化日”活动吸引了数十名印尼归侨的参与。

2016年5月15日 由国家汉办、中国驻印尼大使馆、雅加达华文教育协调机构、印尼阿拉扎大学孔子学院联合举办的2016年第九届“‘汉语桥’世界中学生中文比赛”、第十五届“‘汉语桥’世界大学生中文比赛”印尼赛区总决赛在雅加达圆满落幕。

2016年5月15日 中国驻印尼大使馆徐航天政务参赞代表谢锋大使，在使馆为即将赴华访学的印尼大学生代表团举行欢送会。

2016年5月17日 印尼狮子航空公司（以下简称“狮航”）宣布，从当年6月3日起将开通北苏拉威西省首府万鸦老至中国8个城市的直飞航线。

2016年5月20日 中国驻东盟使团与印尼伦敦公共关系学院合作，在印尼雅加达卡尼修斯高中共同举办“中国－东盟关系进校园”活动。来自雅加达10所高中的逾百名师生参加了该活动。

2016年5月26日 中国驻印尼大使谢锋赴亚齐省中印尼友谊村看望慰问当地村民，并走访村民家庭，视察使馆出资修缮的道路、学校等公共设施，表示将在友谊村学校捐建中国图书馆，以及向贫困村民发放斋月慰问品。

2016年5月28日 首届“印尼高等院校中文系协会全国大会”在玛琅

普拉维查亚大学举行。

2016 年 5 月 30 日 “2016 中国电影展映及电影大师讲堂”历时 10 天，在印尼巴厘岛落下帷幕。

2016 年 6 月 5 日 印尼国家旅游部副部长皮塔纳、旅游部亚太区总监文森修斯·哲马杜、印尼旅游协会总会长阿斯纳维·巴哈尔、旅游协会推广部主任和巴厘省印（尼）－中友好协会主席以及旅游协会各领域负责人一行到访北京，与中国旅游协会秘书长张润钢和中国旅游相关领域负责人及其他有关机构负责人进行会谈。

2016 年 6 月 21 日 印尼雅加达梅州会馆“中国寻根之旅”夏令营的学生和印尼万隆客属联谊会教师组成的华裔学习交流团，拜访了广东省梅州市山歌剧团，并跟剧团山歌教师谢曼丽现场学唱了两首客家山歌。

2016 年 6 月 25 日 中国－印尼高校智库联盟在北京外国语大学成立。这是继中印尼副总理级人文交流机制后，两国在人文交流领域合作的又一个标志性成果。该联盟包括北京外国语大学、华中师范大学、广东外语外贸大学、河北师范大学、印度尼西亚大学、加查玛达大学、日惹国立大学和北苏门答腊大学等 8 个成员。

2016 年 6 月 28 日 深圳市海外交流协会和印尼中华总商会主办的“同梦共筑　文化交流”深圳文艺演出在雅加达金莎国际大酒楼上演，演员们表演了杂技、歌舞、魔术和川剧变脸等具有中国文化特色的节目。

2016 年 7 月 3 日 以“感知海南，追寻亲情，团结乡亲”为主题的海南民族歌舞团文艺演出在雅加达慈育大学成功举行。该演出由印尼广东社团联合总会主办、雅加达海南联谊会承办。

2016 年 7 月 30 日 由印尼中医协会总会、广州现代肿瘤医院联合举办的“2016 中国肿瘤医学教授专家团印尼公益活动”在雅加达等 9 大城市开启。

2016 年 7 月 31 日 印尼旅游部在中爪哇省首府三宝垄市举办“三保大人”像巡游活动，以此纪念中国明朝航海家郑和下西洋 611 周年。

2016 年 8 月 1 日 以“互联互通互信·相知相识相亲”为主题的中印尼副总理级人文交流机制第二次会议在贵州贵阳举行。会议发表联合公报 1 份、签署合作协议 14 项。同期举办了第二届中国 – 东盟教育部长圆桌会议。

2016 年 8 月 1 日 中国国家林业局副局长陈凤学与印尼环境与林业部环境与自然资源司总司长塔克瑞・法瑟尼共同签署了《中国 – 印尼共同推进大熊猫保护合作谅解备忘录》。

2016 年 8 月 23 日 中国驻印尼大使馆与印度尼西亚大学在该大学社会与政治学院举行小额物资援助交接证书签署仪式。根据中国政府与印尼政府间的协议，中国政府承诺向印度尼西亚大学捐赠包括 35 台一体机电脑和 20 台笔记本电脑等教学设备在内的共计 50 万元人民币的物资。

2016 年 9 月 3 日 在巴厘岛客家乡亲会主席谢晋德的陪同下，中国重庆三峡学院校长张伟一行 6 人和印尼《国际日报》董事长熊德龙、董事长助理陈杰访问巴厘岛印华三语学校。

2016 年 9 月 9 日 参加“2016 山东旅印（尼）侨胞恳亲大会”的山东籍侨胞一行 55 人来到青岛市的山东省华侨中学，参加该校成立 60 周年庆典活动。

2016 年 9 月 17 日 印尼泗水华人俱乐部举行晚会，欢庆中秋佳节。驻泗水中资企业、中国教师志愿者及当地华人企业代表近 120 人参加了晚会。

2016 年 9 月 23 日 印尼旅游部在郑州举行“印尼旅游推介会”，向各出境旅行社及河南游客展示印尼的美丽风光。

2016 年 9 月 24 日 印尼玛拉拿达基督教大学孔子学院在玛大新礼堂举办了“中国电影周”，吸引了印尼各界 1500 多人次前往观影。

2016 年 9 月 27 日 由中国国务院新闻办公室和中国驻印尼大使馆共同举办的“感知中国・印尼行”系列文化活动在印尼首都雅加达拉开帷幕。

2016 年 9 月 28 日 由中国国务院新闻办公室和中国驻印尼大使馆联合举办的“中印尼媒体论坛”在雅加达举行。

2016 年 9 月 28 日 中国驻印尼大使馆文化处、中国知网（CNKI）与印尼阿拉扎大学孔子学院联合举办的“印（尼） – 中高等教育合作发展论坛暨中国知识云服务启动仪式”在雅加达安巴拉大酒店举行。

2016 年 10 月 14 日　中国国际文化交流中心和印尼雅加达吉祥山基金会联合主办的“中华文化东南亚行——中医中药行”活动在印尼雅加达开幕，此次活动为期 2 天。

2016 年 10 月 17 日　雅加达华文教育协调机构与到访的西安市海外交流协会代表团达成合作共识，西安市在雅协设立印尼第一个工作联络点。

2016 年 10 月 31 日　印尼阿拉扎大学在雅加达举办“‘一带一路’倡议给中、印尼两国教育带来的机遇和挑战”研讨会。

2016 年 11 月 2 日　中国中央芭蕾舞团在雅加达为当地观众表演经典芭蕾舞剧《大红灯笼高高挂》，这是该剧问世 15 年来首次在印尼上演。

2016 年 11 月 5 日　在东盟南洋基金会与西爪哇印（尼）中友好协会成员黄秀玉、李惠珠、张添芳等陪同下，万隆理工学院工、理、生物系的班邦教授与系主任苏普利杨铎博士访问中国重庆大学国际学院交流中心。

2016 年 11 月 10 日　印尼中华总商会和福建省农业厅在雅加达为“闽茶文化推广中心”举行揭牌仪式。

2016 年 11 月 12 日　印尼旅游部部长阿里夫·叶海亚在出席中国上海“2016 中国国际旅游交易会”期间，与中国国家旅游局局长李金早及副局长杜江等举行了会晤。双方一致同意整合、改善和提高印（尼）与中国双向旅游交流关系，将对某些不文明、不专业化、损害游客利益的旅游营业者或旅行社采取严厉处罚。

2016 年 11 月 12 日　福建师范大学印尼研究中心揭牌仪式在福建师范大学旗山校区宏达厅举行。

2016 年 11 月 13 日　印尼驻华大使苏更·拉哈尔佐、印尼驻华大使馆参赞孙浩访问福建中医药大学。

2016 年 11 月 16 日　在中国留学服务中心在雅加达主办的第 13 届“留学中国教育展”上，中国银行雅加达分行向广大拟赴中国留学的学生家庭宣传介绍了中国银行便利、全面的跨境金融服务。在随后的“中国 - 印尼高校论坛”上，中国银行雅加达分行与东南亚教育部长组织开放学习区域中心（SEAMOLEC）签署合作谅解备忘录，旨在金融服务于印尼赴中国留学生，为中国－印尼教育交流贡献力量。

2016 年 11 月 21 日　受中国国家汉办、孔子学院总部委派，华中师范大学巡演团来到泗水国立大学葛丁塘（Ketintang）校区葛玛（Gema）大礼堂进行文艺巡演活动，为泗水国立大学的师生们带来了一场精彩的视听盛宴。

2016 年 11 月 28 日　中国驻印尼大使馆和印尼达国大学在该大学教学楼举办“中国文化日”活动。

2016 年 12 月 3 日　福建省档案局筹备选送的福建侨民档案随国家档案局代表团远赴印尼，并在雅加达展出 4 天。

2016 年 12 月 20 日　由中国海外交流协会主办、江苏省海外交流协会承办、印尼巴中三语学校协办的 2016“中华文化大乐园—印尼巴中营”系列文化活动在巴中学校礼堂圆满闭营。

2016 年 12 月 14 日　应中国驻登巴萨总领馆邀请，全国政协常委、中国美术家协会副主席、北京画院院长王明明率团前往印尼巴厘省进行访问交流。

2016 年 12 月 27 日　广东省侨办党组副书记、巡视员林琳会见了印尼全国华教联合秘书处访问团一行。该团由印尼西加里曼丹省、中爪哇省、北苏门答腊省、东爪哇省、廖内群岛省华文协调机构主席和副主席等人员组成。

2017年1～12月

2017 年 1 月 3 日　印尼旅游部副部长伊·格德·皮塔纳表示，印尼将以中国春节为契机，采取多项旅游优惠措施吸引中国游客。

2017 年 1 月 12 日　印尼旅游部在亚齐省首府班达亚齐举行“郑和下西洋之路旅游线启动仪式”，希冀吸引更多中国游客。

2017 年 1 月 26 日　中国驻登巴萨总领事胡银全应邀出席中国漯河职业技术学院和印尼巴厘努沙杜瓦旅游学院合作框架协议签约仪式。

2017 年 2 月 印尼梭罗大学 6 名学生赴中国海南三亚南繁科学技术研究院实验基地，他们将跟随专家学习杂交水稻栽培技术、西甜瓜与蔬菜栽培技术及病虫害防治、旱地农业水肥一体化栽培技术等应用技术课程。据悉，此次学习将持续到 4 月。

2017 年 3 月 22 日 “北京外国语大学中 - 印尼人文交流研究中心成立仪式暨‘一带一路’建设背景下中国 - 印尼人文交流与智库建设学术研讨会”在北京外国语大学举行。

2017 年 3 月 27 日 华为技术投资有限公司（华为印尼）与印尼 7 所顶尖高校合作，正式启动华为在印尼推出的企业社会责任项目“智慧一代”（SmartGen），以帮助印尼培养更多的本地 ICT（信息与通信）青年人才。

2017 年 3 月 30 日 印尼旅游部发表声明，印尼将和中国驻印尼大使馆在巴厘岛合作成立小组，启动“安全和安保”试水项目，强化巴厘岛景区的安保措施，服务中国游客。

2017 年 4 月 1 日 印尼旅游部在中国古都洛阳举办为期 4 天的“美妙印尼”系列旅游推介活动。

2017 年 4 月 11 日 福建省人民政府和中国驻印尼大使馆联合主办的首届“中印尼青年互访交流活动”正式拉开帷幕。

2017 年 4 月 25 日 由福建省旅游局主办的“清新福建——海上丝绸之路”旅游推广活动在雅加达举行。

2017 年 4 月 29 日 《广东华侨史》编写访问团一行 6 人启程前往印尼，开启了为期 11 天的访问行程。访问团将拜访邦加、万隆、日惹和三宝垄等华侨华人聚居的城市，收集侨史资料。

2017 年 5 月 6 日 来自中国、美国、加拿大、巴西、德国、法国、比利时、瑞士、印度和东盟各国共 39 个国家的书法界人士齐聚印尼首都雅加达，参加“‘一带一路’首届海外华人书法家协会大展暨海外华人书法家协会成立大典”。

2017 年 5 月 12 日 第 14 届“中国 - 东盟博览会推介会”在印尼廖内群岛省巴淡市举行。

2017 年 5 月 19 日 “印尼泗水国立大学孔子学院成立六周年庆典暨泗水国立大学首届中印尼文化交流日”活动在该校语言与艺术学院三楼大礼堂举行。

2017 年 5 月 23 日 第三届“万隆精神论坛”在印尼万隆玛拉拿达基督教大学开幕，本届论坛的主题是“合作之纽带·行动之道路”，会期 2 天。

2017 年 6 月 2 日 以海南省教育厅副厅长黎岳南为首的代表团访问印度尼西亚大学。

2017 年 6 月 5 日 中国华侨大学校长贾益民与印尼达国大学基金会主席古纳迪丽签署合作协议，开启两校全方位合作。

2017 年 6 月 11 日 应广东省海外交流协会邀请，印尼粤籍社团代表访问团一行 20 多人启程赴粤，开展为期 5 天的考察交流活动。

2017 年 6 月 20 日 由中国贵州省人民政府主办、贵州省旅游发展委员会承办的“‘山地公园省·多彩贵州风’——2017 中国贵州全球推广（印尼）旅游推介会”在雅加达举行。

2017 年 6 月 29 日 由中国国务院侨办和广西壮族自治区侨办主办、玉林市外侨办和容县外侨办承办的 2017 年“海外华裔青少年‘中国寻根之旅’夏令营——情系侨乡容县营”近日在容县高中隆重开营，50 名印尼华裔青少年正式开启为期 13 天的中华文化之旅。

2017 年 7 月 6 日 由中国海外交流协会主办，北京华文学院承办的 2017 年“华文教育·校长研习”印尼班在北京华文学院回龙观校区举行了开班仪式。

2017 年 7 月 6 日 印尼梭罗三一一大学文化学院代表团到访华侨大学文学院。双方就派遣研究生实习、开展夏冬令营、教育教学研究、华文教材研发等交换了意见，并签署合作协议。

2017 年 7 月 6 日 北京康莱德酒店与印尼驻华大使馆联合举办主题为“品味印尼”的印尼美食节。

2017 年 7 月 13 日 全美中文学校协会副会长胡国荣和印尼万隆立人学校董事郑贻清到访山东省侨办，期待加强与山东侨办的联系，希冀在文化、教育、经济和科学等领域开展更多更好的交流与合作。

2017 年 7 月 19 日 应印尼慈济基金会邀请，由中国文化部批准和中国对外文化集团公司组派的中国残疾人艺术团一行 39 人抵达印尼，分别在棉兰、雅加达、泗水开展为期 20 天的印尼巡演。印尼当地的电视、电台、网络、报纸等各种媒体相继对演出做了大篇幅的头版报道。

2017 年 7 月 24 日 中国侨联顾问林军率领 5 人代表团访问雅加达吉祥山基金会。吉祥山基金会成立于 1986 年，创会 30 多年来，与祖籍国的家乡一直保持着良好的关系，经贸、文化交流互动不断。

2017 年 8 月 9 日 由海南省旅游发展委员会主办、海南联合航空旅游集团有限公司承办的“海口－雅加达区域旅游合作交流座谈会”在海口召开。

2017 年 8 月 8 日 中国湖北省友好交流代表团一行访问印尼－中国经济、社会与文化合作协会，促进中国与印尼民间的友谊及经贸合作。

2017 年 8 月 21 日 中国驻印尼大使馆为获得 2017 年度中国政府奖学金的印尼学生举行录取通知书颁发仪式。

2017 年 8 月 21 日 由中国华文教育基金会主办、华侨大学承办、印尼巴厘岛文桥三语学校和巴厘岛印华三语学校联合协办、经纬置地有限公司资助的“2017 年中国文化海外行——‘一带一路’经纬印尼营”开营仪式在巴厘岛文桥三语学校隆重举行。

2017 年 9 月 12 日 中国驻印尼棉兰总领馆孙昂总领事与北苏门答腊省努拉兹加副省长在领馆官邸共同为即将赴广东南方医科大学攻读公共卫生硕士学位的 2 名苏北大学本科生送行。苏北省教育局局长阿西亚德、苏北大学校长希特普以及学生家长等参加。

2017 年 9 月 20 日 中国驻印尼大使馆临时代办孙伟德应邀赴印尼移民学院出席印尼移民官员中文培训班开班仪式并致辞。

2017 年 9 月 27 日 由海南省旅游发展委员会主办、海南联合航空旅游集团有限公司承办的“2017 印尼旅游文化交流暨海南旅游推介会”在海口举办。

2017 年 9 月 28 日 中国大熊猫“彩陶”与“湖春”平安顺利抵达印尼

首都雅加达。

2017年9月29日 “中国艺术走进印尼校园”活动在印尼巴厘旅游学院举行。

2017年10月17日 中国－东盟中心秘书长杨秀萍与印尼驻华大使苏更在出席“第四届旅游与酒店管理国际学术研讨会”期间，考察无锡职业技术学院。

2017年10月19日 中国驻印尼大使馆临时代办孙伟德在使馆会见雅加达华文教育协调机构总主席郑年锦一行，双方就进一步推进汉语教学工作进行了深入交流。

2017年10月23日 在印尼拓展教育基金会（YPPI）会长吴能彬博士的推动下，印尼哈山努丁大学孔子学院与巴厘岛乌达雅娜大学联合创办的印尼首个“旅游汉语培训中心”举行揭牌仪式。

2017年10月28日 中国驻印尼登巴萨总领事胡银全会见印尼旅游部门相关负责人，就成立巴厘岛“中国游客服务中心”和2018年巴厘岛春节联欢活动相关准备工作深入交换意见。

2017年11月7日 山东省人民对外友好协会张继刚常务副会长率领代表团一行5人访问印尼－中国经济社会与文化合作协会，探讨双方在文化、旅游、经贸、青少年等领域的交流合作事宜。

2017年11月13日 中国国务院侨办直属院校——昆明华文学校校长张明军率团访问印尼智民学院，商谈两校与华侨大学联合培养华文人才事宜。

2017年11月18日 由中国－印尼高校智库联盟秘书处主办、北京外国语大学中印尼人文交流研究中心承办的2017年“中印尼人文交流机制智库论坛”在北京外国语大学举行。

2017年11月25日 中华人民共和国文化部、中国驻印尼大使馆、印尼人类发展与文化统筹部、印尼教育与文化部共同主办的“‘海内存知己’中印尼副总理级人文交流机制专场联合文艺演出”在雅加达吉普拉艺术中心举行。

2017 年 11 月 26 日　“中国 – 印尼大熊猫保护合作研究启动仪式暨大熊猫馆开馆仪式”在西爪哇茂物塔曼·萨法丽野生动物园隆重举行。

2017 年 11 月 26 日　中国国务院副总理刘延东在印尼研究技术与高等教育部官员陪同下，主持第十四届“留学中国”教育展启动仪式。

2017 年 11 月 27 日　“中国 – 印尼科技创新合作论坛”在印尼研究技术与高等教育部举行。来自中国与印尼两国科技界、教育界、企业界代表及两国媒体代表参加了本次论坛。

2017 年 11 月 28 日　中国国务院副总理刘延东在梭罗与印尼人类发展和文化统筹部部长布安共同主持中印尼副总理级人文交流机制第三次会议。两国领导人还共同见证科技创新等相关领域合作文件的签署，并一同出席第 14 届人口与发展部长级国际会议。会议期间，刘延东副总理还出席了中印尼大熊猫保护合作研究启动仪式、科技创新合作论坛和“留学中国教育展”等配套活动。

2017 年 12 月 3 日　印度尼西亚大学在中国南昌大学举行的“印尼语教师培训”举行开班仪式。

2017 年 12 月 19 日　华侨大学副校长刘塨在厦门校区会见印尼达国大学副校长卡铎等东盟国家高校负责人，探讨了高校间进一步交流与合作事宜。

2017 年 12 月 22 日　“华侨大学印尼研究中心揭牌仪式暨印尼发展与智库建设研讨会”在华侨大学厦门校区举行。

2018年1~12月

2018 年 1 月 3 日　印尼华裔总会（INTI）与穆联代表布雅、伊联代表哈姆·阿齐兹及研究员古斯都迪安、爱丽莎·瓦希德在日惹西湖饭店举行会议，探讨解决“印尼社会不平等问题”。各方在会谈中达成共识，确定了若干合作项目。

2018 年 1 月 5 日　在西太平洋海域执行“西太主流系潜标观测网维护

及升级”综合考察航次的中国“科学号”科学考察船，在圆满完成任务后靠泊印尼比通港补给。靠港期间，“科学号”科考船将面向印尼萨姆拉图兰吉大学师生及比通当地科研院所人员开放，普及海洋科考船及海洋科学考察知识，传递友好合作信息。

2018 年 1 月 19 日　中国驻登巴萨总领馆在哈里斯酒店举办第一届中国总领事奖学金颁奖仪式。

2018 年 1 月 21 日　中国驻印尼大使馆应邀参加印尼司法人权部移民总司在雅加达独立广场举行的“移民嘉年华”活动，并联合雅加达中国签证申请服务中心专设展台，介绍中国国情和签证政策，展示中国文化。

2018 年 1 月 27 日　第三届东爪哇“魅力汉语”大奖赛在泗水巴古温商场隆重开幕，吸引了来自泗水、外埠和外岛各华教机构的 850 名学生参赛。此次大奖赛由东爪哇华文教育统筹机构主办、东爪哇华文教师互助会承办。

2018 年 1 月 29 日　约 150 人的印尼电商访问团在杭州阿里巴巴西溪园区参加电商培训。

2018 年 2 月 5 日　中国驻巴厘岛登巴萨总领馆代总领事陈巍会见印尼旅游部亚太推广司司长文森，双方就为到访巴厘岛的中国游客联合举办 2018 年春节联欢活动事宜和相关旅游合作议题深入地交换了意见。

2018 年 2 月 13 日　印尼橙子电视台（OrangeTV）与中国广西电视台合作播放中国清真食品节目。

2018 年 2 月 16 日　中国驻印尼使领馆和印尼旅游部及当地政府合作，联合举办系列欢庆春节活动。中国驻印尼大使肖千向印尼华人华侨和春节期间仍在印尼坚守工作岗位的中国同胞发表新春贺词。

2018 年 2 月 21 日　由中国驻印尼登巴萨总领馆举办的“新时代中国”大型图片展在巴厘艺术中心开幕。

2018 年 2 月 23 日　中国驻东盟大使黄溪连参加印尼外交部举办的“大使巴厘行”活动。

2018 年 2 月 25 日　中国驻印尼登巴萨总领事馆与印尼东努沙登加拉省政府在政府礼堂联合举办“2018 年新春庆祝晚会”。

2018 年 3 月 2 日　由中国驻登巴萨总领馆和印尼旅游部联合主办、印尼旅游和旅行社协会承办的“2018 年元宵联欢晚会”在巴厘岛海龙餐厅隆重举行。

2018 年 3 月 4 日　雅加达华文教育协调机构、楠榜华文教育协调机构共同组织的“华文教育座谈会”在楠榜召开。

2018 年 3 月 7 日　中国驻印尼登巴萨总领馆与印尼乌达雅纳大学联合举办的“中国艺术走进印尼校园”交流演出活动在乌大校园举行。

2018 年 3 月 13 日　中国驻棉兰总领事馆张洪副总领事拜访北苏门答腊省旅游与文化厅厅长希达雅蒂女士，双方进行了亲切友好的交流。

2018 年 3 月 14 日　“2018 年中国国际进口博览会推介会”在雅加达成功举行。

2018 年 3 月 15 日　阿里巴巴集团旗下云计算平台阿里云在印尼首都雅加达举行新闻发布会，宣布阿里云印尼大区正式开放服务运营。

2018 年 3 月 15 日　根据阿里巴巴培训之旅安排，印尼 34 名政府官员到访中国临安“山核桃网红”村落白牛村。

2018 年 3 月 21 日　蚂蚁金服与印尼 Emtek 集团（Elang Mahkota Teknologi）联合推出的电子钱包 DANA 正式上线。DANA 又被称为“印尼人的支付宝”。通过 DANA 钱包，印尼用户能方便地缴付手机费和固话费、水电费，以及缴纳社保、账单分期等常见电子钱包服务。

2018 年 3 月 22 日　中国华为公司在印尼首都雅加达正式启动“智慧一代 2018”项目，将在年内为 1000 名印尼职高学生免费提供信息与通信技能培训。

2018 年 3 月 24 日　“印尼（雅加达）国际铁路与轨道交通展”在雅加达国际展览中心举行，包括中车青岛四方车辆研究所有限公司在内的中国中车旗下 4 家一级子公司联袂参展。

2018 年 3 月 29 日　中国交通频道与印尼万鸦佬市旅游项目战略合作协议签约仪式在印尼北苏拉威西省万鸦佬市举行。

2018 年 4 月 2 日　中国驻泗水总领事馆在巴拉贡酒店举行第五届“郑

和书屋”捐赠仪式，向东爪哇省、中爪哇省共10所学校捐赠图书和书架等学习工具。

2018年4月4日 印尼旅游部在中国成都、西安、深圳举行旅游推介会，宣传民丹岛旅游资源，期望吸引更多中国游客到访当地游玩。

2018年4月5日 中国驻印尼大使肖千拜会印尼研究技术与高等教育部部长纳西尔，双方就中印尼科技创新与高等教育合作交换意见。

2018年4月16日 印尼旅游部在中国南宁、深圳和广州举办大型旅游推介会，提升印尼国家旅游品牌在中国的知晓度。

2018年4月22日 “华中师范大学中印尼人文交流研究中心揭牌仪式暨‘一带一路’背景下中印尼人文交流学术研讨会”在华中师范大学逸夫国际会议中心举行。

2018年4月22日 印尼印华百家姓协会总会、雅加达特区分会和各姓氏宗亲会联合举办的第四届清明敬祖大典，在雅加达太阳城千人宴会厅举行，近1500名华人华侨共同敬拜中华民族始祖黄帝，祭拜了各姓氏的祖先。

2018年4月23日 “中印尼青年互访交流游学代表团”出席中国驻印尼大使馆举办的欢迎招待会。

2018年4月26日 印尼玩具协会在广州设立中国代表处，旨在搭建中国和印尼玩具企业沟通的桥梁和平台，促进双方在品牌合作、营销推广、技术、贸易、投资和制造等方面的深度合作和交流。

2018年4月27日 由海口经济学院主办，海南省教育厅、省外侨办和省社科联支持的“‘一带一路’与东盟国家教育合作论坛”开幕。

2018年4月27日 中国最大的智慧旅游运营商中国智慧旅游控股集团与印尼信心集团达成战略合作协议，授权印尼信心集团成为印尼智慧旅游项目总代理商，协助印尼建设智慧景区，打造智慧旅游新方式。

2018年4月29日 中国驻泗水总领事顾景奇及总领馆女外交官应邀出席泗水华裔妇女联谊会举办的印尼民族女英雄“卡尔蒂尼日”纪念活动。

2018年4月29日 印尼阿拉扎大学孔子学院和印尼雅加达华文教育协调机构联合主办、达国大学协办的2018年第11届“‘汉语桥’世界中学生中文比赛”和第17届“‘汉语桥’世界大学生中文比赛”印尼雅加达赛区选拔赛在达国大学圆满落幕。

2018年4月29日 印尼旅游部主办、厦门市印尼学生联合会承办的2018年厦门“印尼文化节”在华侨大学厦门校区上演。

2018年5月1日 印尼公民持普通护照前往中国海南省旅游，可从海南对外开放口岸免签证入境，并可在海南省行政区域内停留30天。

2018年5月15日 中国驻棉兰总领馆在棉兰阿斯顿酒店举办“中国与苏门答腊的人文交流——回顾与展望”研讨会。

2018年5月28日 中国汉办、中国驻印尼大使馆与阿拉扎孔子学院联合主办的2018第11届“‘汉语桥’中学生中文比赛”印尼赛区总决赛在雅加达坎帕卡大酒店举行。

2018年5月30日 中国驻印尼大使肖千在雅加达古宁岸的大使馆召开媒体座谈会与开斋活动，就中印尼关系及大家关心的问题与媒体进行交流。

2018年6月7日 中央广播电视总台与印尼国家电视台在印尼首都雅加达签署“中国剧场”播出合作协议。

2018年6月9日 中国山东省农科院玉米研究所和花生研究所的10多名农业专家，在与印尼同行完成“中国玉米花生生产技术培训交流暨现场观摩”活动后回国。

2018年6月10日 印尼电信巨头奥雷杜电信公司（Indosat Ooredoo）和中国腾讯联合推出中国特别旅游卡。

2018年6月13日 在副会长戴中立的带领下，印尼晋江同乡会青少年一行29人赴祖籍国家乡晋江，参加首次“中国寻根之旅”夏令营活动。

2018年6月14日 印尼旅游部在北京举行“美妙印尼”大型旅游推介会。

2018年6月16日 中国国务院侨务办公室主办、北京华文学院承办的2018年“海外华裔青少年‘中国寻根之旅’夏令营——印尼华裔青少年北京游学营”在北京举办开营仪式。

2018 年 6 月 19 日　国家级教育对外交流项目“东盟国家大学生领袖感知中国夏令营”在华中师范大学开营。

2018 年 6 月 26 日　中国驻印尼大使馆临时代办孙伟德会见印尼国家复兴学院副院长巴古斯，双方就两国智库合作交换意见。

2018 年 6 月 27 日　中共张家界市委副书记、市旅工委副主任刘绍建率领的张家界“旅游营销军团”在印尼首都雅加达举行旅游推介会。

2018 年 6 月 30 日　国家汉办/孔子学院总部主办、东北师范大学国际汉语教师培训基地、国际汉学院承办的 2018 年“印尼本土汉语教师来华研修班”举行开班仪式。此次研修班为期 15 天，培训课程内容主要围绕汉语基础知识与教学，汉语教学方法、教学组织与课堂管理，汉语教材与教学资源介绍，中华文化知识与文化教学等几个方面开展，让老师们更深入地了解《国际汉语教师证书》本土版考试。除此之外，培训还安排课堂教学观摩活动以及太极拳、剪纸画文化体验活动等。

2018 年 7 月 6 日　中国海外交流协会主办、东爪哇华文教育统筹机构和东爪哇华文教师互助会协办的“2018 年华文教师证书研习班”在泗水崇高基督教华教中心圆满结束。来自东爪哇各地近 70 名华文教师顺利完成了为期 10 天的研习班课程，获得结业证书。

2018 年 7 月 10 日　国家汉办/孔子学院总部主办、印尼阿拉扎大学孔子学院和阿拉扎大学中文系共同承办的首届“东南亚‘汉语 +’国际研讨会”在阿拉扎大学拉开帷幕。

2018 年 7 月 13 日　中国驻印尼登巴萨总领馆在总领事官邸举办中、印尼媒体见面交流会，包括中新社驻印尼记者在内的中、印尼 30 多名主流媒体资深记者参与交流，共商加强合作，促两国“民心相通”。

2018 年 7 月 13 日　中国驻印尼大使馆与苏加诺－哈达机场海关、移民部门举行足球友谊赛。

2018 年 7 月 13 日　上海师范大学暑期汉语教学研修小组 11 名成员，在印尼首都雅加达与即将赴华学习的印尼陆海空三军军官及印尼华文教育工作者进行了面对面的汉语教学经验交流。

2018 年 7 月 14 日 印中文化交流基金会及多个文化机构、画廊倾力打造的“艺术空间”举行隆重的开幕仪式。该“艺术空间”位于泗水伦马（Lenmarc）商场一楼，面积超过 1000 平方米，收藏和展示印尼、中国及其他国家艺术家的绘画、雕塑、摄影等艺术精品。

2018 年 7 月 21 日 “‘当代印尼研究’国际学术研讨会”在广州暨南大学举办，来自中国大陆、中国香港、印尼、马来西亚、新加坡等国家和地区的 40 多位专家、学者参加了研讨会。

2018 年 7 月 26 日 印尼狮航公司开辟从北苏拉威西省万鸦佬国际机场直飞中国天津滨海国际机场的包机新航线，希冀增加中国游客数量。据万鸦佬国际机场负责人介绍，除了飞往天津的新航线之外，目前狮航公司还提供 4 个包机航线服务，即从万鸦佬直飞中国长沙黄花国际机场、从万鸦佬直飞深圳宝安国际机场、从万鸦佬直飞广州白云国际机场，以及从万鸦佬直飞上海浦东国际机场等航线。按照计划，狮航公司还将提供从万鸦佬直飞郑州新郑国际机场的航线。

2018 年 8 月 8 日 中国驻印尼大使肖千赴印尼红十字会总部出席捐助仪式，向印尼红十字会转交中国红十字会就龙目岛地震提供的紧急现汇援助，并宣布中国政府通过大使馆向地震灾民提供紧急物资援助。

2018 年 8 月 15 日 清华大学同印尼 UID 学院（United in diversity）合作设立位于巴厘龟岛的清华大学东南亚中心（Tsinghua SEA）在雅加达迦内什大厦举行揭幕仪式。

2018 年 8 月 18 日 第 18 届亚运会开幕式在印尼雅加达朋加诺体育场举行，开幕式以“感受亚洲能量”为主题。中国代表团派出 845 名选手，参加 38 个大项、376 个小项的比赛。

2018 年 8 月 20 日 兰州大学团委创新发展实践中心主任郑豪，环创联盟（北京）教育咨询有限公司印尼分公司运营总监张莉，印尼百家姓协会、雅加达南安公会余瑞珠带领的“兰州大学‘一带一路’实践考察团”一行 11 人应邀前往《国际日报》报社学习考察，并于次日访问了雅加达华文教育协调机构。

2018 年 8 月 20 日 印尼人类发展与文化统筹部部长布安接见了中国国家主席习近平的特使、国务院副总理孙春兰。

2018 年 8 月 30 日 中国驻印尼大使肖千前往雅加达和巨港亚运会比赛场馆，看望中国体育代表团。

2018 年 9 月 6 日 印尼企业、金融行业和媒体行业等 10 多位人员获邀前往北京，参加中国商务部国际商务官员研修学院举办的“2018 年中国与印尼商业文化融合研修班”学习。

2018 年 9 月 7 日 在中国驻泗水总领馆许莲领事的陪同下，来自印尼泗水国立大学、玛中大学、泗水 YPPI 第二高中的印尼东爪哇省学生代表团一行 15 人访问华侨大学。

2018 年 9 月 9 日 中国驻登巴萨总领事苟皓东出席了中资企业向印尼龙目岛灾民捐赠仪式。中国银行雅加达分行、中国路桥、中国电建、中国港湾、箭牌家居以及其他个人等通过西努沙登加拉省伊斯兰教士联合会（西努伊联）向灾民捐款，中国东风小康印尼分公司现场捐赠一辆皮卡。此次捐赠活动持续 2 天。

2018 年 9 月 16 日 中国京剧艺术家储兰兰在雅加达举办新京剧演出。

2018 年 9 月 18 日 印尼创意经济产业局（BEKRAF）国际推广司司长乔舒亚·斯曼骏达克、国际政府间合作及市场部主任安迪、印尼制片人协会国际电影节及国际合作负责人迪马斯一行在北京南洋桥文化发展有限公司总裁甘地·普莱姆巴多的陪同下，到访新文化集团旗下仲秋影业（上海）有限公司，并与仲秋影业负责人管峥总经理就中印尼文化交流发展及合作事宜进行了洽谈。

2018 年 9 月 19 日 以“共筑丝路桥·魅力新北京”为主题的中国北京旅游推介活动在印尼首都雅加达举行。

2018 年 9 月 20 日 在访问雅加达华文教育协调机构时，厦门大学孔子学院总部南方基地副主任耿虎表示，希望与雅协在教材编写上增进合作。

2018 年 9 月 25 日、27 日 中国驻印尼大使肖千分别在印尼最大英文报纸《雅加达邮报》及拥有印尼最大穆斯林读者群体的印尼文报纸《共和国报》上发表题为《我们新疆好地方》和《新疆奉行宗教信仰自由政策》的署名文章，全面介绍了新疆各族人民和谐共处、依法享有宗教信仰自由的真实情况。

2018 年 10 月 13 日 印尼旅游部在中国广州举办为期 2 天的旅游展，向中国游客推介多个旅游套餐。

2018 年 10 月 15 日 印尼旅游部部长阿里夫率领考察团访问中国大数据应用企业晶赞科技，双方就利用大数据进行目标受众的定向营销达成合作意向。

2018 年 10 月 17 日 在雅万高铁 1 号隧道建设现场，中国铁路国际有限公司董事长杨忠民代表雅万高铁中方企业联合体向印尼红十字会捐款 2.4 亿印尼盾，用于印尼中苏拉威西省地震海啸灾区援助。

2018 年 10 月 17 日 三亚市海鲜排档协会旅游餐饮考察团赴印尼泗水，举办为期一周的三亚海鲜旅游餐饮产品说明会及座谈会。

2018 年 10 月 18 日 连连支付、ESG 与京东印尼官方团队联合举行的“2018 京东印尼中国区首次招商峰会”在深圳举行。连连支付在会上透露，连连跨境支付收款产品将于 11 月正式登陆京东印尼站，成为国内首家接入京东印尼站的跨境支付企业。届时，广大跨境电商卖家可以通过连连跨境支付享受到高效、便捷、优质的收款服务。

2018 年 10 月 18 日 海南省旅游和文化广电体育厅主办的“2018 海南国际旅游岛推介会”在雅加达香格里拉酒店举行。

2018 年 10 月 20 日 中印尼文化艺术节组委会和亚洲文化艺术联合会主办、印尼崇德基金会等协办的“2018 中·印尼文化艺术节”在北京博纳星辉剧院开幕。

2018 年 10 月 25 日 印（尼）中“一带一路”公益基金会与印尼伊斯兰教士理事会（MUI）签署协议，共同发起“资助印尼学生赴中国留学计划”，拟选派印尼学生赴华学习劳动技能。

2018 年 10 月 27 日 中华海外联谊会副会长谭天星启程访问印尼，出席“第九届世界福建同乡恳亲大会”开幕式，参加“新时代华商与‘一带一路’建设座谈会”，走访三语学校，并与有关华文教育机构座谈交流。

2018 年 10 月 28 日　国家汉办/中国孔子学院总部和印尼雅加达华文教育协调机构主办、中国驻印尼大使馆和印尼文化与教育部协办的印尼第二届“HSK 考试暨中国留学·就职展”在雅加达莱佛士基督学校举行。

2018 年 10 月 29 日　雅加达华文教育协调机构的领导和老师们接待参加 2018 年印尼第二届就业展的 15 所中国高校代表，并举行“印尼华文教育与中国高校合作，建设印尼与中国友好关系”座谈会。

2018 年 10 月 29 日　中国京东电子商务公司在雅加达北区设立了印尼第一家无出纳员的零售店。

2018 年 10 月 29 日　印尼总统大学举行第七届“中国港湾奖学金颁发仪式”。

2018 年 11 月 3 日　中国驻泗水总领事馆与泗水中商会在香格里拉酒店联合举办“领事政策宣介会”，这是驻泗水总领事馆针对领区特定中国公民群体，提供有针对性、综合性、定制式的预防性领事保护服务的一次探索和尝试。

2018 年 11 月 3 日　以“改革开放新时代：放眼东南亚”为主题的“东南亚论坛第二届国际会议”在华南师范大学召开。

2018 年 11 月 5 日　中国驻印尼大使肖千在官邸会见印尼研究技术与高等教育部部长纳西尔，双方就中印尼科技创新与高等教育合作交换了意见。

2018 年 11 月 9 日　印尼北塔米纳大学参访团一行 43 人与中国驻东盟使团的外交官们交流座谈。

2018 年 11 月 9 日　中国驻印尼大使肖千访问印华百家姓协会中央理事会，与该会总主席林万金、辅导主席傅志宽等理监事亲切座谈。

2018 年 11 月 12 日　中国驻印尼大使肖千拜访印尼科学院主席汉道科博士，双方就中印尼科技合作交换意见。

2018 年 11 月 14 日　中国驻印尼大使肖千出席第 51 届雅加达慈善义卖活动开幕式，并在中国使馆展台指导、参与义卖工作。使馆妇女小组参加了此次为期 2 天的义卖活动。

2018 年 11 月 15 日　第 15 届“印尼留学中国教育展”在雅加达梅林公园酒店举行。

2018 年 11 月 15 日　印尼玩具协会（AMI）代表团参加第十届“中国北方（平乡）国际自行车·童车·玩具博览会”。

2018 年 11 月 16 日　印尼派大型代表团参加上海“2018 中国国际旅游交易会”。

2018 年 11 月 16 日　印尼旅游部与中国厦门航空合作，在厦门建发湾悦城购物中心举办为期 3 天的大型旅游推介活动，以吸引更多中国游客前往印尼旅游。

2018 年 11 月 17 日　中国驻印尼大使馆在雅加达中区格玛腰兰 MGK 商场区华裔总会会所举办了一场“签证政策进华社”宣介会。

2018 年 11 月 24 日　华中师范大学中印尼人文交流研究中心举行“中国 - 印尼高校人文交流国际论坛”，来自中、印尼高校的 16 位校长和副校长、各高校国际处负责人及 40 多位中、印尼专家学者与会。

2018 年 11 月 27 日　中国驻印尼大使馆、印尼战略国际研究中心和印尼《雅加达邮报》联合举办的“中国印尼全面战略伙伴关系五周年”研讨会在印尼首都雅加达穆里埃大酒店举行，共有 200 多位政商学界代表出席。

2018 年 12 月 1 日　东爪哇地区各学校的中国教师、本土汉语教师近 100 人出席泗水国立大学孔子学院举行的“第六届东爪哇汉语教师座谈会暨教学案例交流会”，围绕语言要素教学、本土化汉语教学、大中小学汉语教学、我是汉语小老师四个主题分享教学经验，为印尼华文教育发展建言献策。

2018 年 12 月 3 日　广东外语外贸大学召开“中国改革开放 40 年与中国 - 印尼合作学术研讨会”，就中国与印尼关系、中国改革开放和中印尼贸易合作等议题展开深入交流。

2018 年 12 月 6 日　中国驻东盟使团与印度尼西亚大学师生交流座谈，

向与会师生介绍了新时代中国外交政策和周边外交方针、中国改革开放40年发展成就，以及中国－东盟战略伙伴关系发展相关情况。

2018年12月6日　中国驻印尼大使馆领事参赞祝笛一行访问万隆多个华社团体，并与各社团理监事进行交流座谈。

2018年12月7日　东爪哇省泗水市长德莉·莉斯玛哈莉妮出席广州“全球市长论坛暨第四届广州奖”系列活动，泗水市荣获2018年第四届广州国际城市创新奖（广州奖）“最佳网络人气奖”。

2018年12月11日　华南师范大学代表团一行到访雅加达华文教育协调机构，双方深入交流印尼华文教育工作，探讨在华文教育领域的合作。

2018年12月14日　中国驻泗水总领事馆在巴拉贡酒店为东爪哇地区华社举行签证宣介会。

2018年12月15日　由印尼旅游部携手在线旅游服务商携程举办的2018年中国路演活动开幕。为期2天的路演活动在上海长风大悦城和厦门JFC品尚购物中心同时举行，活动旨在全面推广印尼旅游资源及产品，让中国游客更加深入了解目的地，并前往印尼旅游。

2018年12月16日　广东外语外贸大学举行“中国－印尼工商与人文交流国际研讨会暨《印尼经济社会发展报告（2018）》首发式”。

2018年12月17日　中国驻东盟使团邀请印尼智库、媒体及各国媒体驻印尼机构代表欢聚一堂迎新年，交流畅谈中国－东盟关系。

2018年12月18日　印尼驻华大使馆举办“印尼日”活动，印尼旅游部部长阿里夫、印尼驻华兼驻蒙古国特命全权大使乔哈里出席了此次活动。

2018年12月22日　由中国孔子学院总部/国家汉办主办、印尼阿拉扎大学孔子学院承办的“2018汉语之星比赛”（大学生组）在印尼文教部三楼大礼堂举行，来自阿拉扎大学、雅加达国立大学、慈育大学等8所高校的90名选手参加了比赛。

2018年12月22日　印尼海啸造成431人遇难，包括中国在内的国际社会伸出援手，为灾区救援和重建提供帮助。

2019年1~4月

2019 年 1 月 2 日 中国驻印尼大使馆同印尼外交部举行网球联谊赛，肖千大使、印尼外交部亚太非司总司长戴思拉分别率队参加。

2019 年 1 月 5 日 “2018 印尼华裔青少年南宁冬令营”闭营仪式在广西师范大学举行，为期 12 天的冬令营活动落下帷幕。

2019 年 1 月 9 日 泗水国立大学孔子学院组织的为期 14 天的冬令营活动正式启动，来自孔子学院的 17 名印尼籍学生参加冬令营活动。

2019 年 1 月 10 日 中国驻印尼大使肖千在三宝垄出席中爪哇省和日惹特区各界华社联合举办的欢迎晚宴，与当地华人朋友畅叙乡情，共话友谊。

2019 年 1 月 14 日 印尼广肇总会副总主席、印（尼）中文化交流基金会主席胡建章应邀列席第十五届广州市人民代表大会第四次会议，并出席了由广州市荣誉市民、华侨华人代表和港澳广州社团总会负责人参加的座谈会。

2019 年 1 月 17 日 中国驻棉兰总领事孙昂会见北苏门答腊大学文学院院长布迪博士及中文系师生一行，探讨进一步推动中、印尼大学间人文交流和学术合作等事宜。

2019 年 1 月 18 日 中国驻印尼大使馆足球队与苏加诺－哈达机场海关足球队举行足球友谊赛。

2019 年 1 月 18 日 广东外语外贸大学东方语言文化学院举行“印尼语著作《华人在印尼民族建设中所扮演的角色和贡献》中译版第一册发布会”。广外副校长阳爱民、印尼驻广州总领事古丹多出席开幕式。本书主编、新加坡国立大学教授廖建裕，印尼民族建设基金会林美莉，香港印尼研究学社、香港生活文化基金会代表，暨南大学、中山大学、华侨大学、厦门大学、华中师范大学、河北师范大学等高校和研究机构的百余名专家学者与会。据悉，为了加深华人与印尼其他民族之间的相互了解，印尼“印尼民族建设基金会”已故创会主席汪友山先生力邀新加坡国立大学著名华人华侨问题研究专家廖建裕教授担任主编，邀请学者撰写相关论著，于2015年出版《华人在印尼民族建设中所扮演的角色和贡献》一书。香港印尼研究学社和香港生活文化基金会的印尼归侨将该书翻译成中文。

2019年1月19日 印尼旅游部再次携手携程集团在成都举办“印尼奇妙之旅”路演活动，向当地游客推广印尼丰富的旅游资源以及春节出发特惠产品。

2019年1月31日 2019年全国新春庆祝大会筹委会主席杨智、副主席黄德新以及傅德应、黄哲圣、陈坤财在金光大厦举行新闻发布会，宣布定于2019年2月7～10日在雅加达国际博览会馆（JKT EXPO Hall）隆重举行春节联欢会，届时佐科总统将出席并主持揭幕仪式。

2019年1月31日 中国驻印尼大使馆妇女小组组长徐军女士在使馆会见雅加达国际妇女俱乐部主席米拉女士，商讨中国大使馆举办3月8日国际妇女节慈善义卖活动事宜。

2019年2月2日 中国驻东盟大使黄溪连在雅加达官邸举办新春招待会，与印尼基层民众代表共迎中国农历春节。

2019年2月8日 中国驻登巴刹总领事馆与印尼巴厘省政府联合举办的“2019年春节招待会”在巴厘岛努沙杜瓦剧院隆重举行。

2019年2月13日 中国驻印尼大使馆文化处参赞周斌及秘书李琛莅临雅加达华文教育协调机构，座谈2019年华文教育工作规划，共同探讨华教发展，助力印（尼）中文化教育交流与合作。

2019年2月16日 中国北京市文化和旅游局主办、中国国际航空公司雅加达办事处和印尼阿拉扎大学孔子学院协办的“激情冰雪·魅力北京”旅游图片展在雅加达举行。

2019年2月25日 为深化中印尼两国科技园务实合作，印尼研究技术与高等教育部代理总司长帕道努率团，开始对中国进行为期5天的访问。

2019年3月11日 中国西华大学与印尼三一一大学在印尼梭罗市举行孔子学院揭牌仪式，这是中国在印尼开办的第七所孔子学院。印尼三一一大学位于中爪哇省梭罗市，成立于1976年3月11日，在印尼1600余所国立大学中排名第10位，是一所知名的综合性公立大学。

2019年3月13日 中国驻印尼大使肖千、中国驻泗水总领事馆顾景奇总领事一行到访玛琅国立大学孔子学院穆罕默迪亚大学教学点，并与穆罕默迪亚大学校长伕赞、穆罕默迪亚东爪哇分会主席萨阿德·易卜拉欣及穆斯林长老们进行了亲切交谈。

2019年3月14日 中国南京晓庄学院与雅加达西区一所大学举行“海外教育中心”签署仪式，为两国学生双向留学提供便利。

2019年3月15日 中国南京晓庄学院和印尼日惹阿特玛·查雅大学共同筹办的“中国角”在阿特玛·查雅大学图书馆正式挂牌。

2019年3月19日 “中国晋江市与印尼梭罗市建立友好城市意向书签署仪式”在梭罗市政府举行。

2019年3月22日 中国驻印尼大使馆公使衔参赞孙伟德赴印尼红十字会总部，转交中国红十字会向印尼红十字会提供的10万美元人道主义紧急现汇，用于援助巴布亚省圣塔尼地区洪水灾害地区。

2019年3月25日 福建省政府和中国驻印尼大使馆联合举办的“中印尼青年互访交流游学”活动正式开幕。

2019年3月25日 印尼青年与体育部、外交部组织印尼传统武术班卡苏拉（Pencak Silat）走进中国使馆，开展交流活动。

2019年3月27日 中国银行雅加达分行在雅加达维斯瓦塔马拉中心举行捐款仪式，通过印尼红十字会向印尼巴布亚洪水灾区捐款2亿印尼盾。

2019年3月27日 为了提高印尼学生学习中文的能力，印尼数所大学和中国教育部合作，分别在中爪哇省梭罗市和日惹特区开办“中文学习中心”。

2019年4月4日 印尼外交部培训中心、东亚司、欧洲司等18位司局级高级外交官到访广东外语外贸大学，探讨加强两国人文经贸交流问题。

2019年4月4日 中国驻印尼大使肖千在大使馆举行招待会，欢迎前来参加第三届“中印尼青年互访交流游学”活动的两国青年代表。

2019年4月7日 中国驻印尼大使馆文化教育处周斌参赞、李琛秘书和雅加达华文教育协调机构执行主席蔡昌杰等一行5人，启程对山口洋、坤甸和巴布亚省进行为期5天的实地考察，深入教学一线，了解印尼华文教育工作情况。

2019年4月20日 中国驻印尼大使馆主办、雅加达华文教育协调机构承办的“中国汉语教师志愿者与本土汉语教师经验交流座谈会”在雅加达艾尔罗亚尔酒店召开。

2019年4月25日 中国科技部部长王志刚在北京会见来华出席第二届“一带一路”国际合作高峰论坛“创新之路”分论坛的印尼研究技术与高等教育部部长纳西尔，双方签署有关共建“中印尼高铁技术联合研究中心”的谅解备忘录。

Abstract

At present, it is in a critical period of development for China-Indonesia's comprehensive strategic partnership. China's initiative of "21st Century Maritime Silk Road" and Indonesia's pursuit of the "Global Maritime Fulcrum" are also highly consistent. This predicts the new and better development opportunities. China and Indonesia are effectively cooperating to achieve their respective development goals and the common ideals of both sides. The political mutual trust, economic and trade cooperation and people-to-people exchange are developing all-round. The orderly advancement of China-Indonesia people-to-people exchange has created a harmonious soft environment for the development of political and economic relations between the two countries, and is an important foundation for cultivating the consciousness of community for a shared future.

There is a saying in China's Han Feizi: "international relationship lies in the close relationship between the people, and the close relationship between the people lies in the same heart." The people-to-people bond is the humanistic foundation of construction of "the Belt and Road" between China and Indonesia. China has always regards Indonesia as a good neighbor, a good partner and a good friend, and treats Indonesia as an important direction of China's neighboring diplomacy, and regards strengthening people-to-people exchange as the basic work for developing a comprehensive strategic partnership between the two countries. In May 2015, the first meeting of the China-Indonesia Deputy Prime Minister Mechanism of People-to-people Exchange was held in Jakarta, which provided a basic framework for promoting people-to-people exchange between the two countries. The China-Indonesia mechanism of People-to-people Exchange has elevated the people-to-people exchanges to a new level through the "top-level design" way. According to the characteristics of the annual bilateral people-to-people exchanges, it has focused on a number of themes and promoted bilateral people-to-people exchange more effectively. In more than four years, the mechanism of people-to-people exchange between the two countries has grown vigorously. It establishes pragmatic cooperation in the fields of education, science and technology, culture, health, media, sports, youth and tourism, and shows a feature of comprehensive, wide-ranging, multi-level and high-level.

In the past four years, under the guidance of Xi Jinping Thoughts on people-to-people Exchange between China and Foreign Countries, the China-Indonesia people-to-people exchange has cracked the dilemma of "noodle bowl" in the top-level design and implementation, and has made steady progress in the eight major areas. Among them, exchange and cooperation in the field of education are particularly prominent. The educational cooperation between the two countries is in line with the demand for high-level talents in the modernization of the two countries. It not only helps to raise the awareness of the two countries to each other's countries, but also satisfies the development plan of international education between the two sides. It becomes an important window of the people-to-people exchange between the two countries. In higher education, it has developed in student exchange, share of the qualified education resources and cooperative research in both countries; especially in concerned with Indonesia students in china, the number of students has risen year by year, the professional distribution is wider, and the academic level has also improved. The Confucius Institute is a product of close cooperation between Chinese and Indonesian universities. It actively cooperates with the core idea of "the Belt and Road", and steadily advances and innovates in Chinese teaching overseas, and adheres to tradition and advances with the times in cultural communication. The Confucius Institute is of great benefit to the spread of Chinese language and culture. In Indonesia, Chinese teaching has a large space for development. With the rapid development of Indonesia's economy, Chinese teaching will help expand the career prospects of Indonesians, enhance the international competitiveness of Indonesian youth, and cultivate their professions and work skills. However, in Chinese teaching, we must also base on the reality of Indonesia and consciously abandon the position of the "China Center", and timely discover and explain emerging phenomena. The Indonesia also recognizes that with the deepening of China-Indonesia economic and trade cooperation, the people-to-people exchange between the two countries have an irreplaceable role in overcoming cultural, linguistic and professional habits, and it is an important guarantee for two countries to solve various issues in investment cooperation. The people-to-people exchange between the two countries has also affected the professional ethics of Indonesian employees, prompting them to be more disciplined, diligent, collaborative, and responsible. It has a positive impact on the development of Indonesian companies. Of course, due to the short time of development of people-to-people exchange in China, we also need to learn from the practices of the United States, Australia and other countries to innovate and develop it in the process of people-to-people exchange with Indonesia.

Keywords: China; Indonesia; People-to-People Exchange; Confucius Institute; Chinese Education

Contents

I General Report

Abstract: Since the establishment of the Mechanism of Deputy Premier Minister-level People-to-people Exchange between China and Indonesia in 2015, the mechanism has played an active role in implementing the consensus of the heads of the two states, and promoting the construction of the "Belt and Road". Nowadays, it has become an important pillar to promote bilateral relations along with political security dialogue and high-level economic dialogue. The mechanism promotes China-Indonesia people-to-people exchanges to a new level through the "top-level design" way, and focuses on a number of themes in relation to the development of bilateral people-to-people exchanges each year, which has effectively promoted bilateral people-to-people exchanges. Through the analysis of the current situation of exchanges and cooperation between China and Indonesia in the fields of education, science and technology, culture, health, media, sports, youth, tourism, etc., this paper finds some problems in the people-to-people exchange between China and Indonesia, and puts forward some suggestions.

Keywords: High-level People-to-people Exchange Mechanism between China and Foreign Countries; China-Indonesia People-to-people Exchange; Status Quo; Suggestions

Ⅱ Education Exchange

Abstract: The education of overseas students from Indonesia is a way to promote educational exchange between China and Indonesia, and is conducive to "the Belt and Road" initiative. Over the past 10 years, Indonesian overseas students' education in China has achieved good results: the scale of students has been expanding, and the ranking of countries is stable and high; the proportion of academic students has increased steadily, and there are more and more high-level talents; the proportion of scholarship students has been expanding, and scholarship has been tilting towards academic students. However, on the whole, there are structural imbalances such as low overall scale, large fluctuation of annual growth rate, low proportion of high-level foreign students, and small coverage of scholarships. To promote the sustainable development of Indonesian overseas education in China, relevant strategies should be formulated in terms of institutional mechanism, scholarship funding system, international level of running schools and publicity efforts.

Keywords: Indonesia; Overseas Students in China; Education; "the Belt and Road"

Abstract: China and Indonesia have a strong " supply and demand relationship" in terms of talent cultivation. However, the scale of two-way international students in China and Indonesia is far from reaching the level that should be reached. Among them, there is still much space to be explored for Indonesia students to study in China. It is possible to expand the scale of Indonesia students gradually through policy guidance. Firstly, try to maintain the relative balance of student native place, academic degree and majors in enrollment. The second is to improve the training level of Indonesian students in China and promote China as "the terminal market" for them. Thirdly, the level of Chinese is a necessary condition to recruit Indonesian students. It is important to improve the developed quality and effect of Indonesian students. Fourthly, enhance the enrollment propaganda in Indonesia and expand the international influence of Chinese higher education.

Keywords: Indonesia; Indonesian Students in China; Higher Education; Chinese Language Teaching; 21st Century Maritime Silk Road

Abstract: It is a necessary competitive condition for Indonesia to improve the quality of human resources which can be achieved by qualified education. However, education in Indonesia has many problems in terms of quality, equality, resource allocation, and teacher quality. China is a country with advanced education, and one of the favorite destinations for Indonesian students. The Chinese government has made significant achievements in the field of education by formulating long-term plan of educational development, establishing educational R&D centers, improving the system of teacher training, and reforming the education system, and so on. Indonesia and China have similar systems in the education field, and China's successful experience can be learned by Indonesia. In the future, China and Indonesia should maintain the existing good cooperative relations, deepen people-to-people exchange between the two countries, strengthen cooperation in the field of education, and realize the common interests of both China and Indonesia.

Keywords: Indonesia; Quality of Human Resource; China; Educational Cooperation

B. 5 Improving China's Soft Power: Boosting China-Indonesia Educational and Cultural Cooperation

Abstract: When building and upgrading the own strength, China should pay more attention to soft power diplomacy. China must convince the world that it is becoming a better superpower and will ensure a more prosperous and peaceful world. China can increase its soft power by investing in global public goods, such as providing public goods that people and governments around the world need but cannot get on their own. By promoting common economic development, safeguarding and improving public education and health, coping with climate change, and maintaining an open and stable international economic system, China's existence as a superpower in the 21st century will be regarded as a regional and world's well-being. Soft power is the ability to get the desired results through attraction. Therefore, diplomacy through education and culture is a strategic way to enhance China's soft power. In concerned with China-Indonesia relations, it is urgent to strengthen the educational and cultural cooperation between China and Indonesia.

Keywords: Soft Power; Soft Power Diplomacy; Educational and Cultural Cooperation

B. 6 University Cooperation and China-Indonesia People-to-People Exchange: From Elitism to Popular Participation

Abstract: Since the establishment of China-Indonesia Vice Premier-Level

People-to-People Exchange Mechanism in 2015, China-Indonesia People-to-people exchange has been continuously developing and upgrading. The efforts of relevant universities have promoted the path transformation of China-Indonesia People-to-people exchange from top-level design to popular participation. This paper tries to sort out the basic situation of the elite mode of promoting People-to-people Exchange represented by Confucius Institute and China-Indonesia University Think Tank Alliance, and to find out the basic logic of China-Indonesia People-to-people exchange from elite to people by summarizing the history and practices of elite groups.

Keywords: University Cooperation; China-Indonesia People-to-people exchange; Elitism; Popular Participation

Abstract: Indonesia has a huge and diverse education system. Since the 21st century, with the concerted efforts of various departments, Indonesia's education of various levels (including pre-school, basic education, secondary education and higher education) have achieved great achievements, but there are still exist many problems that cannot be ignored. After Joko Widodo come into power, China and Indonesia has carried out fruitful Education cooperation, such as the establishment and regular holding of high-level mechanism of people-to-people exchange between China and Indonesia, China's integration of China-Indonesia higher education cooperation into the national strategic plan, China and Indonesia have achieved fruitful results in higher education cooperation, and China and Indonesia have continuously explored new paths in vocational education. However, there are still exist many problems in China-Indonesia education cooperation, such as limited areas of education cooperation, lack of non-official track of education cooperation, assimilation of the identity of Indonesia Chinese, declining of the Chinese language and barrier of language communication, less of enthusiasm for education cooperation, and problems in Confucius Institutes. In order to solve these problems, we can start from the following aspects: improving top-level design from the overall thinking, perfecting multi-level education mechanism of exchange, adhering to the combination of "going out" and "bringing in", changing the mode of education cooperation, implementing multi-track people-to-people Exchange mechanism, paying more attention to unofficial track exchange, and optimizing the functions of the Confucius Institute.

Keywords: Indonesia; China; Education; Educational Cooperation

Ⅲ Chinese Teaching Overseas

Abstract: Confucius Institute (CI) has been existed almost a decade in Indonesia. During this time, there should be positive trends and challenges. This paper aims to see the role of CI in Indonesia, particularly in the State University of Surabaya (UNESA). The addressed issues are: The role of CI in Indonesian Higher Education; CI and UNESA; Glimpses of success in spreading Chinese language and culture; and Breakthroughs in enhancing CI's reputation. It is found that introducing and expanding Chinese language and culture through universities are just right plan. Academics are of help in spreading Chinese language and culture through their expertise in teaching and researching. Living in harmony is labeled for UNESA and CI at the present time. These two institutions can prove that being different is not always matter. Yet, it brings more advantages for both sides in the form of material and non-material. CI has been successful in approaching Islamic and non-Islamic organizations which are considered to be prominent parties. The fundamental successes of the CI and its counterparts are: shifting Indonesian's mind setting to be more positive towards China and creating acculturation between China and Indonesia. Nonetheless, some breakthroughs related to education are needed to increase CI's reputation. When all positive trends are evaluated and maintained to avoid conflict, it is predicted that in the long run Chinese language and culture will become part of young generation.

Keywords: Confucius Institute; Chinese Culture; Mandarin Language; Acculturation

B. 9 Boosting China-Indonesia Educational and Cultural Cooperation

Murpin Josua Sembiring, *Ong Peter Leonardo* / 143

Abstract: Since ancient times, China has had close cultural cooperation with Indonesia. Chinese culture has far-reaching influence on Indonesia's music, performance, painting, dance and architecture. With the economic development and scientific and technological progress of China and Indonesia, it is necessary to strengthen the educational and cultural cooperation between the two countries, especially the Chinese language education in Indonesia. There are many problems in the current Chinese language education in Indonesia. For example, young people lack the motivation to learn Chinese. They have not yet seen the future career prospects, competitiveness, business or work in the Chinese language teaching. The school lacks qualified Chinese teachers. Chinese teachers from Indonesia are very rare. There are fewer colleges and universities which offer teacher training programs for Chinese language. In order to improve this situation, we need to adopt the following strategies: helping the younger generation know more about China, providing motivation, help and scholarships for non-Chinese descendants to learn Chinese, reaching an agreement on Chinese language teachers among all concerned parties, and advocating the inclusion of Chinese as a school Compulsory language.

Keywords: Indonesia; China; Education and Cultural Cooperation

Abstract: Since the "Belt and Road" initiative has been put forward, Indonesia has been actively responding and seeking development based on its own advantages as a country along the "Belt and Road". In Chinese teaching, the Confucius Institutes in Indonesia are actively cooperating with the core concept of "Belt and Road" and steadily advancing and innovating. In cultural communication, the Confucius Institutes in Indonesia adhere to tradition and keeps pace with the times. On the basis of the development history of the Confucius Institutes in Indonesia and the specific status of Chinese teaching and cultural communication, this paper analyses the advantages and disadvantages of the Confucius Institutes in Indonesia in the process of development, proposes that the Confucius Institutes in Indonesia should adopt a construction strategy based on the concept of educational cooperation and coordinated development under the opportunities and challenges, and focus on construction from three aspects.

Keywords: "Belt and Road" initiative; the Confucius Institutes in Indonesia; development; countermeasures

Abstract: Since the modern times, Indonesian Chinese education has experienced many twists and turns, and has risen and fallen for several times. Now it is gradually revived in the form of "three-language teaching". In the span of more than one hundred years, Indonesian Chinese education has changed both in its external form and internal theme. There has been a lot of discussion in academia and they have all explained from a cultural perspective. However, the existing explanations are contrary to the findings of this paper. What are the reasons? The paper re-examines the modern Chinese education in Indonesia from a cultural perspective, and finds that the modern Chinese education has a cultural inheritance gene and is positively related to the rise and fall of Indonesian Chinese culture; the concept of "Chinese education" has different meanings in different contexts; there is ambiguity between the concepts of "China's culture", "Chinese culture" and "culture of Chinese diaspora". It is the ambiguity of these concepts that makes current scholars have an observer bias in the study of Chinese education in Indonesia. In order to make a distinction, this article divides Indonesian "Chinese Education" into three categories according to cultural inheritance contents: "Chinese Overseas Education", "Overseas Chinese Education" and "Language Education to Chinese Diaspora". While criticizing "Sinocentrism", it tries to point out the differences among the three cultural inheritance contents. The paper believes that the 32 -year compulsory assimilation policy has caused Indonesian Chinese to "Creolized" again. Carried out consciously or unconsciously, we believe that the current Chinese education in Indonesia is actually a revival of Chinese culture and language with Chineseness as its core initiate by Indonesian Chinese.

Keywords: Indonesia; Chinese Education; Chinese Overseas; China-Indonesia Cultural Exchange; Creolized

Ⅳ Special Reports

B. 12 Assessment and Innovation of the Mechanism of People-to-People Exchange between China and Foreign Countries

Liu Mingzhou / 191

Abstract: Indonesia is the first developing country with which PRC has established the high-level mechanism for people-to-people exchange. This is related, on the one hand, to Indonesia's position in China's future strategy. It should, on the other hand, also serve the requirements of the new era of Diplomacy of Socialist Powers with Chinese Characteristics. At present, the shortcomings of the mechanism between China and Indonesia are shown in the top-level design and specific implementation. First of all, in the aspect of top-level design, the thinking of caring for the weak is lacked; the export of culture is excessively emphasized, and the cultivation of "Indonesian Pass" is ignored. Secondly, in the aspect of implementation, the overall coordination is insufficient; long-term strategic planning is neglected in the annual gripper project; the role of the government is excessive and the civil participation is insufficient. The recommendations put forward in this paper are as follows: 1. Taking the addition of women exchange as an opportunity, we carry out the thinking of caring for the weak in the future design and implementation; 2. To establish an entity institute for Indonesian research, and focusing on cultivation of "Indonesian Pass"; 3. To enhance the overall coordination of the mechanism of people-to-people exchange from the level of the overall design; 4. Paying more attention to the civic participation, we try to establish the model of "government setting up the stage and public starring" for the future China-Indonesia people-to-people exchange.

Keywords: Mechanism of People-to-people Exchange; Top-level Design; Coordination of the Projects; Annual Gripper

Abstract: As China's quotas and intensity of investment in Indonesia have increased year by year, the economic cooperation between China and Indonesia has become increasingly stable. However, the economic relations between the two countries have not always going smoothly. Chinese investors in Indonesia still face some dilemmas and difficulties, especially the differences in corporate culture and people's mindset. To get out of trouble, China and Indonesia should enhance bilateral exchanges and cooperation at the levels of government, civil society and research scholars, and make due contributions to improve the welfare of the peoples and to promote economic development of both countries.

Keywords: Belt and Road Initiative; Investment; Economic Cooperation

Abstract: PT Ieglo Digital Kreasi is a company built by Chinese. Although it is a new company, the company has large corporate clients and has achieved great success in a short period of time. The reason that the company can achieve such an achievement is the good professional ethics of Indonesian employees. The purpose of this study is to find which factors can influence employee ethics, and what the impact of professional ethics on company performance is. This study used a descriptive qualitative approach to interview with 12 employees. The company's professional ethics is hard-work, work-centered, productive, and noble professional ethics. According to the research, we find that the positive impact of the ethics is a significant increase in the number of customers per year, as well as a sense of responsibility and cohesion within the team. The negative impact is that employees have been addicted to work and have no personal time.

Keywords: PT Ieglo; Professional Ethics; Company Performance

V Experiences and Lessons

Abstract: Cultural diplomacy is an important means to enhance a country's soft power. However, one of the defects of cultural diplomacy studies is the lack of theorization, which impedes policy evaluation and comparison. In this article, it is attempted to categorize cultural diplomacy into six types based on the three factors, namely cultural diplomacy's value, resource and dimension. Based on the above framework, the US cultural diplomacy to Indonesia from the 1950s to the Obama administration was analyzed. The cultural diplomacies of the 1950 – 60s and the Obama administration have achieved expected results or were well-received by the target audience in Indonesia. Their shared features include the dominant position of government resources combined with non-governmental resources, and the comprehensive diplomatic practices covering three dimensions of action, namely day-to-day, strategic and in-depth communication. This study provides reference to the top design of China's cultural diplomacy. First, the values of cultural diplomacy should be clear in concept, consistent with diplomatic actions and acceptable to Indonesian society. Second, non-governmental resource should play an important supplemental role. Third, the design of diplomatic practices should be diversified and cover all dimensions.

Keywords: Cultural Diplomacy; Public Diplomacy; Indonesia; U. S. A.

Abstract: The purpose of this paper is to analyze Indonesia-Australia university-based cooperation since the 1940s in order to inform the ways in which Indonesia-China university cooperation is taking shape. The paper argues that the increasing research interests of academics in Australia, the accumulation of research outcomes and increasing collaboration between both countries weathered the otherwise significant fluctuations in the bilateral relations. The paper also finds that the numbers of Indonesian students studying in Australia, increased since the 1950s as a consequence of Australian government scholarships, and more significantly since the 1980s, after Australian universities started to enroll more international students. In addition, much smaller, but increasing numbers of Australian university students have study experiences in Indonesia, especially since the 2000s. An overview of studies based on surveys among Indonesian students and graduates of Australian universities indicates the difficulties that students experienced in Australia. They also indicate that Australian government scholarships are difficult to associate with the broad goals of development in Indonesia and become the "soft-power" means that promoting friendly relations between Australia and Indonesia.

Keywords: Indonesia; Australia; China; International Relations; International Students

Ⅵ Appendix

皮书起源

“皮书”起源于十七、十八世纪的英国，主要指官方或社会组织正式发表的重要文件或报告，多以“白皮书”命名。在中国，“皮书”这一概念被社会广泛接受，并被成功运作、发展成为一种全新的出版形态，则源于中国社会科学院社会科学文献出版社。

皮书定义

皮书是对中国与世界发展状况和热点问题进行年度监测，以专业的角度、专家的视野和实证研究方法，针对某一领域或区域现状与发展态势展开分析和预测，具备原创性、实证性、专业性、连续性、前沿性、时效性等特点的公开出版物，由一系列权威研究报告组成。

皮书作者

皮书系列的作者以中国社会科学院、著名高校、地方社会科学院的研究人员为主，多为国内一流研究机构的权威专家学者，他们的看法和观点代表了学界对中国与世界的现实和未来最高水平的解读与分析。

皮书荣誉

皮书系列已成为社会科学文献出版社的著名图书品牌和中国社会科学院的知名学术品牌。2016 年，皮书系列正式列入“十三五”国家重点出版规划项目；2013~2019 年，重点皮书列入中国社会科学院承担的国家哲学社会科学创新工程项目；2019 年，64 种院外皮书使用“中国社会科学院创新工程学术出版项目”标识。

权威报告·一手数据·特色资源

皮书数据库

ANNUAL REPORT(YEARBOOK) DATABASE

当代中国经济与社会发展高端智库平台

所获荣誉

- 2016年，入选“‘十三五’国家重点电子出版物出版规划骨干工程”
- 2015年，荣获“搜索中国正能量 点赞2015”“创新中国科技创新奖”
- 2013年，荣获“中国出版政府奖·网络出版物奖”提名奖
- 连续多年荣获中国数字出版博览会“数字出版·优秀品牌”奖

成为会员

通过网址www.pishu.com.cn访问皮书数据库网站或下载皮书数据库APP，进行手机号码验证或邮箱验证即可成为皮书数据库会员。

会员福利

- 已注册用户购书后可免费获赠100元皮书数据库充值卡。刮开充值卡涂层获取充值密码，登录并进入“会员中心”—“在线充值”—“充值卡充值”，充值成功即可购买和查看数据库内容。
- 会员福利最终解释权归社会科学文献出版社所有。

社会科学文献出版社 SOCIAL SCIENCES ACADEMIC PRESS (CHINA) 皮书系列

卡号：854382334139

密码：

数据库服务热线：400-008-6695

数据库服务QQ：2475522410

数据库服务邮箱：database@ssap.cn

图书销售热线：010-59367070/7028

图书服务QQ：1265056568

图书服务邮箱：duzhe@ssap.cn

S 基本子库
UB DATABASE

中国社会发展数据库（下设 12 个子库）

全面整合国内外中国社会发展研究成果，汇聚独家统计数据、深度分析报告，涉及社会、人口、政治、教育、法律等 12 个领域，为了解中国社会发展动态、跟踪社会核心热点、分析社会发展趋势提供一站式资源搜索和数据分析与挖掘服务。

中国经济发展数据库（下设 12 个子库）

基于“皮书系列”中涉及中国经济发展的研究资料构建，内容涵盖宏观经济、农业经济、工业经济、产业经济等 12 个重点经济领域，为实时掌控经济运行态势、把握经济发展规律、洞察经济形势、进行经济决策提供参考和依据。

中国行业发展数据库（下设 17 个子库）

以中国国民经济行业分类为依据，覆盖金融业、旅游、医疗卫生、交通运输、能源矿产等 100 多个行业，跟踪分析国民经济相关行业市场运行状况和政策导向，汇集行业发展前沿资讯，为投资、从业及各种经济决策提供理论基础和实践指导。

中国区域发展数据库（下设 6 个子库）

对中国特定区域内的经济、社会、文化等领域现状与发展情况进行深度分析和预测，研究层级至县及县以下行政区，涉及地区、区域经济体、城市、农村等不同维度。为地方经济社会宏观态势研究、发展经验研究、案例分析提供数据服务。

中国文化传媒数据库（下设 18 个子库）

汇聚文化传媒领域专家观点、热点资讯，梳理国内外中国文化发展相关学术研究成果、一手统计数据，涵盖文化产业、新闻传播、电影娱乐、文学艺术、群众文化等 18 个重点研究领域。为文化传媒研究提供相关数据、研究报告和综合分析服务。

世界经济与国际关系数据库（下设 6 个子库）

立足“皮书系列”世界经济、国际关系相关学术资源，整合世界经济、国际政治、世界文化与科技、全球性问题、国际组织与国际法、区域研究 6 大领域研究成果，为世界经济与国际关系研究提供全方位数据分析，为决策和形势研判提供参考。

法律声明

“皮书系列”（含蓝皮书、绿皮书、黄皮书）之品牌由社会科学文献出版社最早使用并持续至今，现已被中国图书市场所熟知。“皮书系列”的相关商标已在中华人民共和国国家工商行政管理总局商标局注册，如LOGO（ ）、皮书、Pishu、经济蓝皮书、社会蓝皮书等。“皮书系列”图书的注册商标专用权及封面设计、版式设计的著作权均为社会科学文献出版社所有。未经社会科学文献出版社书面授权许可，任何使用与“皮书系列”图书注册商标、封面设计、版式设计相同或者近似的文字、图形或其组合的行为均系侵权行为。

经作者授权，本书的专有出版权及信息网络传播权等为社会科学文献出版社享有。未经社会科学文献出版社书面授权许可，任何就本书内容的复制、发行或以数字形式进行网络传播的行为均系侵权行为。

社会科学文献出版社将通过法律途径追究上述侵权行为的法律责任，维护自身合法权益。

欢迎社会各界人士对侵犯社会科学文献出版社上述权利的侵权行为进行举报。电话：010-59367121，电子邮箱：fawubu@ssap.cn。

社会科学文献出版社